「最近の大学生」の社会学

Sociology of "University Students Today"

小川豊武
妹尾麻美
木村絵里子
牧野智和
編著

岩田 考
寺地幹人
二方龍紀
木島由晶
羽渕一代
浅野智彦
久保田裕之
辻 泉
著

2020年代
学生文化
としての再帰的
ライフスタイル

ナカニシヤ出版

はじめに：コロナ禍における大学生の社会問題化

　この本の元となる質問紙調査が行われた 2020 年は、世界中を新型コロナウイルス感染症（以下、COVID-19）のパンデミックが襲った年であった。もともと、この調査は青少年研究会[1]という研究グループが 10 年ごとに行なっている、都市部の若年層の生活と意識に関する質問紙調査のプレテストとして、2000 年、2010 年に日本の大学生を対象に実施された調査の第三弾として設計された（以下、大学生調査）。そのため、当初の質問紙はコロナ禍の大学生を想定したものではなかった。調査設計のさなかに起こったパンデミックにより、私たちが前提としていた社会情勢は大きく変わってしまった。しかしながら、私たちはコロナ禍の大学生とそれ以前・以後の大学生を比較できるように、前回調査の際の質問項目を継続することを重視した。そのうえで、新たに COVID-19 関連の質問項目を追加した。本書はそのようにして行われた調査成果の一部である。

　COVID-19 の社会的影響を考えるうえで見過ごすことができないのがメディア報道である。西田亮介（2020）が述べているように、COVID-19 は医学的にはウイルスの感染拡大であるのに対し、社会学的には「不安の拡大」をもたらしたと捉えることができる。未知のウイルスに関するさまざまな報道（感染源、感染経路、重症化・死亡リスクなど）は、社会不安を増大させ、根拠不明な情報によって人びとがパニックにならないように「正しく恐れる」といったスローガンも提唱された。また、ワクチンの提供が開始されるとさらに真偽のほどが定かではない情報が広がり、ワクチンの賛否をめぐって社会の分断ともいえるような世論の状況が生じた。

　コロナ禍のメディア報道において、大学生を含めた若者は当初、バッシングの対象であった。感染者の年代や重症化リスクに関する情報が出回るにつれて、感染しても重症化しない若者が COVID-19 を広めているという言説が広まっていった。象徴的な事例の一つが 2020 年 3 月 3 日の『朝日新聞』朝刊における特集記事「時時刻刻」に掲載された「「若者、気づかず感染拡大」新型肺炎、専門家が見解」である。同記事では当時の政府の専門家会議が、「10 ～ 30 代の若者が感染を拡大させている可能性があるとして、ライブハウスやクラブなど人が集まる風通しが悪い場所を避

---

[1] 青少年研究会の概要については、同研究会のホームページ（http://jysg.jp/）を参照いただきたい。

けるよう求めた」ことについて報じられている。さらに、同時期には、全国各地の大学に通う学生が海外渡航や飲み会などを通していわゆるクラスターとよばれる集団感染を発生させたことが繰り返し報道され、世間からの批判を招くこととなった。

　2020年も半ばになると、このような「感染拡大要因としての大学生」という語り口が継続される一方で、しだいに異なる語り口が見られるようになっていった。まず挙げられるのが、「コロナ禍において生活に困窮した大学生」という語り口の報道である。コロナ禍では飲食業界を中心に多くの業界に営業自粛が求められた。そのため、アルバイトの量が減ったり場合によっては無くなってしまったりして、生活に困窮して学費の支払いが困難になった大学生が問題化された。さらに、夏期休暇期間を経て秋口が近づくと、後期授業の開始にあわせて、オンライン授業に翻弄される大学生の姿が報道された。

　その際に、コロナ禍の大学生は、本来の大学生活において、とりわけ授業やゼミなどの学習活動以外の日常生活の領域[2]で期待されるような多くの活動、友人たちとの交流、恋愛交際、サークル活動、アルバイトなどの機会がことごとく失われ、いわば「奪われた青春」の被害者として描かれた。この時期より、コロナ禍における大学生を含めた若者のライフスタイルの特徴や変化について述べた議論も散見されるようになってきた。コロナ禍の若者を「コロナ世代」と呼ぶ動きも出てきている。しかしながら、近年、社会学やそれに隣接する言論領域で指摘されてきた客観的なデータに基づかない若者論の問題をふまえるならば（浅野 2006, 後藤 2008, 古市 2011 ほか）、拙速な世代論には慎重であるべきであろう。

　図 1 は、今回の大学生調査で新たに追加したコロナ禍における意識と行動について尋ねた質問項目の集計結果の一部である（調査概要については序章第 4 節で述べる）。同図の上の A ～ C はコロナに対する不安意識を尋ねたものである。先述したコロナ禍の報道における「感染拡大要因としての若者」という語り口をふまえると、大学生を含めた若者はコロナに感染しても重症化していないことから、感染に対してそれほど不安を抱いていなかったことが考えられる。しかしながら、データを見ると異なる実態が浮かび上がってくる。「A) 自分がコロナウイルスに感染するかもしれないことに不安を感じる」の「あてはまる」と「ややあてはまる」をあわせる

---

[2] 大学生活のなかには当然のことながら学業も含まれるわけだが、大学生の本分を学業であると見なすのであれば、それは社会人にとっての仕事に相当する。ワークライフバランスという言葉があるように、仕事と生活はしばしば区別して用いられる。本書でも学業と生活を異なる領域として区別して用いることにする。

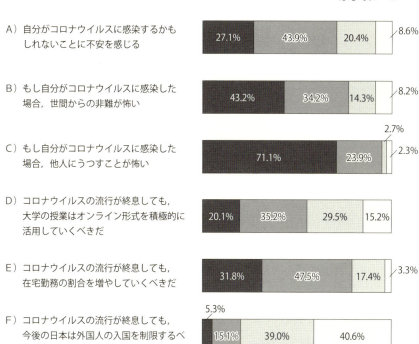

図1　大学生のコロナウイルスに対する意識

と71.0％となっており、決して感染を恐れていなかったわけではないことがわかる。さらに、「B）もし自分がコロナウイルスに感染した場合，世間からの非難が怖い」は「あてはまる」が43.2％で、自身が感染することの不安よりも感染した場合の世間からの非難に不安を抱いていたことがわかる。それだけではない。「C）もし自分がコロナウイルスに感染した場合，他人にうつすことが怖い」では「あてはまる」が71.1％と不安に関する三つの項目で最も高かった。当時の大学生は自分が感染することや世間の非難よりも、他の人にうつしてしまうことを最も恐れていたのである。

　同表の下のD～Fはコロナ後についての意見について尋ねたものである。先に「E）コロナウイルスの流行が終息しても，在宅勤務の割合を増やしていくべきだ」を見ると、「あてはまる」と「ややあてはまる」をあわせて79.3％となっており、実

に 8 割程度の学生がコロナ後の在宅勤務の推進を望んでいることがわかる。また、「F) コロナウイルスの流行が終息しても、今後の日本は外国人の入国を制限するべきだ」は「あてはまる」と「ややあてはまる」をたしても 20.4％となっており、これは若者に限ったことではないが、コロナ禍ではグローバリゼーションからの揺り戻しとしてのナショナリズムの高まりを危ぶむ声も上がってはいるものの、大学生においては少なくとも外国人の入国制限についてはそれほど求めていないという結果であった。

興味深いのは「D) コロナウイルスの流行が終息しても、大学の授業はオンライン形式を積極的に活用していくべきだ」である。やや肯定的な意見が多いが、「あまりあてはまらない」と「あてはまらない」もあわせて 44.7％となっており、同じ大学生のなかでもオンライン授業の肯定派と否定派で分かれていることが確認できる。大学生調査の分析では、両者を分ける要因として、学年の違いが指摘されている。すなわち、「一年生」の方が「二年生以上」と比較して、オンライン授業の積極的活用に否定的な回答をする学生が多かったのである（コラム3）。断定的なことは述べられないが、一年生は大学生活の最初からコロナ禍にみまわれて対面でのキャンパスライフを経験できずにより剥奪感が大きかったのに対し、二年生以上は限られた期間とはいえ経験できたため、対面と比較したオンライン授業のメリットを評価する学生が一定数存在したことなどが背景として考えられる。

このような世間一般におけるコロナ禍における大学生のイメージと調査データのズレから、次のような課題を導き出すことができる。第一に、世間一般における若者イメージと同様に大学生イメージも、確かな根拠に基づかないステレオタイプである可能性がある。そのため、客観的な調査データを用いてステレオタイプを検証する作業が必要となる。第二に、若者という集団と同様に大学生という集団もまた一枚岩であるとは限らない。そのため、大学生という集団内の差異を明らかにしていく作業が必要となる。コロナ禍の大学生を客観的なデータで分析することは、世間からのステレオタイプを相対化するためはもちろん、大学生内の多様性を明らかにするためにも、きわめて重要な作業なのである。

以上のような問題関心から、本書はコロナ禍における大学生のライフスタイルの諸相を計量的なアプローチで明らかにすることを目的とする。先述したように、これまでコロナ禍によって大学生の学業以外の日常生活における諸活動の機会が奪われていることが問題として指摘されてきた。しかしながら、学業の領域における変化と比較して、日常生活における変化については、調査データに基づいた研究は少

ないように思われる。依然として感染症への不安が払拭されたとはいえない 2020 年代において、今求められることは、安易に大学生を含めた若者全体を「コロナ世代」と一括りにしてしまうのではなく、この時代における大学生のライフスタイルの諸相を、客観的なデータに基づいて記述的に明らかにし、後世において検証できるように記録しておくことに他ならない。本書はそのような試みの一部である。

小川豊武

【文　献】
浅野智彦［編］（2006）．『検証・若者の変貌――失われた 10 年の後に』勁草書房
後藤和智（2008）．『おまえが若者を語るな！』角川書店
西田亮介（2020）．『コロナ危機の社会学――感染したのはウイルスか、不安か』朝日新聞出版
古市憲寿（2011）．『絶望の国の幸福な若者たち』講談社

目　次

はじめに：コロナ禍における大学生の社会問題化　*i*

序　章　再帰的近代における大学生のライフスタイル
　　　　コロナ禍の大学生を歴史的な文脈に位置づける────────小川豊武・妹尾麻美　*1*

　　1　戦後日本のマスメディアにおける大学生像の変遷　*2*
　　2　青年・若者文化論／大学生研究で見過ごされてきたもの　*6*
　　3　本書の視角：再帰的近代における大学生のライフスタイル　*10*
　　4　調査データの説明と本書の構成　*14*

第1部　自己と社会

第1章　自己をめぐる再帰性はアイデンティティ形成に寄与するのか
　　　　アイデンティティ資本モデルの経験的検討────────────────牧野智和　*27*

　　1　アイデンティティ形成と自己をめぐる再帰性　*27*
　　2　再帰的態度の現状と「アイデンティティ資本」モデル　*30*
　　3　自己をめぐる再帰性はどのような効果を持つのか　*35*
　　4　考察：自己をめぐる再帰性について考えるべきこと　*42*

第2章　コロナ禍の大学生からみるインストゥルメンタル志向／コンサマトリー志向
　　　　公共的思考との関連の検討──────────────────────寺地幹人　*47*

　　1　インストゥルメンタル志向とコンサマトリー志向のはざまで　*47*
　　2　大学生におけるインストゥルメンタル志向／コンサマトリー志向の分布　*51*
　　3　インストゥルメンタル志向／コンサマトリー志向と公共的思考の関連　*58*
　　4　インストゥルメンタル志向／コンサマトリー志向から公共的思考の醸成へ　*63*

第3章　格差社会における大学と大学生
　　　　大学種別に着目して─────────────────────────妹尾麻美　*67*

　　1　大学生の社会経済的背景　*67*
　　2　階層と進路選択に関する研究　*68*
　　3　使用する変数　*70*
　　4　出身階層・大学種別・生活行動様式　*72*
　　5　大学によって異なるライフスタイル　*78*

第2部 メディア・文化

第4章 SNS上の反応を気にするのはどのような学生か
メディア利用と再帰性 ——————————————— 二方龍紀　*91*

1. はじめに：大学生にとってのスマートフォン・SNS　*91*
2. 若者のコミュニケーション・SNSと自己再帰性　*92*
3. 再帰性とSNS上の反応を気にすることの関係　*94*
4. SNS上での反応を気にする大学生の特徴　*96*
5. 考察：再帰性が高まる社会における若者とSNSの関係　*105*

第5章 ヴィジュアルコミュニケーションの現在
「スマホ写真」と自己意識の関係を探る ——————————— 木村絵里子　*109*

1. スマートフォンと写真　*109*
2. 日常写真と自己の関係　*110*
3. 「スマートフォン写真」の実践　*112*
4. スマートフォン写真を規定する自己の意識　*117*
5. スマートフォン写真と視覚的自己　*121*

第6章 趣味は自己の安定性に影響を与えるか
自己の安定性・不確かさと好きな音楽ジャンルの関係を探る ——— 木島由晶　*125*

1. 再帰的ライフスタイルと趣味　*125*
2. 若者の趣味をめぐる計量調査研究　*127*
3. 音楽の好みと自己の安定性　*129*
4. 趣味はどのような効果を持つのか　*134*
5. 現代日本の大学生と音楽　*137*

第7章 ソーシャルスキル涵養と親の影響・趣味の影響
モバイルメディア利用とその課題 ——————————————— 羽渕一代　*143*

1. モバイルメディア利用と社会関係　*143*
2. メディア依存とは　*146*
3. モバイルメディア利用の実態　*147*
4. 親子とメディア利用　*149*
5. スマートフォン依存と環境　*150*
6. 趣味活動とソーシャルスキル　*152*
7. ソーシャルスキルの涵養：趣味の力　*154*

第3部　親密性

第8章　ネット上では「つながって」いる大学生の不可視な孤独
脱埋め込み化した友人関係のなかの主観的孤独感を探る──────小川豊武　*161*

 1 問題設定：つながっているのに孤独？　*161*
 2 先行研究の検討：メディアを介した友人関係と孤独感　*163*
 3 分析方法：「つながり孤独」をどのように捉えるか　*167*
 4 分析Ⅰ：大学生の主観的孤独感と友人数の傾向　*169*
 5 分析Ⅱ：大学生の主観的孤独感の規定要因　*173*
 6 再帰的な友人関係における不可視な孤独　*178*

第9章　再帰的自己と恋愛の現在
大学生の「草食化」を両極化論とリスク化論から考察する──────浅野智彦　*181*

 1 再帰性と恋愛：問題設定とその背景　*181*
 2 草食化と再帰性　*182*
 3 本章の問題：自己の再帰性は恋愛にどのような影響を与えるか　*185*
 4 基本線となるモデル　*188*
 5 再帰性項目を投入したモデル　*191*
 6 再帰性の構造　*196*
 7 考察：「わかりやすさ」とは別の仕方で　*199*

第10章　大学生の恋愛関係と友人関係
友だちが多いほど恋人ができやすい？──────久保田裕之　*203*

 1 はじめに：友人関係からも恋愛関係からも撤退する若者？　*203*
 2 先行研究：私的関係におけるリスクと再帰性　*204*
 3 調査概要：青少年研大学生調査2020　*211*
 4 分析：恋愛と友人をめぐる複雑なジェンダー関係　*213*
 5 議論：親密な関係性における資源と監視　*218*

 おわりに：調査を振り返って　*229*

コラム①　大学生調査から何がわかるのか：その限界と可能性　岩田考　*20*
コラム②　「同調志向」がもたらすもの、遠ざけるもの　牧野智和　*82*
コラム③　「失われたキャンパスライフ」再考：コロナ禍新入生の実態分析　辻泉　*222*

 事項索引　*238*
 人名索引　*243*

序 章

再帰的近代における大学生のライフスタイル

コロナ禍の大学生を歴史的な文脈に位置づける

小川豊武・妹尾麻美

　「はじめに」で見たように、コロナ禍の大学生は世界規模でのパンデミックという特異な環境のなかで学生生活を送ってきた。しかし、だからといって、彼・彼女らを先行世代や後続世代から断絶した集団と捉えてしまうのであれば、コロナ禍以前から続く、大学生を取り巻く社会の大きな変化との連続性を見過ごしてしまうことになりかねない。序章ではコロナ禍の大学生を歴史的な文脈に位置づけることを試みる。その際の補助線となるのが、社会学における後期近代化の議論である。詳細については後述するが、私たちが生活をしている現代社会は、近代社会を構成しているさまざまな要素が徹底的に進行した後期近代社会として捉えられる。その特徴の一つとして挙げられるのが「再帰的近代化」である。再帰的近代化とは、先行世代による確固とした制度や価値観の基盤が相対化され、人びとが恒常的な変化の波にさらされ続けている状態として理念化される。コロナ禍の大学生もまさにこのような歴史的文脈に位置づけて捉えることができる。そして、こうした試みは、コロナ禍の大学生やこれから大学生になる人たちの行く末を見据えることにもつながっていくだろう。

　以下、第1節では戦後から今日にかけてのマスメディアにおける大学生像の変遷を振り返ることによって、コロナ禍の大学生を歴史的な文脈に位置づけることを試みる。それを受けて第2節では青年・若者文化論や大学生研究を検討し、本書の学術的意義について述べる。第3節では現代の大学生のライフスタイルを捉える視角としてアンソニー・ギデンズの再帰的近代化の議論を参照する。第4節では本書が基づく大学生調査の概要と本書の構成について述べる。

1 戦後日本のマスメディアにおける大学生像の変遷

　戦後日本のマスメディアにおける大学生像の変遷を振り返るにあたり、ここでは大学進学率の推移を頼りに進めていくことにしよう。高等教育論の著名な研究の一つにマーチン・トロウによる構造変動論がある（トロウ 1976）。トロウはある国における大学進学率によって高等教育の構造変動を三つの段階に分けている。すなわち、大学進学率が15％未満は「エリート段階」、15〜50％は「マス段階」、50％以上は「ユニバーサル段階」とされる。橋本鉱市（2011）によれば、このような大学進学率による段階に応じて、社会における大学生の在り方、大学内での人間関係、教育方法などが大きく変容するという。たとえば、エリート段階の大学では入試の選抜性が高く学生の社会経済的な同質性が高いのに対し、マス段階の大学では学生数の増加によってそのような同質性が失われる。ユニバーサル段階の大学では学生の多様化がさらに進行し、大学と一般社会の境界が消失するとされている。

　図0-1は戦後日本の大学進学率の推移である。これにトロウのモデルを当てはめると、1950年代には10％未満でエリート段階だったのが、60〜70年代に急増して20％台に達してマス段階となり、その後、80年代に一時停滞した後に90年代から再び上昇し、2000年代末以降はおおむね50％以上となりユニバーサル段階に達したと整理できる。このような大学進学率の推移にともない、日本社会における大学

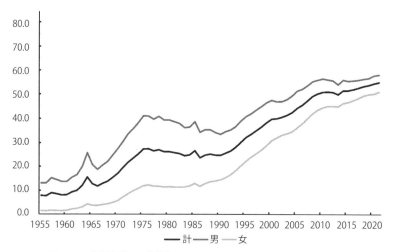

図0-1　四年制大学への進学率（※文部科学省 学校基本調査を基に作成）

生像も変化してきた。戦後日本のマスメディアにおける大学生の語られ方については すでに橋本 (2010, 2011)、溝上 (2002, 2004, 2010) などすぐれた整理がなされている。第1節では、適宜これらも参照しながら、本書の問題関心である大学生のライフスタイルとそれを取り巻く社会の後期近代化という観点から戦後日本のマスメディアにおける大学生像を振り返っておくことにする。

1-1 戦後〜1980年代：エリート段階からマス段階へ

まず戦後から1950年代までのエリート段階においては、一部で戦前の大学生と比べるとその地位が低下したとする語りは見られたものの、新聞や書籍などのメディアでは「まじめな大学生像」が支配的であった (橋本 2011)。それに対し1960年代のマス段階からは、大学生に対して批判的な言説が目立つようになってくる。この時期には、大学生の学力や生活態度を否定的に評価する「大学生ダメ論」(新堀 1985)、女子学生の増加を憂う「女子学生亡国論」が語られた。これに加えて、60年代後半からは日米安保条約の改正に伴う安保闘争における学生運動に関する言説が見られた。つづく1970年代には高度経済成長期の終焉にともなう不景気が到来し、大学生の就職難を擁護するような言説が見られつつも、批判的な言説は繰り返されていった。

1980年代には若者のメディア文化に注目した「新人類論」や「おたく論」とともに、大学生については勉強よりもクラブやサークルなどの課外活動を重視するようになったとする「大学のレジャーランド化」といった指摘がされた。その背景には当時のバブル経済において、とりわけ消費文化としてのライフスタイルの重要性が増していたという時代状況が挙げられる。大衆消費社会といわれるこの時期において、若者たちは刻一刻と移り変わるトレンドをいち早く感知する「感性世代」と呼ばれ、食・ファッション・音楽・映画などさまざまな文化消費を通して自分らしさを獲得する集団と見なされた。そのような当時の若者像において大学生が中心的存在であったことは、たとえば1981年に芥川賞候補になった『なんとなく、クリスタル』の作者である田中康夫が当時一橋大学の学生であり、かつ主人公が女子大学生であった点などからもうかがい知ることができる。

1980年代の大学進学率は20％台で推移し、90年代から2000年代にかけて40％台に上昇しマス段階がさらに進行する。その要因としては18歳人口の増加と大学設置基準の緩和が挙げられる。前者の18歳人口については、1970年代以降1992年の約205万人までおおむね増加傾向にあり、それとともに大学進学率も長いスパン

で見れば上昇傾向にあったといえる。後者については、1991年に行われた大学設置基準の改正により、全国の大学において多様な学部・学科の創設が可能となり、採用数・学生数の増加傾向が顕著となった。トロウはマス段階の高等教育機関は学生数の増加によって専門分化し、学問的水準も多様化していくことを指摘している（トロウ 1976：63-84）。大学生に対する批判的な言説の背景には、年長者たちが従来のエリート段階における同質的な大学生像に基づいて多様化する大学生をネガティブに評価していたという事情も挙げられるだろう。

1-2　1990年代〜現在：マス段階からユニバーサル段階へ

　1990年代に入ると、バブル崩壊によって経済状況が低迷し、学生数は増加しつつも求人数は増えず、就職率が大幅に低下した。いわゆる就職氷河期の到来である。この時期になると、大学生は就職活動に有利になるように、積極的に授業を受けるようになり、年長者からは大学の「学校化」や「就職予備校化」といった見方とともに、学生の「生徒化」といった指摘がなされた（橋本 2011）。90年代の後半にはインターネットの普及に加えて、ポケベルや携帯電話といったモバイルメディアの普及にともない若者の対人関係の希薄化が問題化された。その際、大学生の友人関係についても同様の指摘がされた。1997年11月7日の『朝日新聞』朝刊の「人間関係苦手な大学生「クラスで付き合いない4割」生協連が調査」と題した記事では、「大学生活の重点として「豊かな人間関係」を挙げる学生は年々減り続けており、テレビゲーム世代の希薄な人間関係の一端を示す結果となった」と述べられている。さらに、当時の大学生において「友人関係について悩む人が増えている」ともしている。このような大学生の孤独の問題化は、その後、2000年代のいわゆる「便所飯」や2020年代のコロナ禍における大学生に至るまで、形を変えて繰り返されている。

　ユニバーサル段階となる2000年代に入ると、当時の小泉内閣の郵政民営化に象徴されるいわゆる新自由主義的な経済体制、リーマンショックに端を発する世界経済不況などで、経済状況はさらに不安定なものとなった。90年代から続く「フリーター」に加えて、この時期には学校を出ても定職につかない若者が「ニート」と呼ばれ社会問題となった。この時期の大学生に関する議論においては、就職活動に励む大学生やキャリア教育の観点からのものが見られるようになってくる。2005年8月27日朝刊『朝日新聞』では、「内定ブルーを防止せよ　就職を決めた後の長い春に心が揺れる」と題した記事が掲載され、「内定を取りながら迷い悩む、こんな「内定ブルー」の学生が増えている」といった指摘がされた。

2010年代に入ると、東日本大震災が日本社会全体に甚大な被害を与えつつも、第二次安倍政権によるいわゆるアベノミクスの経済政策の時期に、大学生の就職率は回復することとなった。この時期にも引き続き、大学生のキャリア教育関連の言説が多く見られた。また、景気の回復という見方とともに、再び若年層の消費傾向に着目した若者論が見られるようになってきた。2000年代から見られた、特定の商品やメディア（車やテレビなど）を消費しない若者を「若者の＊＊離れ」と指摘する言説が繰り返し見られた。その一方でマーケッターによって「マイルドヤンキー」「さとり世代」といったカテゴライズのもと、若年層の中にも一定程度は旺盛な消費傾向が見られるという指摘がされた。それらのなかには、サンプルのほとんどが大学生であるというケースもあり、実質的には大学生の議論と呼べるものも少なくない（原田 2013, 藤本 2015 など）。こうしたマーケティングの観点からの若者言説は今日では「Z世代」というカテゴリーで繰り返されている。

そして、2020年代に入ると冒頭で述べたように、コロナ禍の大学生がマスメディアで頻繁に取り上げられた。それらは、オンライン授業の環境に順応できる学生とそうでない学生、アルバイトができなくても学費が払える学生とそうでない学生、対面で友人と会えなくてもネット上で活発に交流する学生とそうでない学生といった、大学生間の格差を如実に浮かび上がらせるものであった。トロウはユニバーサル段階の高等教育機関では、学生の社会経済的な多様化にともない、将来、大学とは関係のない仕事に従事することになる学生が増えることを指摘していた。さらに、高等教育を受けることが「万人の義務」となるにつれて、一般社会と大学の境界が消滅すると論じていた（トロウ 1976：63-84）。このことは一般社会における格差や分断が大学内の学生にも見られるようになってくることを意味する。コロナ禍の大学生を取り巻く状況にはこうしたユニバーサル段階以降の大学の在り方が先鋭的に現れていたといえるだろう。

以上、概略的ではあるが、戦後のマスメディア上における大学生像の変遷を見てきた。ここから浮かび上がってくることは、社会の流動化に伴う先行世代のライフコースの相対化およびライフスタイルの選択化である。すなわち、受験戦争で勝利する、就職した企業に長期勤続する、20代で結婚し子どもをもうけるといった先行世代のライフコースはかつてのようなリアリティを失ったように見える。それとともに、大学生活における友人関係、恋愛交際、メディアを介したコミュニケーション、趣味の活動といった、より日常的なライフスタイルの在り方も絶えず変化にさらされ、先行世代の常識や価値観を必ずしも参考にすることができなくなっている

ように見える。

　現代の大学生が先行世代の価値観や常識を指針にできないなかで、彼・彼女たちは自分たちのライフスタイルをどのように選び取っているのだろうか。次節では、既存の学術研究における青年・若者文化論と高等教育論を検討し、このような大学生のライフスタイルの問題が必ずしも十分に研究されてこなかったことを確認する。

2 青年・若者文化論／大学生研究で見過ごされてきたもの

　本節では、大学生のライフスタイルを明らかにすることがどのような学術的意義を持つのかを論じる。

　まずは学術的な青年・若者文化論において大学生がどのように扱われてきたのかを論じ、続けて、高等教育論における大学生研究がどのような関心を持ってきたのかを示す。これらをふまえ、どのような若者として大学生を論じることができるのかを確認するとともに、大学生のライフスタイルに関する探究がいまだ不十分であることを述べていきたい。

2-1　青年・若者文化論と大学生

　2020年の日本において、大学入学者の95％近くが18歳・19歳であり（学校基本調査 令和2年）、ほとんどの大学生が青年・若者だといえる。このことをふまえれば、青年・若者文化は大学生にも当然担われているだろう。これまでにも「若者文化の誕生と大学の大衆化は、現代という時代が生んだ双子の関係である」（岩見2004：112）と言われ、戦後の若者文化を牽引してきたのはまさに大学生であった。だが、若者文化に関する研究は必ずしも研究対象を「大学生」と明示してきたわけではない。なぜ大学生と明示する議論が蓄積されてこなかったのだろうか。論点を先取りするならば、青年・若者文化論における大学生の取り上げ方ならびに研究手法上の限界の2点によって、大学生のライフスタイルは焦点化されてこなかった。

　では、青年・若者文化論において大学生はどのように取り上げられてきたのだろうか。大学進学率が10％を超える1960年代前半ごろから20％台後半に達する1970年代なかごろに「大学の大衆化」が指摘されるようになる。それと並行して、子どもでもなく大人でもない「青年期」を享受できる者が増え、若者文化はアダルト・カルチャー（成人文化）から離脱しユース・カルチャーとして独自性を持つこととなる（井上1971, 松原1974, 木村2021）。こうして誕生した若者文化は、消費文化を牽引し

ていく存在として社会から着目されるようになっていった(城戸1993)。若者は情報化・都市化といった当時の社会の変化を体現している者とされ、新たに出てきたメディアを使いこなし、消費文化の典型的なライフスタイルを享受できた。とりわけ、都市部に在住する大学生はいち早くマーケティングの対象として、すなわち消費文化を担う者として取り上げられてきた(植村1993,守弘1993,木村2021:9)。こうした大学生のライフスタイルが「若者」のそれと取り上げられた理由は、青年・若者を研究対象としたときの学術的な作法が背景にある。社会学的な青年論の嚆矢である見田宗介 (1968) は、青年を論じるさい、社会の変化を示す「典型的」で「極限的」な青年を取り上げる方法、全国の青年に対する質問紙調査を用いた「平均値」を描く方法の二つの視角を提示した。新しいライフスタイルを享受する大学生が着目された背景には彼らが「典型的」で「極限的」であるといった前者の視点が影響している。

さらに、こうした文化を享受する若者がたとえ大学生中心だったとしても、若者文化への関心はもっぱら「学校教育の外にあるインフォーマルな側面」(川崎1996:83) にあるため、学校教育段階を明示する必要もなかった。焦点化された文化現象の多くが「中間階級から内発的に発した」(川崎1996:92) ものとされ、それらの文化を担う若者の階層や学校段階を分ける意義は乏しかった。若者に着目する目的は消費文化・メディア文化の最先端を描くことであり、それを享受する若者は恵まれた層であったわけだが、階層や学校段階は議論の目的の外に置かれる。エリート層であっても中産階級的な文化を享受することがその後の人生において重要な意味を果たしていた点も大きい(竹内[1995] 2016,竹内2003:233)。学生という属性がライフスタイルを規定する力は弱まり、学生文化は若者文化に覆われたことを岩見 (2004:118) は指摘する。本研究会においても1992年に調査を実施しているが、青年文化が中産階級に属するという前提を置き(浅野2016a:4-5)、それらを明らかにすることが青年全体を明らかにすることにつながると考えられていた。端的に、青年・若者文化論において学校教育段階を分けて論じる必要はなかったのである[1]。

もう1点、大学生が着目されてこなかった理由として研究手法上の限界を指摘しておきたい。若者のなかでも大学生は「典型的」で「極限的」な者として取り上げ

---

1) ただし、このことは学校教育段階の差がなかったことを意味しない。1970年代や1980年代は中流の意識をみなが有していた時代とされるものの、一方で「受験戦争」や「学歴社会」が問題化された時代でもあった。これらのトピックは学歴社会論として別途論じられている(苅谷1995)。

られたのだが、その一方、若者の全体像を描く研究も引き続き行われてきた。上述の若者文化論を取り込みつつ、それを主に計量的なデータを用いて検証する、若者に関する経験的研究が蓄積されている（世界青年意識調査, 川崎1987, 高橋1995, 青少年研究会の一連の調査）。これらの経験的研究はその手法ゆえに若者という研究対象を学校教育段階ではなく年齢集団で定義し、「平均値」を描き出してきた。そのため、大学生のみを取り出して研究を進展させることはなかったのである。

　これら研究関心上の理由・研究手法上の限界から、大学生は青年・若者文化の中心的な担い手であるにもかかわらず研究対象として明示化されてこなかった。青年・若者文化論が若者全体を包括していなかった点はすでに言及されており、たとえば1970年代から1980年代の青年文化論が取り上げてきたライフスタイルが「都市の男子大学生」を前提としている点について石田（2007：39）は批判する。また、大衆化以後の大学進学率上昇を背景に、大学生を対象とした若者の意識調査も実施されてこなかったわけではない。片桐（2019）は30年間、7回もの調査を通じて大学生の価値観（社会意識、政治意識、ジェンダー観など）の変化を記述している。ただし、ここでも大学生を研究対象とした理由として手近な調査対象としての「若者」だということにとどまっている。

　以上のように青年・若者文化論の多くは大学生が牽引する文化やライフスタイルを研究対象としてきたにもかかわらず、研究手法や社会的背景によって学校教育段階を考慮した探究は見過ごされてきた。それゆえに、研究対象を「大学生」と明示化したうえでその特徴を明らかにし、その期間に享受され選択されるライフスタイルについては明確な議論がなされてこなかったのである。

2-2　高等教育論における大学生研究

　ここまでにみてきた理由から、青年・若者文化論において大学生は研究対象として明示化されてこなかった。一方、教育学分野の高等教育論で「大学生」を明示的な対象に据えた研究が行われてきた。

　高等教育論における大学生研究は、大学生を青年・若者層としてみる研究と大学顧客層としてみる研究に分けることができる（橋本2010：7）。そのうえで、高等教育論における大学生研究はどちらかといえば後者に主眼を置いてきたと橋本（2010：7）は示している。高等教育進学率の上昇と政策による大学改革の影響が重なりあいながら、大学生は大学という場や環境の上でどのように生活し、教育を受け、変化するのかを明らかにするという問題への関心が高まってきた（武内2008, 吉田2008）。

これらの研究はアメリカの高等教育研究を参考に大学での「社会化」の視点を持つ、カレッジ・インパクト研究と呼ばれる（ウルタド 2015）。日本におけるカレッジ・インパクト研究は親による社会化や大学外の準拠集団、さらにはサークル活動や友人関係もふまえて大学の効果を検討するモデルとして検討がなされはじめている（武内 2008）。学習カリキュラムがどのような能力を向上させるのかといった狭い意味での効果を測るのではなく、大学という環境の上で大学生がいかなる活動を行い、社会化されるのか、大学生活全体を包括しつつ大学生を捉える点に特徴がある。

だが、これらの研究はその帰結として大学という場がいかなる機能を持つのか、といった広義での高等教育における効果への貢献が強調される（吉田 2008）。端的にいうならば、高等教育論に社会学的な視点を取り入れるといった関心はあっても、高等教育を対象にしながら社会学的な議論を発展させるという目的は掲げていない。

2-3　若者集団における大学生の特徴

ここまでみてきたように、大学生は若者文化を牽引してきた存在であったにもかかわらず、青年・若者文化論の研究対象として明示化されてこなかった。一方、高等教育論の一部で大学生を対象とした研究が行われてきたものの、それはもっぱら大学での学習と幅広くその環境に焦点を当てるものであった。さらに付け加えるならば、社会が流動化してきた2000年代を境として、典型的な若者として大学生を想定してきた青年・若者文化論のみならず、より個別の若者集団に着目する議論が進められてきた。たとえば、非エリートの若者や地方の若者のおかれた労働条件やライフスタイルを描く研究がなされている（樋口ほか 2011、乾ほか 2017 など）。そして、もはや若者全体を描くことはできず、個別の若者への理解を深めていくという研究の方向性さえ示されている（浅野 2016b）。

では、現在（ここでは調査の行われた2020年を念頭に置いている）の大学生は、若者集団の中でどのような位置にある存在として捉えることができるのだろうか。ここで、若者を後期近代論の視点から理論的に整理する乾（2010）を補助線にして考えてみたい。乾（2010）は流動的な社会を生き抜く若者を分析するにあたり、若者の再帰的な選択といった論点から後期近代論に言及する。まず、不安定な社会において過去に存在した社会的な「青年期」の位置が共有されているわけではなく、すべての若者に自らの人生の選択が迫られている。だが、恵まれた資源をもとに「選択的人生経歴」を歩む者、資源に恵まれず限られた選択肢しかない「危機的人生経歴」を歩む者、比較的スムーズで直線的な移行をたどる「標準的人生経歴」を歩む者の

3者に若者を分けることができる (乾 2010：110)。彼ら・彼女らは3者それぞれに濃淡はあるけれどもその場その場で再帰的に個人の主体的な選択を行なっており、その選択の背後には彼ら彼女らが属するコミュニティやネットワークがある (乾 2010)。また、最も恵まれた資源を持つ「選択的人生経歴」を歩む者は、標準的な人生経路の者とは異なり、自ら性別などにとらわれない新しいライフスタイルを選択している (du Bois-Reymond 1998)。若者のなかでもその再帰的なあり方は出身階層や性別などによって異なるのである。

　この議論から、大学生は選択的人生経路もしくは標準的人生経路を歩む者と考えられるだろう。だが、これらの人生経路やライフスタイル選択について日本の大学生を対象とした検討は行われていない。乾 (2010) は危機的な状況にある若者の選択への関心が強く、その後、危機的人生経路を歩む者を対象に研究を進めた。このことから、日本において比較的資源に恵まれた大学生がどのようなライフスタイルを選び取っているのかといった議論は手つかずのままとなっている。大学入学年齢が18歳・19歳に限られ、新規大卒就職－採用の慣行がある日本において、「高校を卒業し大学に進学すれば標準的人生経歴を歩む」ことが当たり前とされてきたことも大きい。改めて、大学生を若者のなかでも選択的人生経歴ないし標準的人生経歴を歩むものとして位置づけ、そこでのライフスタイルの選択がどのようになされているのかを見ていく研究が必要とされているのである。

　ここまでの議論をまとめておこう。青年・若者文化論は、当初最先端の典型的で極限的な青年として大学生を取り上げた。消費の主体やマーケティングの対象として若者を取り上げ、階層や学校教育段階とは十分に関連づけられてこなかった。加えて、方法論のうえでも大学生を取り上げる意義は薄かった。それに対し、高等教育論はもっぱら大学生の学習を対象としており、大学生の生活状況については関心の外にある。さらに、近年の若者のライフスタイルに関する議論からも大学生という対象は置き去りにされてきた。それゆえに、大学生のライフスタイル選択の解明は学術的な議論において取り逃がされてきたのである。

3 本書の視角：再帰的近代における大学生のライフスタイル

　以上、戦後日本のマスメディアにおける大学生像の変遷を確認するとともに、青年・若者文化論と高等教育論における大学生研究の概略を追ってきた。青年・若者文化論ならびに高等教育論における大学生研究において、彼・彼女らの経験に即し

たライフスタイルに関する研究が十分になされてきたとは言い難い。では、本書が対象とするコロナ禍における大学生のライフスタイルはいったいどのような観点から分析することができるのだろうか。この点について、(1)コロナ禍をどのように捉えるか、(2)大学生のライフスタイルをどのように捉えるかの2点に分けて検討していく。

一つ目のコロナ禍をどのように捉えるかについて、そもそも、今回の新型コロナウイルス感染症（以下、COVID-19）の世界的な流行も、それまでの社会情勢とは断絶した突発的な事態としてではなく、歴史的な文脈の中で生じたものと捉えられるべきである。その際に有効と考えられるのが、アンソニー・ギデンズの再帰的近代化の議論である（ギデンズ 1993, 2021, ベックほか 1997 など）。ギデンズによれば、私たちが生きる現代社会は近代社会から断絶した社会ではなく、近代化を更に徹底させた後期近代社会（＝ハイモダニティの社会）と捉えることができる。その構成要素として挙げられるのが、①時間と空間の分離、②脱埋め込みメカニズム、③制度的再帰性の3点である。それぞれ簡略的に説明すると次のようになる。

①の時間と空間の分離とは、近代社会は時間と空間が場所による状況拘束性から解放されて分離し再統合する事態を表している。例としては、物理的に居合わせていない人びととのメディアを介したコミュニケーションなどが挙げられる。①の影響として、②の脱埋め込みメカニズムが生じる。これは社会関係がローカルな環境から「剥離」して無限に広がり、再分節化される事態を表している。ギデンズは脱埋め込みメカニズムの二つのタイプとして「象徴的通標」（貨幣などのさまざまな文脈を横断して交換可能な標準的な価値を持った交換メディア）と「専門家システム」（専門家とクライアントとは独立に有効性を持つ技術的知識様式）の二つを挙げている。さらに、①と②の帰結として、制度的再帰性がもたらされる。これは「社会活動および自然との物質的関係の大半の側面が、新たな情報や知識に照らして継続的に修正を受けやすいこと」（ギデンズ 2021：40）を表している。

ギデンズによれば、このような構成要素による再帰的近代化は、社会活動のグローバル化を本来的に進行させるという。ギデンズはグローバル化を「ある場所で生じる事象が、はるか遠く離れたところで生じた事件によって方向づけられたり、逆に、ある場所で生じた事件がはるか遠く離れたところで生じる事象を方向づけていくというかたちで、遠く隔たった地域を相互に結びつけていく、そうした世界規模の社会関係が強まっていくこと」（ギデンズ 1993：85）と定義している。その一方で、再帰的近代化はさまざまなリスクもグローバルなものに拡大する。再帰的近代

化のマイナスの側面を「リスク社会」と呼んで強調したのがウルリヒ・ベックである（ベック 1998 など）。ベックによれば、「再帰的近代化とは、発達が自己破壊に転化する可能性があり、またその自己破壊のなかで、ひとつの近代化が別の近代化をむしばみ、変化させていくような新たな段階である」という（ベックほか 1997：12）。この「自己破壊」という表現で想定されているのは、大災害、ナショナリズム、大規模の貧困、宗教的原理主義、環境破壊による生態系の危機、戦争や革命、原子力発電所の事故といったリスクであり、今日、これらのリスクはグローバルに広がっている。

　このような再帰的近代化の議論をふまえるならば、今回の COVID-19 のパンデミックは「再帰的近代化の極限」ともいえる事態と見なすことができるだろう。今回のパンデミックは、科学技術の発達と工業化、環境破壊による生態系の変化、グローバル化といった再帰的近代化の特徴と決して無関連とはいえない。各国政府のコロナへの対応ではとりわけ経済支援（現金支給）が比較吟味の対象とされた。メディアには数多くのコロナの専門家が登場したが、彼・彼女らの意見はしばしば真っ向から対立し、一般市民が安心して立脚できるような外的基準は存在しなかった。また、緊急事態宣言の時期こそ一時的に厳しい行動制限はされたものの、宣言解除以降は、既存の制度や慣習はことごとく再帰的に見直され、「新しい生活様式」や「ニューノーマル」といった言葉も生まれた。さらに、行動制限の時期とともに発せられた「ソーシャルディスタンス」という言葉は、比較的に場所による拘束性が残存していた仕事、教育、趣味や遊びといった人間にとって根源的ともいえる社会的な活動にまで再帰的な見直しを迫るものとなった。コロナ禍の大学生はこのような再帰的近代化の極限と呼べる状況の中で大学生活を送ってきたのである。

　それでは、本書の視角の二つ目の大学生のライフスタイルについてはどのように捉えられるだろうか。再帰的近代化はこのようなグローバルな領域における現象であるとともに、ローカルかつ個人的な領域における現象でもある。後期近代において自己アイデンティティは、絶えず変化する外的環境をモニタリングしながら不断に書き直される再帰的プロジェクトになっているのだという（ギデンズ 2021：90-95）。このプロジェクトにおいて個人は、日常生活における複雑多様な選択に直面し、さらにそれらは根拠づけられていないがゆえに、ライフスタイルの選択が最重要なものになる。ライフスタイルとは、「自己アイデンティティのナラティブに実質的なかたちを与えるがゆえに、個人が受け入れている多かれ少なかれ統合された実践のセットとして定義されうる」（ギデンズ 2021：138）という。ライフスタイルは「服装、

食事、行為の様式、他者と出会うのに好ましい環境などに関する習慣に組み込まれているルーティーン」である。ギデンズの定義するライフスタイルとは、日常生活における規範と行為の方向性の束であり、消費や仕事などの領域における選択肢の複数性を多かれ少なかれ秩序づけ、自己アイデンティティの形成に寄与するものと考えられている。

このような観点からすれば、現代の若者は再帰的近代化が進行する社会における自己形成やライフスタイルの選択の問題に直面していると捉えられる。しかしながら、再帰性の高まりは決して若者全体に均一に広がっているとはいえない。ギデンズやベックへの批判として、人びとの間の不平等や格差を過小評価しているというものがある[2]。貧困など社会的に恵まれない人たちにとってはライフスタイルの選択肢は限定的なものであるという指摘である。同様の指摘をアンディ・ファーロングらは若者研究の文脈で行い、後期近代を生きる若者たちにとってライフスタイルの重要性は増しつつも、依然として社会階級による不平等が問題になっていることを指摘している（ファーロング & カートメル 2009）[3]。この指摘はおそらく正しい。前節で取り上げた、危機的な状況にある若者に注目した乾（2010）の議論もこの流れに位置づけられるだろう。しかし、だからといって、若年層全体が日常生活における再帰性の昂進という問題に直面していないとはいえない。重要なことは、若年層を何らかの問題関心に即して分節化したうえで、各々の集団の再帰性との関連を経験的に見ていくことである。

前節で見たように、本書が対象とする大学生は、若者のなかでもとりわけ選択的もしくは標準的な人生経歴を歩む傾向があり、その意味で相対的に再帰性が高い集団として位置づけられる。大学生とは、高卒後に大学に進学せずに就職した同世代と比べても、自由度の高い人生の期間といえる。この間、学生生活は授業の履修、課外活動、そして卒業後を見据えた就職活動などさまざまな面において多様な選択肢に開かれている。大学生は日常生活のさまざまな場面においてライフスタイルの選択を迫られている集団なのである。さらに、このような特徴を持った大学生はユニバーサル段階となった日本社会において、若者のなかでもマジョリティとも呼べ

---

[2] ギデンズの議論には他にも数多くの批判がなされている。本書が中心的に参照している『モダニティと自己アイデンティティ』に関連した批判については秋吉（2005；2021）を参照されたい。また、浅野（2015）はギデンズの自己アイデンティティ論が、統合的なアイデンティティモデルを前提とし、自己の多元化を問題と捉えている点を批判的に検討している。
[3] リスク社会と関連づけた若者研究としては、他に高校生を対象とした友枝（2015）、乾ほか（2017）などが挙げられる。

る層を形成している。先述したように、大学生を取り巻く現代社会は「再帰性の極限」ともいえる状況になっている[4]。こうした状況下において、若者の中でも比較的に再帰性が高いマジョリティと捉えられる大学生は、どのようなライフスタイルの選択を行なっているのだろうか。

4 調査データの説明と本書の構成

4-1 青少年研究会の2020年大学生調査の概要

以上の問題関心から本書では青少年研究会が2020年に実施した大学生調査のデータを用いて分析を行なっていく。青少年研究会は1992年、2002年、2012年に都市在住の若者の調査を継続的に実施してきた。加えて、大学生に対する調査は2000年、2010年に実施され、2020年の調査は3度目となる（これまでの経緯はコラム①）。本書で用いる調査も前回調査や2012年調査と比較可能な項目を導入しながら設計された。

ここで、本調査の具体的な調査設計について述べておきたい。この調査の実施時

表0-1 目標割合（細字）と有効サンプルの割合（**太字**）

偏差値	私立			国立			全体
	関東	関西	それ以外	関東	関西	それ以外	
60～	6.38	2.73	3.37	0.87	0.53	2.11	16.00
	17.80	**16.10**	**—**	**5.49**	**1.04**	**—**	**40.44**
50～59	13.55	5.81	7.16	1.85	1.13	4.49	34.00
	10.80	**—**	**9.38**	**1.52**	**—**	**—**	**21.69**
40～49	13.55	5.81	7.16	1.85	1.13	4.49	34.00
	9.66	**6.44**	**2.84**	**—**	**—**	**16.00(公立含)**	**34.94**
～39	6.38	2.73	3.37	0.87	0.53	2.11	16.00
	—	**1.33**	**1.61**	**—**	**—**	**—**	**2.94**
全体	39.86	17.08	21.06	5.45	3.32	13.21	100.00
	38.26	**23.86**	**13.83**	**7.01**	**1.04**	**16.00**	

---

4) 本書と同様に日本社会におけるパンデミックを再帰性の観点から分析した研究として中西 (2022) が挙げられる。この論集の中で牛腸・小田中 (2022) は、コロナ禍におけるリスク経験が、確率論的には予測できない偶然性を帯びている点に着目し、スコット・ラッシュの議論に依拠しながら、そのような偶然性との遭遇が再帰的に自己を変容させていく契機となる可能性について検討している。

期は 2020 年の秋、具体的には秋学期 1 回目ないし 2 回目の授業(10月前後)である。全国の人文科学系(社会学系)・教育学系の学部に所属する大学生を対象とした。大学教員に協力を願い、担当授業内で集合調査法にて行なった。教員の担当授業は主に社会学系、メディア論系、教育社会学系の授業となっている。

　サンプリングは以下の通りである。2019 年に実施された文部科学省学校基本調査を参考に、所在地に関しては関東、関西、それ以外に、大学種別は国立、公立、私立を区分し、全国比率に近くなるように 1000 ケースの回収を目指して目標割合を定めた(表 0-1 参照)。その上で入学難易度に留意しながら目標サンプル数を定め、そのサンプル数を満たすように対象校を選定した。結果、関東 9 校、関西 4 校、その他 6 校の 19 校(うち、国公立 7 校、私立 12 校)の協力を得て、それらの科目でオンライン調査票(URL)を配布した。コロナ禍もふまえてオンラインのフォームを用いて実施したものの、対面授業が行われていた 2 校は調査票を用いて実施している。なお、サンプリング時のミスと限界により、偏差値 39 以下の大学が少ない割合となっている。

　サンプルは 1000 ケースを計画し、1059 ケースの有効回答が得られた。有効サンプルのうち性別は男性が 34.94％、女性が 62.80％とやや女性の回答が多い。また、学年比率は一年生が 21.25％、二年生が 44.95％、三年生が 22.85％、四年生が 9.82％と二年生の割合が高いデータとなっている。

4-2　本書の構成

　以上の調査データを用いて、本書は現代の大学生のライフスタイルの諸相について明らかにしていく。大学生のライフスタイルには多種多様な側面がある。本書は、これまでの青年・若者文化論の問題関心もふまえ、現代の大学生におけるライフスタイルの諸相を (1) 自己と社会、(2) メディア・文化、(3) 親密性という 3 つに分けて分析する。

　分析編 (1) の「自己と社会」では、大学生の自己意識と社会との関連に焦点を当てる。大学生活はしばしば自身の将来を見据えてアイデンティティを模索する期間と見なされる。価値観やライフコースが流動化した社会においては、学生たちはアイデンティティ形成とどのように向き合っているのだろうか。第 1 章の牧野論文はこうした問題について、自己をめぐる再帰的な態度とアイデンティティ感覚との関連に着目して分析している。第 2 章の寺地論文は、大学生のアイデンティティ形成とも密接にかかわる就職活動について検討している。就職活動は就職という目的か

ら大学生活や自分自身を反省的に捉え返す再帰的な営みである（自己分析）。しかしながら、現代の大学生には、大学生活を就活のための手段と見なす態度と、それ自体を楽しもうとする態度との両方が見られる。当たり前のことではあるが、同じ大学生といっても彼・彼女らのライフスタイルは決して一様ではない。第3章の妹尾論文は、現代の大学生のライフスタイルの多様性が何によって規定されているのかについて、出身階層などの社会経済的背景に着目して分析している。

分析編（2）のメディア・文化では、現代の大学生のライフスタイルにおいて極めて大きな比重を占めているSNS利用と文化消費の諸相に焦点を当てる。現代の大学生活において欠かすことができないのがSNSを用いたコミュニケーションである。第4章の二方論文は、SNSにおける「他者の反応を気にする」という再帰的なふるまいに着目し、そのような志向を持つ大学生にはどのような特徴があるのかについて分析している。さらに、近年のSNS上のコミュニケーションではInstagramに代表されるように、文字よりも画像や映像といったビジュアル要素のウェイトが増してきている。第5章の木村論文は、スマートフォンで写真を撮るという行動が、自己をめぐる再帰的な態度とどのように関連しているのかについて分析している。

SNS利用に加えて、大学生活において重要な位置を占めているのが文化消費である。若者文化論の文脈ではアイドルへの推し活などおたく文化に注目されることが多いが、依然として若者の趣味の筆頭に挙げられるのが音楽聴取である。第6章の木島論文は、現代の大学生の音楽聴取傾向に着目し、それが流動化した社会における自己の安定化に結びつく可能性について分析している。そして、第7章の羽渕論文は、大学生のスマートフォン依存とそれにともなうソーシャルスキル低下の問題について検討したうえで、子どもの頃に親と文化消費をすることが、大学生のソーシャルスキル涵養に結びつく可能性について検討している。

分析編（3）の親密性では、大学生の友人関係、恋愛関係といった親密な関係性に焦点を当てる。価値観やライフスタイルが流動化した社会においては、友人関係や恋愛関係といった人間にとって根源的ともいえる営みも再帰的な見直しが迫られる。第8章の小川論文は、SNSで多くの友人とつながっているにもかかわらず孤独感を抱いている若者が一定数存在することに着目し、その背景として友人関係における再帰性の上昇を指摘している。第9章の浅野論文は、近年の若者の恋愛行動における草食化の議論を受けて、自己をめぐる再帰性の上昇が恋愛交際経験の有無とどのように関わっているのかについて分析している。これらの議論をふまえて第10章

の久保田論文は、二つの親密性、すなわち友人関係における社交性と恋愛交際経験との関連について分析している。

　以上見てきたように、本書全体を貫くキーワードは「再帰性」である。これまでの社会学や関連領域において、再帰性という概念は——その抽象度の高さから論者の関心のある対象にいかようにでも都合よく適用できるゆえに——万能の説明概念として用いられてきた側面があったように思われる。本書の各章の分析は、再帰性を万能の説明概念として用いるのではなく、学生たちが置かれたさまざまな文脈に応じてその働き方にバリエーションが生じていることを示すものである。コロナ禍以降の再帰性の極限とも呼べる時代状況を、日本の大学生はどのように生きてきたのだろうか。彼・彼女らのライフスタイルにおいて再帰性はどのような意味を持っているのだろうか。現代の大学生の「再帰的ライフスタイル」の諸相をデータに基づいて丁寧に腑分けしていくこと、これが本書の目的である。

【文　献】

秋吉美都（2021）．「解題　新しい思考の道具箱——近代社会の研究プログラムに向けて」ギデンズ, A.／秋吉美都・安藤太郎・筒井淳也［訳］『モダニティと自己アイデンティティ——後期近代における自己と社会』筑摩書房，pp. 407-423. (Giddens, A. (1991). *Modernity and Self-Identity: Self and Society in the Late Modern Age*, Stanford University Press.)

浅野智彦（2015）．『「若者」とは誰か——アイデンティティの 30 年【増補新版】』河出書房新社

浅野智彦（2016a）．「青少年研究会の調査と若者論の今日の課題」藤村正之・浅野智彦・羽渕一代［編］『現代若者の幸福——不安感社会を生きる』恒星社厚生閣, pp. 1-23.

浅野智彦（2016b）．「はしがき」川崎賢一・浅野智彦［編著］『〈若者〉の溶解』勁草書房, pp. i-xi.

石田佐恵子（2007）．「世代文化論の困難——文化研究における「メディアの共通経験」分析の可能性」『フォーラム現代社会学』6, 35-44.

乾彰夫（2010）．『〈学校から仕事へ〉の変容と若者たち——個人化・アイデンティティ・コミュニティ』青木書店

乾彰夫・本田由紀・中村高康［編］（2017）．『危機のなかの若者たち——教育とキャリアに関する 5 年間の追跡調査』東京大学出版会

井上俊（1971）．「青年の文化と生活意識」『社会学評論』22(2), 31-47.

岩見和彦（2004）．「変貌する学生」絹川正吉・舘昭［編著］『講座「21 世紀の大学・高等教育を考える」——学士課程教育の改革』東信堂, pp. 107-125.

植村崇弘（1993）．「マーケティング時代の「若者論」と若者たち」小谷敏［編］『若者論を読む』世界思想社, pp. 110-135.

ウルタド, S.（2015）．加藤靖子［訳］「カレッジ・インパクト」ガンポート, P. J.［編著］／伊藤彰浩・橋本鉱市・阿曽沼明裕［監訳］『高等教育の社会学』玉川大学出版部, pp. 133-154. (Hurtado, S. (2007). The Study of College Impact, P. J. Gumport, ed., *Sociology of Higher Education: Contributions and Their Contexts*, Johns Hopkins University Press, pp. 94-112.)

片桐新自（2019）．『時代を生きる若者たち——大学生調査 30 年から見る日本社会』関西大学出版

部

苅谷剛彦（1995）．『大衆教育社会のゆくえ――学歴主義と平等神話の戦後史』中央公論新社
川崎賢一（1987）．「比較青年文化論――新人類の社会学的考察」高橋勇悦［編］『青年そして都市・空間・情報――その危機的状況への対応』恒星社厚生閣, pp. 157-199.
川崎賢一（1996）．「青年期の社会学――グローバリゼーションと青年期・青年文化」井上俊・上野千鶴子・大澤真幸・見田宗介・吉見俊哉［編］『ライフコースの社会学』岩波書店, pp. 75-94.
ギデンズ, A.（1993）．松尾精文・小幡正敏［訳］『近代とはいかなる時代か？――モダニティの帰結』而立書房（Giddens, A.（1990）．*The Consequences of Modernity*, Stanford University Press.）
ギデンズ, A.（2021）．秋吉美都・安藤太郎・筒井淳也［訳］『モダニティと自己アイデンティティ――後期近代における自己と社会』筑摩書房（Giddens, A.（1991）．*Modernity and Self-Identity: Self and Society in the Late Modern Age*, Stanford University Press.）
城戸秀之（1993）．「消費記号論とは何だったのか」小谷敏［編］『若者論を読む』世界思想社, pp. 86-109.
木村絵里子（2021）．「「若者論」の系譜――対象地域に着目して」木村絵里子・轡田竜蔵・牧野智和［編著］『場所から問う若者文化――ポストアーバン化時代の若者』晃洋書房, pp. 1-23.
牛膓政孝・小田中悠（2022）．「パンデミックと自己の変容――リスク／偶然性と再帰性」中西眞知子［編著］『パンデミックとグローバル社会――もうひとつの社会への扉』晃洋書房, pp. 141-175.
新堀通也［編］（1985）．『大学生――ダメ論をこえて』（現代のエスプリ 213）至文堂
高橋勇悦［監修］／川崎賢一・芳賀学・小川博司［編］（1995）．『都市青年の意識と行動――若者たちの東京・神戸 90’s［分析篇］』恒星社厚生閣
武内清（2008）．「学生文化の実態と大学教育」『高等教育研究』11, 7-23.
竹内洋（2003）．『教養主義の没落――変わりゆくエリート学生文化』中央公論新社
竹内洋（2016）．『日本のメリトクラシー――構造と心性 増補版』東京大学出版会［原著：1995 年］
友枝敏雄［編］（2015）．『リスク社会を生きる若者たち――高校生の意識調査から』大阪大学出版会
トロウ, M.（1976）．天野郁夫・喜多村和之［訳］『高学歴社会の大学――エリートからマスへ』東京大学出版会
中西眞知子［編著］（2022）．『パンデミックとグローバル社会――もうひとつの社会への扉』晃洋書房
橋本鉱市（2010）．「青年文化の変容と揺れ動くアイデンティティ」橋本鉱市［編］『大学生――キャンパスの生態史』玉川大学出版部, pp. 12-20.
橋本鉱市（2011）．「戦後における大学生論の系譜――「大学生」はどう論じられてきたか（特集大学生）」『家計経済研究』91, 14-21.
原田曜平（2013）．『さとり世代――盗んだバイクで走り出さない若者たち』角川書店
樋口明彦・上村泰裕・平塚眞樹［編著］（2011）．『若者問題と教育・雇用・社会保障――東アジアと周縁から考える』法政大学出版局
ファーロング, A. & カートメル, F.（2009）．乾彰夫・西村貴之・平塚眞樹・丸井妙子［訳］『若者と社会変容――リスク社会を生きる』大月書店（Furlong, A., & Cartmel. F.（2007）．*Young People and Social Change : New Perspectives, 2nd edition*, Open University Press.）
藤本耕平（2015）．『つくし世代――「新しい若者」の価値観を読む』光文社
ベック, U.（1998）．東廉・伊藤美登里［訳］『危険社会――新しい近代への道』法政大学出版局（Beck, U.（1986）．*Risikogesellschaft auf dem Weg in eine andere Moderne*, Suhrkamp）
ベック, U., ギデンズ, A. & ラッシュ, S.（1997）．松尾精文・小幡正敏・叶堂隆三［訳］『再帰的近代化――近現代における政治、伝統、美的原理』而立書房（Beck, U., Giddens, A., & Lash, S.（1994）．*Reflexive Modernization: Politics, Tradition and Aesthetics in the Modern Social Order*, Stanford University Press.）

本田由紀（2014）．『社会を結びなおす――教育・仕事・家族の連携へ』岩波書店
松原治郎（1974）．『日本青年の意識構造――不安と不満のメカニズム』弘文堂
溝上慎一（2002）．『大学生論――戦後大学生論の系譜を踏まえて』ナカニシヤ出版
溝上慎一（2004）．『現代大学生論――ユニバーシティ・ブルーの風に揺れる』日本放送出版協会
溝上慎一（2010）．『現代青年期の心理学――適応から自己形成の時代へ』有斐閣
見田宗介（1968）．『現代の青年像』講談社
守弘仁志（1993）．「情報新人類論の考察」小谷敏［編］『若者論を読む』世界思想社, pp. 142-168.
吉田文（2008）．「大学生研究の位相」『高等教育研究』11, 127-142.
du Bois-Reymond, M. (1998). I Don't Want to Commit Myself Yet: Young People's Life Concepts, *Journal of Youth Studies*, 1(1), 63-79.

コラム①
大学生調査から何がわかるのか：その限界と可能性

岩田 考

　大学生調査には「限界」がある。大学生を対象とした調査に基づく書籍のコラムで、いきなり「限界」って……。章を担当させてもらえない腹いせか、と思われるかもしれない。しかし、そうではない。本書をよりよく理解していただくために、読者のみなさんに知っておいていただきたいことがあるのだ。

　大学生を対象とした調査の「限界」と「可能性」を論じる前に、私も含めた本書の執筆者が所属する「青少年研究会」が行なってきた大学生調査について少しだけ振り返っておきたい。青少年研究会は、1980年代前半に、都市社会学者の高橋勇悦教授（東京都立大学・当時）を中心として、社会学と社会教育の研究者によって結成された。1992年に東京都杉並区と神戸市灘区・東灘区において、16歳から29歳の若者を対象として初めての調査を実施している。私が研究会に参加したのは1998年頃のため、正確なところはわからないのだが、調査は継続することを当初から意図したものではなかったようである。

　1992年本調査の成果は、2冊の書物にまとめられ（高橋1995, 富田・藤村1999）、いわゆる若者論に多くの影響を与えるものとなった。そのような影響力をもった調査を一度限りで終わらせてしまうのはもったいないということで、現在の研究代表である浅野智彦を中心として、第2回の本調査が企画された。当時の若手6名で毎週のように集まり、質問を検討し、何時間にもわたる議論を行なった。そうした議論を経て作成された新規項目をテストするため、2000年に大学生を対象として調査を実施した（青少年研究会2001）。これが、青少年研究会における大学生調査の始まりである。首都圏の四つの大学（私立大学2校・私立女子大学1校・国立大学1校）で実施し、820票の回答を得たが、あくまで本調査のためのプレ調査という位置づけであった[1]。

　その後、10年ごとに本調査を実施するのにあわせて[2]、2010年、2020年に大学生調査を実施してき

---

1) これは筆者の記憶に基づく。現在の青少年研究会の代表であり、大学生調査を中心となって進めた浅野智彦は、第2回本調査のためのプレ調査として実施したわけではないとしている。第1回大学生調査を企画した6名（浅野智彦・加藤篤志・菊池裕生・羽渕一代・福重清・岩田考）においても一致した認識があったわけではないようである。
2) 本調査については、2002年調査は浅野（2006）および岩田ら（2006）、2012年調査は藤村ら（2016）などを参照。

た。2010年大学生調査では、全国26大学の社会学系の授業を受講する学生2831名から回答を得た（岩田 2015）。2020年大学生調査では、全国19大学の社会学系の授業を受講する学生1061名から回答を得ている（青少年研究会 2021）。対象校数や回答者数だけをみると、2020年調査は2010年調査よりも「後退」しているように思われるかもしれない。しかし、必ずしもそうとはいえないのだ。それはなぜか。

ここでは少し回り道をして、社会学と心理学における大学生を対象とした調査の比較から、この点について考えてみたい。日本社会学会は、日本最大の社会学者の集まり（学会）であり、『社会学評論』という機関紙を持っている。また、『心理学研究』は、日本を代表する全国規模の心理学者の集まり（学会）である日本心理学会の機関紙である。2020年度に、それらの機関紙に掲載された投稿論文・原著論文で、大学生を対象とした質問紙調査（いわゆるアンケート調査）に基づくものは、『社会学評論』が17本中0本であるのに対して、『心理学研究』では16本中3本（質問紙調査だけでなく大学生を対象とした実験も含めると7本）となっている。心理学的な研究のほうが大学生を対象とした調査に基づく研究が多くなっている。

これは、社会学者が行う社会調査では、「ランダムサンプリング（無作為抽出）」と呼ばれる調査対象者の選定方法が重視されることに関わっている。私たちの本調査も、ランダムサンプリングに近いかたちで対象者を決めている。それは、一部を対象として抜き出して得られた調査結果が、本当に知りたい全体（母集団）にもあてはまるものかどうか、統計学的に推測することができるからである。サンプル（標本）が代表性を持つこと（偏りがないかどうか）が調査結果の信頼性にとって重要なのだ[3]。そのような社会調査に対する考え方の背後には、人びとの意識や行動の傾向が、時代や、社会、属性などによって異なると考えていることがある。そうした差異を明らかにすることが社会調査の重要な目的となっているのである。

ただし、心理学の調査に意味がないということでもないし、心理学者が行う調査がいいかげんなものだといいたいわけでもない。心理学の調査のほうが社会調査よりも、厳密な手続きを踏む部分も少なくない。人の心理や、意識、行動傾向といった抽象的な概念を数値として把握するために用いられる「物差し」のようなものである心理尺度の構成が、その典型である。一つの尺度を構成するために、何十問もの質問を行い、信頼性や妥当性が何度も検証される。そのような厳密さを重視する心理学において、なぜ大学生（のみ）を対象とした質問紙調査が行われるのか。それは、心理学においては、心理的なメカニズムが普遍的なものと見なされる傾向と関わっている。つまり、身近な大学生を対象に行なった調査で明ら

---

[3] ただし、ランダムサンプリングによって対象者を選定しても、実際に回答した者の割合（調査票の回収率）が低ければ、調査結果の信頼性は低くなる。

かとなった心理や、意識、行動の傾向は、多くの人びとに共通すると考えるのだ。少なくとも社会学からみた場合、心理学には、そのような傾向がある。

　少し脇道にそれてしまったが、以上のようなことから、大学生調査が持つ社会学的な「限界」の一つがわかるだろう。つまり、授業などで行なった大学生調査は、ランダムサンプリングによる対象者の選定を行なっていないため、母集団である大学生全体（あるいは社会学系学部の大学生）に調査結果があてはまるかはわからないのだ。厳密にいえば、調査結果は回答者の大学生における傾向にすぎない。しかしながら実際には、「無作為抽出で行われた調査」と仮定して調査結果を一般化し、「大学生は」「社会学系学部の大学生は」という議論が行われることになる。青少年研究会が行なった3回の大学生調査は、いずれもランダムサンプリングに基づくものではない。そのような意味で、「限界」があるのだ。しかしながら、本書で主に分析される「2020年大学生調査」では、地域・設置者（国立・公立・私立）・入学難易度ごとに社会学系学部の学生の比率を算出し、その比率に近いかたちで対象校を選定した。本調査のプレ調査という位置づけを脱して、それ自体でもできるだけ意味のある調査となるよう設計されている。

　回答者が多ければ多いほど、調査の信頼性が高まるように思われるかもしれないが、必ずしもそうではない（もちろん、母集団と一致するくらい多ければ別だが）。母集団の一部を対象とする標本調査の場合、そのサンプルの抜き出し方が重要なのである。具体的な例を一つだけ挙げておこう。月刊『Hanada』編集部が、2022年8月17日から23日にかけてTwitter（現X）で行なったアンケートでは、安倍晋三元首相の国葬に対して、賛成51.1%、反対43%という結果になった。この結果は「60万」を超える回答に基づくものである。しかし、新聞社やテレビ局など報道機関が行なった多くの世論調査では、割合にばらつきはあるものの、賛成したり評価したりする割合のほうが低くなっていた[4]。報道機関の世論調査のサンプルサイズは数千程度である（サンプルサイズは調査にもとめる精度との関係で決定される）。極端な例ではあるが、回答者が多ければ、信頼できる調査というわけではないことがわかるだろう。

　大学生調査は、他にも「限界」を有している。「限界」という表現は強すぎるかもしれないが、注意すべき点が他にもある。本書は議論の対象を大学生に限定しているが、大学生を対象とした研究に基づいて若者一般について議論されることがある。橋元良明（1998）が指摘するように、いわゆる若者論は、大学教員の身近な大学生の観察に基づいてなされることも少なくない。しかし、大学生は若者の一部でしかない。また、進学率の上昇などによって、同じ大学の学生たちであっても、若者全体におけるその位置は変化する。文部科学省の学校基本調査によれば、大学進学率は、2000年39.7%、2010年50.9%、2020年54.4%と15ポイント近く上昇している。同じ大学の同じ学部の学生だからといって、経年的な変化を単純に議論

することには問題がある。このことは、本書で分析される質問紙調査についても同様にあてはまる。

以上のように、各章の執筆者には怒られてしまうかもしれないが、今回の調査から得られる結果には「限界」がある。しかしながら、大学生調査、そして大学生調査に基づく本書には意味がないのだろうか。そのように決めつけるのは早計である。

青少年研究会のメンバーでもある社会学者の辻大介（2008）は、ランダムサンプリングに基づく調査以外を認めない「無作為抽出至上主義」に対して、二つの点から反論を試みている。一つは、無作為抽出によらない一般化の可能性であり、もう一つは他者の理解可能性を開くものとしての社会調査の意義という点である。一つ目の無作為抽出によらない一般化の可能性という指摘は比較的わかりやすい。同じような問題関心に基づく調査を積み重ねることによって一般化を行うという戦略である。つまり、複数の調査で、同じような結果がみられたとすれば、その傾向を一般化できる可能性が高いということである[5]。二つ目の点は、たとえ一般化できないとしても他者を理解す

---

4) 国葬の是非についての世論調査の結果は実施時期によってもかなり異なる。国葬が行われた9月の調査では、各社で反対意見が増加している（東京新聞2022年9月25日18時39分）。月刊『Hanada』が行なったアンケートと時期的に近い7月末から8月に行われた主な調査の結果は以下のようになっている。日本経済新聞（7月29～31日）反対47%・賛成43%、NHK（8月5日～7日）評価しない50%・評価する36%、時事通信（8月5日～8日）反対47.3%・賛成30.5%、ＴＢＳ系ＪＮＮ（8月6日～7日）反対45%・賛成42%、共同通信（8月10～11日）納得できない56%・納得できる42・5%、ＦＮＮ・産経合同世論調査（8月20～21日）反対51・1%・賛成40・8%、毎日新聞（8月20～21日）反対53%・賛成30%、朝日新聞（8月27日～28日）反対50%・賛成41%。ただし、読売新聞と日本テレビ系のＮＮＮのみ、肯定的な評価の割合が高くなっている。NNN（8月5～7日）評価しない46%・評価する49%。

5) 近年急速に増加しているインターネットを利用したウェブ調査においても同様なことがいえる。多くのウェブ調査は、調査会社に登録しているモニターが回答しており、ランダムサンプリングに基づくものとはなっていない。現在、大規模な標本調査でサンプリングのために用いられる住民基本台帳や選挙人名簿は、個人情報保護法の施行（2005年）や住民基本台帳法の改正（2006年）を契機として閲覧が難しくなってきている（轟ほか2021）。無作為抽出した人たちに登録してもらう「確率的オンラインパネル（ウェブパネル）」の構築なども試みられているが、日本ではまだ十分に整備されていない（杉野2024）。台帳の存在しないアメリカで行われているエリアサンプリングなどの手法も注目されているが、ランダムサンプリングに基づく調査以外を認めないというスタンスでは社会調査の実施が困難になってしまうという現実的な問題もある。

るための手がかりを与えてくれるものであれば、それは社会（学）的に意義があるという点だ。社会学は、厳密な社会調査を実施することを目的としているのではなく、自らとは異なる他者が生きている現実を理解することを目指しているからである[6]。大学生など若者は、しばしば年長世代からは理解しがたい他者として描き出される。そのような理解しがたい他者を理解する手がかりを与えてくれるという意味で、ランダムサンプリングに基づくものではなくとも、大学生調査は意義あるものといえる。つまり、本書は大学生という理解しがたい他者を理解するための手がかりを読者のみなさんに与える「可能性」を持つものといえるだろう[7]。

【文　献】

浅野智彦［編］（2006）．『検証・若者の変貌――失われた10年の後に』勁草書房
岩田考（2015）．「大学生の生活満足度の規定要因――全国26大学調査から」『桃山学院大学総合研究所紀要』40(2), 67–85.
岩田考・羽渕一代・菊池裕生・苫米地伸［編著］（2006）．『若者たちのコミュニケーション・サバイバル――親密さのゆくえ』恒星社厚生閣
杉野勇（2024）．「無作為抽出ウェブ調査の展望――その必要性と今後の課題」杉野勇・平沢和司［編］『無作為抽出ウェブ調査の挑戦』法律文化社, pp. 169–179.
青少年研究会［編］（2001）．『今日の大学生のコミュニケーションと意識』
青少年研究会（2021）．「大学生の生活と意識に関する調査」結果概要（速報版）」
高橋勇悦［監修］川崎賢一・小川博司・芳賀学［編］（1995）．『都市青年の意識と行動――若者たちの東京・神戸90's［分析篇］』恒星社厚生閣
辻泉・浅野智彦［編］（近刊）．『リフレクシブ・ライブズ――青少年研究会調査からみた「曲がり角」の時代の若者たち』勁草書房
辻大介（2008）．「世代や世相の文化への視座――量的アプローチと質的アプローチ」南田勝也・辻泉［編著］『文化社会学の視座――のめりこむ文化とそこにある日常の文化』ミネルヴァ書房, pp. 63–82.
富田英典・藤村正之［編］（1999）．『みんなぼっちの世界――若者たちの東京・神戸90's展開編』恒星社厚生閣
橋元良明（1998）．「パーソナル・メディアとコミュニケーション行動――青少年にみる影響を中心に」竹内郁郎・児島和人・橋元良明［編著］『メディア・コミュニケーション論』北樹出版, pp. 117–138.
平沢和司（2021）．「社会調査の意義と今日的課題――私たちはいま何を考えるべきか？」轟亮・杉野勇・平沢和司［編］『入門・社会調査法［第4版］――2ステップで基礎から学ぶ』法律文化社, pp. 169–179.
藤村正之・浅野智彦・羽渕一代［編］（2016）．『現代若者の幸福――不安感社会を生きる』恒星社厚生閣

---

6) 社会調査には、質問紙調査などの量的調査以外にインタビューなど質的調査もある。質的調査の可能性や魅力の一部も、この他者の理解可能性を開くという点に関わっている。なお、本書の執筆者の多くは、自らのフィールドで綿密かつ地道な質的調査も行なっており、議論はそうした蓄積に基づきなされている。
7) 大学生調査の可能性については、若年層やその上の世代も含めて調査対象としている本調査の結果（浅野・辻　近刊）もあわせて読んでいただくことで、より明確になると思われる。

第1部

自己と社会

第1章

自己をめぐる再帰性はアイデンティティ形成に寄与するのか

アイデンティティ資本モデルの経験的検討

牧野智和

1 アイデンティティ形成と自己をめぐる再帰性

1-1　大学生活とアイデンティティ形成

　筆者が勤務している大学の学生たちは、大学生活をしばしば「人生の夏休み」と表現する。その表現が意味するところはさまざまにあるだろうが、小中高に比べて自由に過ごせること——それは専攻によって程度が大きく異なるものの——が要点であることはおそらく間違いないだろう。

　このような自由度の高さは、さまざまなかたちで自分自身と向き合い、自分自身に取り組んでいく態度を大学生個々人に求めることになると考えられる。自分はどんな風にこの4年間を過ごしていきたいのか。どのような授業をとり、どのようなサークルやアルバイトを選び、どのようなことに打ち込み没頭し、どのような人たちとどう過ごしていきたいのか。そしてこの大学を出た後にどのような進路に進むのか、そのために今から何かを行うのかどうか、そして今この時にどのような意味を見出すのか。

　エリク・H・エリクソンは、キャリアが始まる前の段階としての「青年期」の発達課題は「アイデンティティ」の獲得にあると述べていた。つまり、自分自身が思うところの「自分」と、他者が認めてくれる、また社会が許容するところの「自分」が調和しているということについての確信的な感覚を得ることがこの時期の課題である、と。そのため青年期の性質は、自由な役割実験を通して、社会における自らの居場所をみつける「心理・社会的なモラトリアム」として捉えることができるとエリクソンは述べる（エリクソン 2011：7, 95-102, 124-125）。

　もちろん、時代や社会が異なれば、「自分」をめぐる確信の内実や、調和したアイデンティティを得るべきだという考えの自明性はそれぞれ異なってくると考えられる。だが今日の日本の大学生においても、その大学生活は多かれ少なかれ、さまざ

まな試行錯誤を通してこの社会における「自分」の落としどころを探っていく「制度化された心理・社会的なモラトリアム」(エリクソン 2011：124) という色彩を帯びることは変わりないだろう。というのは、一年次からガイダンスや授業を通して自らの「キャリアビジョン」を描くことが推奨されるなかで過ごし（似たようなことは大学入学以前から推奨されているかもしれない）、あるいはそうしたプログラムがなくとも、無数の選択肢のなかから自らの方向性を選び、きびしい選抜を勝ち抜いていかねばならない就職活動が先にみえているからだ。とはいえ、モラトリアムの過ごし方は個々人によってさまざまなパターンがありうる。「夏休み」を遊び倒す、深く考えずに何となく過ごす、何かをすべきと思いながらも手がかりをみつけられず悶々と過ごす、「やりたいこと」に没頭する、将来のために資格の勉強をする、長期のインターンシップに早くから参加する、大学での勉強にしっかり取り組む、などなど。しかしそうであっても、発達課題としてのアイデンティティという観点から今日の大学生の生活を捉えられるところはやはり大いにあるように思われる。

1-2　現代における自己と再帰性

　本章で考えていきたいのは、このような自らをめぐる試行錯誤が、自分自身にどのような効果をもたらすのかということである。この問いについて考えていくにあたり、本章では「再帰性 (reflexivity)」という概念を手がかりにしたい[1]。序章でもこの概念は言及されているが、本章の趣旨に合わせて以下では改めて簡潔に説明する。

　「再帰性」は価値観が流動化した現代社会、および現代における自己のあり方を捉えるキーワードの一つで、人びとが伝統的な共同体から自由になり、また近代社会において長らく人びとを拘束してきた企業や学校といった中間集団、さらに家族からも人びとが解放されつつある現代社会（再帰性概念を用いる社会学者は、これを「後期近代社会」と表現することが多い）において、人びとは自分がどうなりたいのか、どうふるまうのか、そのつど個々人が自らを省みて選択するよう迫られているのだと論じる文脈でしばしば用いられている（ギデンズ 2005：5, 77, 樫村 2007：63-

---

1) 再帰性概念は現代社会論におけるキーワードでもあり、その概念はじつにさまざまに活用されているが（中西 2014：22）、本章ではスコット・ラッシュ（ベックほか 1997：215-216) が、人びとの行為が社会構造の規則や資源に影響を及ぼしていく側面として指摘した「制度的再帰性」にまでは立ち入らず、人びとの行為が自らに対して影響を及ぼしていく側面として指摘した「自己再帰性」の、とくに自己意識への影響に論点を絞って議論を進めていきたい。

65 など)。その際、従来的な道徳規範に合わせたり、地位・役割をめぐる規範を踏襲したりするよりは (それらは参照されないのではなく、そのつど省みて選択される)、自分自身の反省・吟味(リフレクション)にもとづいて何ごとも選び取られ、そのとき自分自身もまたそのつど操作・修正される対象になるという傾向が、この再帰性概念が示そうとする現代的自己の様相だといえる (コテ & レヴィン 2020：58 など)。自らが自らを取り組むべき対象とし、自らに影響を及ぼしていくというイメージについては、再帰代名詞を用いた英文を思い浮かべてもらうとわかりやすいかもしれない。このような自己をめぐる再帰性が昂進するなかでは、自己啓発から美容整形まで、さまざまなかたちでの自らの「つくりなおし」が選択肢に現れることになるが、これらはまさに今日の消費文化のターゲットになっており、各種のメディアをときに媒介としながら、たえまない「自己再創造」に向けて人びとはたえず煽られているという指摘もある (Elliott & Lemert 2009, エリオット & アーリ 2016, 牧野 2012 など)。

　自己をめぐる再帰性の高まりには賛否双方があるが、どちらかといえば批判的な評価がなされることが多いように思われる。たとえばケネス・ガーゲンは、価値観が流動化した現代社会においては、これが本当に正しいといえるのか確信が持ちづらいなかで人びとは「自己反省的な疑い(セルフリフレクシブ)のめまい」に陥る危険があり、自己アイデンティティもまた究極的な解決に至らずにさまよい続けることになると述べている (Gergen 1991：134-135)。ジグムント・バウマンの議論もまた、「私たちのアイデンティティにとっての共有できる準拠対象」(バウマン 2007：56) はそれを求め、維持しようとしたとしても今日では長持ちしないと述べ、自己はつねに流動的で不安定な状態におかれるようになったと述べている。アンソニー・エリオットもまた、自己再創造を煽る消費主義は「強迫的」なものであり、それは必ずしも肯定的な帰結をもたらすものではなく、自己アイデンティティを弱めることになるとも述べている (エリオット 2008：237-238)。

　だがその一方で、より積極的な意義を見出そうとする論者もいる。ジェームズ・コテらは、各種規範が相対化されている今日の社会状況においては、目標を自ら先取的(プロアクティブ)に設定し、探求的・実験的なコミットメントを自覚的に行い、それを効果的なものとするべく工夫して取り組むことに再帰的な感覚が関係しており、それが今日(の欧米社会)における「最適な発達」の重要な一側面になっている (コテ & レヴィン 2020：25) と述べている。

　自己をめぐる再帰性は果たして、自己のあり方に対してポジティブな効用、ネガティブな効用のどちらをもたらすのだろうか。とはいえ、事態を二項対立的に

みるべきではないかもしれない。スティーブン・スレッドゴールドとパム・ニラン（Threadgold & Nilan 2009）はオーストラリアの高校生を対象とした調査から、将来の不確定なリスクに対する再帰性（それをどう認識し、どう対処していこうとするか）のあり方が、生徒の社会経済的な背景によって異なった傾向をとることを指摘しているためだ。また、上述した自己をめぐる再帰性にもさまざまな側面があり、それぞれの効用は違うものかもしれない。だがこのような効用についての経験的検討は、未だほとんどなされていないといえる。

　そこで本章では以下のようなことを考えていきたい。本書の分析対象である現代の大学生において、自己をめぐる再帰的な態度はどの程度一般的なものになっているのか。また、自己をめぐる再帰性はどのような側面において、どのような効用をもたらしているのか。後者を考えるにあたっては、コテらが提唱する「アイデンティティ資本」モデルを参照しながら進めていくことにしたい。

2 再帰的態度の現状と「アイデンティティ資本」モデル

2-1　自己をめぐる再帰的態度について

　以下では、序章で紹介された2020年全国大学生調査のデータを用いて分析を行なっていく。この調査では、第1節で示したような先行研究をふまえて、また後期近代社会においては再帰性の昂進によって能力に関する自己概念（能力アイデンティティ）もまた問い直されるようになり、それに伴う能力不安が生じるとする中村高康（2018：166-169）の指摘をふまえて（就職活動を控える大学生の調査においてはとくに重要だとも考えられたため）、表1-1のような質問項目を設けた[2]。なお、これらの自己をめぐる再帰性に関する項目は後のいくつかの章でも使用されるため、表内では各章で共通して用いられる略称を示している[3]。

　各質問の回答結果は図1-1の通りである。「SNSでの反応を予想して、自分のふるまい方を変えることがある」のみ肯定的な回答をした割合が43.6％と半数弱になっているものの、それ以外の5項目については「自分自身についてじっくり考え

---

[2] これらの項目によって、自己の再帰性についてのすべてのことがらが網羅されたとはもちろん考えていない。これらは研究グループ内で、自己の再帰性に関してまず考えられるべき項目として設けられたものである。これ以外にも考えられるさまざまな側面についての検討は、今後の課題としたい。

[3] ただし、各章での文脈に応じて、それぞれ表現が幾分変わることもある。

第1章　自己をめぐる再帰性はアイデンティティ形成に寄与するのか

表 1-1　自己をめぐる再帰性に関する項目

設問【略称】	趣旨
自分自身についてじっくり考えることがある【内省的態度】	自分自身をふりかえって吟味する傾向を問うものとして
今日は当たり前であることが、明日もそうだとは限らないと感じる【脱慣習的態度】	従来的規範を相対化した脱慣習的な態度を問うものとして
意識して自分を使い分けている【操作的態度】	対人関係の流動性が高まるなかで自己を操作対象とする傾向を問うものとして
なりたい自分になるために努力することが大切だ【先取的態度】	自己を再帰的に修正・創出していこうとする先取的態度を問うものとして
これからの社会で生きていくために必要とされる力が、自分にあるかどうか心配になる【能力不安】	現代における能力不安をめぐる指摘に関連するものとして
SNSでの反応を予想して、自分のふるまい方を変えることがある【SNS上の反応の考慮】	メディアに媒介されて、自分自身をふりかえって吟味する（より今日的な）傾向を問うものとして

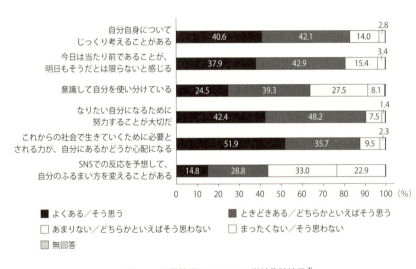

図 1-1　再帰性項目についての単純集計結果[4]

---

[4]「意識して自分を使い分けている」「なりたい自分になるために努力することが大切だ」は、「そう思う」から「そう思わない」までの4件法で聞いている。それ以外の四つは、「ふだんの生活の中で、次にあげるようなことをしたり感じたりすることがどれくらいありますか」という質問において「よくある」から「まったくない」までの4件法で聞いている。なお、表示スペースがないために無回答の数値は示していないが、いずれも0.5%から0.7%の間である。

ることがある」(82.7%)、「今日は当たり前であることが、明日もそうだとは限らないと感じる」(80.7%)、「意識して自分を使い分けている」(63.7%)、「なりたい自分になるために努力することが大切だ」(90.6%)、「これからの社会で生きていくために必要とされる力が、自分にあるかどうか心配になる」(87.6%) といずれも高い肯定回答率になっている。これら6項目は、自己をめぐる再帰性に関してまず考えるべきこととして設けられたものだが、そのうち4項目は8割強が、それ以外についても半数前後が肯定的に回答したことを考えると、今日の大学生にとって、自己についての再帰的態度はおおむね広く分かち持たれているものになっているとみてよいのではないだろうか。

ただ、これらは大きくは再帰的態度として括れるものの、各項目の意味はそれぞれに異なると思われるため、それぞれがどのような効用を持つものなのかを以下では考えていきたい。

2-2　アイデンティティ資本モデル

自己をめぐる再帰性の効用を考えるにあたって本章で参照するのは、上述したコテらによる「アイデンティティ資本」モデルである。コテらは、従来的規範の効力が弱まり、職業移行への通路が不安定化する社会状況（後期近代社会）においては「発達的に獲得された個人的資源」としての「アイデンティティ資本」が重要になると述べている。また、それは「有形の資源」と「無形の資源」からなり、前者には出身家庭の社会経済的背景、ジェンダー、エスニシティなどに関係して獲得の程度が異なる地位・資格（学歴など）やネットワークが、後者には対人関係スキル、道徳性、自己意識のあり方がそれぞれ該当するとされている。これらの資本が、エリクソンにおけるアイデンティティ形成以降の諸発達課題、つまりキャリアの進展、親密性の発達、コミュニティへの貢献といった諸課題に寄与するとされている（コテ & レヴィン 2020：121-133, 224-228）。そして前節で述べた通り、コテらは現代における「最適な発達」に再帰的感覚が関係していると指摘している。

これらをふまえ本章では、自己をめぐる再帰性がこうした諸発達課題にどう寄与しているのかを経験的に検討するための「予備的作業」を行いたい。このような言い方をするのは、本書の分析対象は大学生（学年としては二年生が最も多く、四年生が1割程度）であって、冒頭でも述べたようにキャリア教育はすでに受けている者が多いとしても、実際に働き始めてキャリアの進展という発達課題や、それ以降の発達課題に本格的に取り組み始める前段階の若者たちだからである。また、コテらは「最

第1章　自己をめぐる再帰性はアイデンティティ形成に寄与するのか　33

適な発達」と再帰的感覚が関係していることを言及してはいるものの、第1節第2項で紹介したように各国の論者が自己をめぐる再帰性のネガティブな効用について指摘していること（☞29頁）を考えると、個々の分析対象において再帰性の効用を経験的に検討すべきであるように思われるためである。

より具体的に言い直すと、本章では自己をめぐる再帰性が、「制度化された心理・

表 1-2　従属変数となるアイデンティティ感覚に関する項目

類型	項目【略称】
自尊感情	「あなたは今の自分が好きですか。それとも嫌いですか」【自己肯定感】 「今のままの自分でいいと思う」【自己受容感】
自我の強さ	「自分には自分らしさというものがあると思う」【自分らしさ意識】 「他人とは違った、自分らしさを出すことが好きだ」【差異化志向】 「自分らしさを強調するより、他人と同じことをしていると安心だ」【同調志向】
人生における目的の感覚	「これからの人生で大事にしたいことが定まっている」【指針感覚】 「自分なりの生き方を自分で選べていると感じる」【自己効力感】

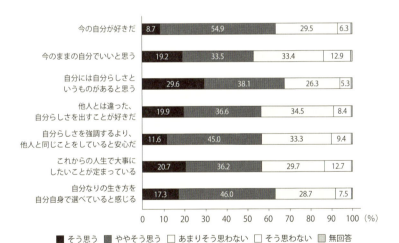

図 1-2　アイデンティティ感覚項目についての単純集計結果[5]

[5] 「あなたは今の自分が好きですか。それとも嫌いですか」のみ「大好き」「おおむね好き」「やや嫌い」「大嫌い」の4件法、それ以外の6項目は図1-2の凡例に記載された通りの4件法で聞いている。ここでも表示スペースがないために省略しているが、無回答の数値は0.6%から0.9%の間である。

社会的なモラトリアム」たる大学生活における発達課題としてのアイデンティティの感覚そのものにどのように影響しているのかを、再帰性のさまざまな側面ごとに考えていきたい。コテらは、無形の資源の一要素をなす自己意識のあり方については、自尊感情、自我の強さ、人生における目的の感覚といったものを挙げている（コテ＆レヴィン 2020：131-133）。今回の調査において、これらに該当すると思われる七つの項目（詳細は表1-2、単純集計結果は図1-2）を従属変数、自己をめぐる再帰性に関する項目を独立変数、社会経済的背景に関する項目を統制変数として、再帰性がアイデンティティの感覚にどうかかわっているのかを次節では分析していく。

使用する統制変数は、学年、性別（男子学生ダミー）、大学の入学難易度、大学の所在地（所在地都市ダミー）、入試形態（一般入試ダミー）、1日あたりの平均学習時間（時間単位）、父学歴（父大卒ダミー）、母学歴（母大卒ダミー）、現在の家の暮らし向き[6]、文化資本得点である[7]。

以下で行おうとする分析は探索的なものだが、おおまかには二つの仮説を立てることができるだろう。何回か紹介しているように、コテは再帰的感覚が発達課題に寄与すると述べており、それを受けるならば自己をめぐる再帰性はアイデンティティの感覚にポジティブな効果をもたらすということになる。だがガーゲンやバウマン、エリオットらはそれぞれ、自らをふりかえり、問い直し、つくりかえ続けるような態度がもたらす不安定さについて言及しており、こうした言及を受けるならば再帰性はネガティブな効果をもたらすということになる。ただ、自己をめぐる再帰性に関するすべての項目が、アイデンティティに関するすべての項目に一義的な効果をもたらすということはあまりありそうにないことだろう。ポジティブ、ネガティブ、あるいは効果なしといった、そのグラデーションが以下では示されることになる。

---

6) この項目は5件法で尋ねており、第3節の重回帰分析では「1. 苦しい」「2. やや苦しい」「3. ふつう」「4. やや余裕がある」「5. 余裕がある」として投入している。

7) 「子どもの頃、家族の誰かがあなたに本を読んでくれた」「子どもの頃、家でクラシック音楽のレコードをきいたり、家族とクラシック音楽のコンサートに行った」「子どもの頃、家族につれられて美術展や博物館に行った」「子どもの頃、家族と歌舞伎や能などの伝統芸能を見に行った」の4項目について因子分析を行なった結果、抽出された因子は一つのみであり、クロンバックのアルファは.651であったために主成分分析を行い、その第一成分（寄与率は49.0％）を文化資本得点として用いる。

3 自己をめぐる再帰性はどのような効果を持つのか

3-1 自尊感情について

　従属変数が7項目と多く、一つひとつ分析していくと煩雑になるため、以下では表1-2で示した三つのカテゴリーごとに分析を進めていきたい[8]。まず、自尊感情にかかわる二つの項目について、重回帰分析の結果を示したものが表1-3である[9]。

　まず、「今の自分が好きだ」という〈自己肯定感〉に関する項目については、なりたい自分になるために努力することが大切だと考える〈先取的態度〉が正の効果を、これからの社会で生きていくために必要とされる力が自分にあるかどうか心配になるという〈能力不安〉が負の効果を持っている。解釈としては、まず前者について、目標をもたずに漫然と過ごすよりも、将来を見据えた先取的な態度を持つことが大切だとする、そうした前向きな自分により肯定的になりやすいのだと考えられる。その一方で後者について、そのような努力が実際のキャリアに（多くの場合）未だ結びついていないがために、能力アイデンティティを問い直す程度に応じて、自己肯定感にもまた影が差すのだと解釈できる。ただ能力不安については、この調査での別の質問「あなたが今、不安や心配だと感じていること」における「就職のこと」だけでなく、「勉強のこと」を挙げることとも正の相関を持っている。そのため、大学での日々の学びに手ごたえが得られないなかで能力不安が強まり、自己肯定感を弱めているという側面もあるように思われる。

　次に、「今のままの自分でいいと思う」という〈自己受容感〉については、今日は当たり前であることが明日もそうだとは限らないと感じるという〈脱慣習的態度〉が弱い正の効果を、意識して自分を使い分けているという対人関係における〈操作的態度〉が正の効果を、能力不安が負の効果を、SNSでの反応を予想して自分のふるまい方を変える〈SNS上の反応の考慮〉が負の効果をそれぞれ持っている。脱

---

8) 三つのカテゴリーに変数をまとめるという方法もありえるのだが、以下の記述をみればわかるように、同じ自尊感情項目でも分析の結果はそれぞれ異なり、それぞれに解釈が必要なものであるように思われる。本章の目的は、自己をめぐる再帰性のさまざまな側面を一つひとつ経験的に検討していくことにあるので、七つの従属変数における再帰性の効用の表れをそれぞれみていくことにしたい。なお、この重回帰分析では、自己をめぐる再帰性についての項目（独立変数）とアイデンティティ感覚についての項目（従属変数）はそれぞれ、最も否定的な回答が1、やや否定的な回答が2、やや肯定的な回答が3、最も肯定的な回答が4になるよう値を割り当てて分析を行なっている。
9) 重回帰分析について簡潔に説明を付すと、三つ以上の変数の関係において、複数の独立変数を用いて従属変数を推定し、独立変数が従属変数に影響する様態を分析する手法である。

表 1-3　自尊感情項目についての重回帰分析[10]

	今の自分が好きだ			今のままの自分でいいと思う		
	B	β		B	β	
（定数）	2.850		***	2.770		***
学年	.006	.007		.053	.050	
性別（男子学生ダミー）	.017	.011		.092	.047	
入学難易度	-.002	-.025		-.007	-.055	
大学所在地都市ダミー	.007	.004		.129	.058	
一般入試ダミー	.015	.010		.184	.096	**
学習時間（時間数）	-.013	-.022		-.046	-.058	†
父大卒ダミー	-.132	-.091	**	-.214	-.112	***
母大卒ダミー	-.007	-.004		-.041	-.020	
暮らし向き	**.094**	**.133**	***	**.099**	**.107**	***
文化資本得点	**.042**	**.058**	†	**.097**	**.102**	**
自分自身についてじっくり考える	-.015	-.016		.034	.028	
今日の当たり前が明日もそうとは限らない	.010	.012		**.071**	**.060**	†
意識して自分を使い分けている	-.002	-.003		**.075**	**.072**	*
なりたい自分になるための努力が大切	**.093**	**.087**	**	.031	.022	
社会で生きていくための力があるか心配だ	-.170	-.176	***	-.236	-.186	***
SNSでの反応を予想してふるまい方を変える	-.016	-.023		-.066	-.070	*
調整済み R²		.054			.089	
n		1015			1015	

† : $p < 0.1$, * : $p < 0.05$, ** : $p < 0.01$, *** : $p < 0.001$

慣習的態度については、やや解釈がとりづらいが、さまざまなことを相対化できる態度を持っているからこそ、ふりかえって今の自分をよく捉え直すことにつながり、その結果今の自分を受容できるようになっているのではないかと考えられる。自分を使い分ける操作的態度については、場面に応じた使い分けをしていることそのものによって、今の自分のあり方への確信が高まっているということではないだろうか。だが、上述したように将来の就職を思って、また日々の勉強を通して能力不安が高まるに応じて今の自分を受容できない態度が強まることになる。また、日々の

---

10) 自己の再帰性に関する各変数は概ね正の相関関係にあるが、重回帰分析に際して共線性の診断を行なったところ、VIF はいずれも 2.0 未満であった。

生活のなかで SNS 上の反応を想像してしまうことが、ときに際限のない自己への問い直しを呼び込み、自己受容感を弱めることになるのだと考えられる。

これ以外にも、統制変数として投入した項目の効果をみていこう。自尊感情項目二つに共通する効果として、まず父親が大卒であることの負の効果がある。父親学歴については、後にみる「自分なりの生き方を自分自身で選べていると感じる」（自己効力感）でも同様の効果がみられるのだが、これはどういうことだろうか。分析対象を絞っていくと、母親学歴が大卒以上の学生のみで分析した場合は3項目ともに父親学歴の効果はみられず、母親非大卒の学生のみで分析した場合3項目ともに父親学歴の効果が残る。後者の学生をさらに分割すると、男子学生において父親学歴の効果はみられず、女子学生においてのみ3項目の効果が残る。つまり、父親大卒・母親非大卒の女子学生の場合のみ、父親は自尊感情などにネガティブな影響を及ぼす脅威的存在になる可能性が出てくる。本章の主眼は自己をめぐる再帰性の効果にあるものの、こうしたジェンダー（格差）が自己意識に及ぼす効果はやはり考慮せねばならないことだろう。

また、自尊感情2項目についてはそれぞれ、家庭の暮らし向きと文化資本得点の正の効果がみられた。本田由紀（2005）は、情動的な部分を多く含む「ポスト近代型能力」が家庭環境によって育まれている側面が大きいと指摘し、実際にいくつかのデータを分析してその傾向を確かめていた。表1-3および以下の分析結果はこの指摘・分析に連なるもので、アイデンティティの感覚もまた、家庭の社会経済的背景によって育まれる側面がある、希少性のある資源であることを示しているといえる。

さらに自己受容感については、一般入試で入学したことが正の効果を、学習時間が負の効果をもたらしている。前者については、学力試験によって自らの現在の地位を獲得したこと（およびそれに向かうプロセスを経たこと）自体が自らに対する自負となっていることを示しているといえるだろう。また学習時間については、勉強しているから自己受容感が弱まるというよりは、今の自分でいいとは思わないために学習時間を多くとっていると解釈するのが妥当であるように思われる。

3-2 自我の強さについて

次に、自我の強さに関わる3項目についてみていこう。先ほどと同様に、重回帰分析の結果を整理したものが表1-4である。

まず、「自分には自分らしさというものがあると思う」という〈自分らしさ意識〉については、自分自身についてじっくり考えるという〈内省的態度〉をはじめ、脱慣

表 1-4 自我の強さ項目についての重回帰分析

	自分には自分らしさというものがあると思う			他人とは違った、自分らしさを出すことが好きだ			自分らしさを強調するより、他人と同じことをしていると安心だ		
	B	β		B	β		B	β	
(定数)	2.764		***	1.694		***	2.528		***
学年	.046	.047		**.058**	**.059**	†	<u>-.056</u>	<u>-.062</u>	*
性別(男子学生ダミー)	.074	.040		**.208**	**.112**	***	-.056	-.033	
入学難易度	<u>-.013</u>	<u>-.108</u>	**	<u>-.008</u>	<u>-.065</u>	†	-.001	-.006	
大学所在地都市ダミー	-.042	-.021		-.080	-.039		.015	.008	
一般入試ダミー	<u>-.097</u>	<u>-.055</u>	†	.011	.006		<u>-.124</u>	<u>-.076</u>	*
学習時間(時間数)	-.018	-.025		-.027	-.036		<u>-.035</u>	<u>-.052</u>	†
父大卒ダミー	-.085	-.048		-.031	-.017		.050	.030	
母大卒ダミー	.023	.012		.055	.028		-.027	-.015	
暮らし向き	.039	.045		.042	.049		-.016	-.020	
文化資本得点	**.096**	**.109**	***	**.097**	**.109**	***	-.039	-.048	
自分自身についてじっくり考える	**.174**	**.157**	***	**.167**	**.150**	***	<u>-.116</u>	<u>-.113</u>	***
今日の当たり前が明日もそうとは限らない	**.070**	**.064**	*	**.076**	**.069**	**	<u>-.081</u>	<u>-.079</u>	*
意識して自分を使い分けている	**.074**	**.076**	*	.029	.030		.024	.027	
なりたい自分になるための努力が大切	**.209**	**.160**	***	**.194**	**.148**	***	-.034	-.028	
社会で生きていくための力があるか心配だ	<u>-.273</u>	<u>-.232</u>	***	<u>-.148</u>	<u>-.125</u>	***	**.236**	**.217**	***
SNSでの反応を予想してふるまい方を変える	-.008	-.010		**.063**	**.071**	*	**.101**	**.124**	***
調整済み R^2		.134			.105			.077	
n		1018			1019			1019	

† : $p<0.1$、* : $p<0.05$、** : $p<0.01$、*** : $p<0.001$

習的態度、操作的態度、先取的態度がそれぞれ正の効果を持っている。一方、能力不安はやはり負の効果を持っている。正の効果を持つ項目についてはそれぞれ、自らを内省すること、(自分自身を含めて) ものごとを相対的に捉えること、自分を使い分けていること、先取的な志向を持つことがそれぞれ、自分らしさというものにより確かな輪郭をもたらすのだと考えられる。だがやはり、就職や学びをめぐって能力不安が抱かれると、その輪郭はぼやけてしまうことになる。統制変数について

もここで指摘すると、文化資本得点に正の効果が、一般入試で入学したことに弱い負の効果が、入学難易度の高さに負の効果がそれぞれみられた。文化資本得点は次の項目でも正の効果がみられ、自我の強さについても家庭の社会経済的背景によって育まれる側面を持つことが示されている。一般入試入学は、上述したように自己受容感には正の効果をもたらしていたが、自分らしさ意識についてはそうではないようである。学力試験を経て入学することは、そうではない入学、つまり志望動機のアピールから始まる対人コミュニケーションにもとづく推薦入試を経て入学するよりも、自分らしさがあるという感覚を得難くするのかもしれない。入学難易度についてもこれと同じようなかたちで、学力を高めるために勉強（決まったことがらを暗記することが多く含まれる）に打ち込んだことが、結果として自分らしさ意識を減じてしまうのかもしれない。

次に、「他人とは違った、自分らしさを出すことが好きだ」という他者との〈差異化志向〉については、内省的態度、脱慣習的態度、先取的態度、SNS上の反応の考慮がそれぞれ正の効果を持ち、能力不安がここでもやはり負の効果を持っている。正の効果を持つ項目についてはそれぞれ、自らを（SNSを含め）ふりかえり、相対的に捉え、先取的な志向を持つことがそれぞれ他者との違いについて自覚し、またそれを表現しようとする志向を強めるのだと考えられる。能力不安についてはやや解釈が難しいが、自信がないために自分らしさを押し出していくことができないと解釈するのが最も素直であるように思われる。またこの項目については、上述した文化資本得点に加え、性別（男子学生ダミー）が正の効果を持っている[11]。分析全体として顕著な性別差が出ているわけではないが、こうした差異化志向が現代の若者の男性性ということになるのかもしれない。

最後に、「自分らしさを強調するより、他人と同じことをしていると安心だ」という〈同調志向〉については、内省的態度と脱慣習的態度が負の効果を、能力不安とSNS上の反応の考慮が正の効果をそれぞれ持っている。これらは自我の強さという観点からすると、評価を逆転させて解釈するのがよいだろう。まず、自らをふりかえり、相対的に捉えることは上述したように自分らしさの輪郭を明確にし、他者との差異化志向を強めることとも関係しているが、それとあいまって他者に同調する志向を弱めることに寄与するのだと考えられる。興味深いのは正の効果がみられ

---

[11] 学年と入学難易度が負の効果（それぞれ10%水準有意）をそれぞれ持っているのだが、本項の解釈部分が冗長になりすぎることを避けるため、これらについては割愛する。

た2項目である。まず能力不安については、差異化志向の裏返しとして、自信がないからこそ周囲がどのようなものなのかを気にしてしまうのだと解釈できる。これについては、不安であるときはまず周囲がどのようにふるまっているのかを観察し、それに合わせることから始める、という今日の大学生におけるアイデンティティ戦略をみてとれるかもしれない。もう一つ、SNS 上の反応の考慮も興味深く、これは差異化志向に正の効果を持っていたのだが、同調志向にも正の効果を持っている。つまり、SNS 上の反応を考慮することは他者とは違う自分を出したいという志向と、他者と同じことをして安心したいという志向の双方と結びついている。ただ、データを細かくみていくと、これは個々人において双方が併存しているというよりは、SNS と差異化志向が結びつく群と、同調志向が結びつく群をそれぞれに発生させているとみた方がよいように思われる。また、同調志向は学年、一般入試入学、学習時間とそれぞれ負の相関をとっている。学年については、低学年で友人関係が安定していない状況では同調の必要性が強まるが、学年が上がって大学生活が安定してくるとそれが弱まっていくということだと考えられる[12]。一般入試については、自己受容感と同様に、学力試験を経たことが自らの自負になって同調志向を弱めていると解釈できるが、この項目が自分らしさ意識に負の効果を持っていたことを思いだすとその意味は複雑である。いずれにせよ、学力達成の意味も再帰的に意味づけられているのだといえる。学習時間については、自己受容感と同様に、他人と同じことをしていてよいとは思わないために、学習時間を多くとっていると解釈できるように思われる[13]。

3-3　人生における目的の感覚について

最後に、人生における目的の感覚に関する項目である（表1-5）。「これからの人生で大事にしたいことが定まっている」という〈指針感覚〉には、自己再帰性項目のすべてに有意な効果がみられた。具体的には、自分らしさ意識と同様に内省的態度、脱慣習的態度、操作的態度、先取的態度にそれぞれ正の効果がみられた。一方、能力不安と SNS 上の反応の考慮には負の効果がみられた。正の効果を持つ項目については、自分らしさ意識と同様に、自らを内省し、相対的に捉え、使い分け、先取的な態度を持つことがそれぞれ、人生における指針をより確かなものにしていくと

---

[12] 先ほど説明を省略した学年と差異化志向の正の相関については、この裏返しとして解釈できるだろう。
[13] 同調志向については、コラム②も参照。

第1章　自己をめぐる再帰性はアイデンティティ形成に寄与するのか　41

表1-5　人生における目的に関する項目についての重回帰分析

	これからの人生で大事にしたいことが定まっている			自分なりの生き方を自分自身で選べていると感じる		
	B	β		B	β	
(定数)	1.660		***	2.078		***
学年	.043	.040		**.059**	**.063**	*
性別（男子学生ダミー）	**.229**	**.115**	***	.040	.023	
入学難易度	-.005	-.039		.002	.014	
大学所在地都市ダミー	<u>-.177</u>	<u>-.080</u>	*	.061	.031	
一般入試ダミー	-.052	-.027		.056	.033	
学習時間（時間数）	.038	.048		.014	.020	
父大卒ダミー	-.067	-.035		<u>-.112</u>	<u>-.067</u>	*
母大卒ダミー	-.062	-.029		.039	.021	
暮らし向き	.009	.009		.000	.000	
文化資本得点	.047	.049		.043	.051	
自分自身についてじっくり考える	**.201**	**.168**	***	.056	.054	
今日の当たり前が明日もそうとは限らない	**.097**	**.082**	**	**.059**	**.057**	†
意識して自分を使い分けている	**.087**	**.083**	**	**.098**	**.106**	***
なりたい自分になるための努力が大切	**.272**	**.193**	***	**.208**	**.169**	***
社会で生きていくための力があるか心配だ	<u>-.207</u>	<u>-.163</u>	***	<u>-.241</u>	<u>-.217</u>	***
SNSでの反応を予想してふるまい方を変える	<u>-.073</u>	<u>-.076</u>	*	<u>-.055</u>	<u>-.066</u>	*
調整済み R^2		.137			.093	
n		1018			1019	

†：$p < 0.1$、*：$p < 0.05$、**：$p < 0.01$、***：$p < 0.001$

いえるだろう。だがやはり、就職や学びをめぐって能力不安が生じると感覚が揺らぎ、またSNSでの反応を想像してしまうことが自己への問い直しを呼び込み、指針を揺るがせてしまうのだと考えられる。これについては男子学生であることが正の効果を、大学所在地が大都市であることが負の効果を持っている。前者については、おそらく男子学生が就職活動をはじめ、それ以後のライフコースにおいて重視すべきポイントが比較的単純であることに対し、女子学生の就職以後のライフコース分岐が未だ大きく、重視すべきポイントを容易に定めがたいことによるのではないかと考えられる。大学所在地については、解釈が難しいところだが、大都市の方が選択肢が多くあるなかで定めがたくなっているというのが最も素直な解釈だろう。

最後に、「自分なりの生き方を自分自身で選べていると感じる」という〈自己効力

感〉については、内省的態度に効果がみられなかったことを除き、指針についての感覚と同様の傾向になっている。概ね、同様の解釈をしてよいように思われる。学年に正の効果、父親が大卒以上であることに負の効果がみられるが、前者は学年が上がることで大学生活における自分なりのリズムが分かってくる、ということがあるのではないだろうか。父親学歴の効果については、自尊感情に関して述べたことと同様である。

[4] 考察：自己をめぐる再帰性について考えるべきこと

前節の分析結果を星取表としてまとめたものが表1-6である。第2節で述べたようにすべての項目に白黒はっきりした効果がみられたわけではないが、ある程度まとまった傾向を分析から明らかにできたといえるのではないだろうか。よりくわしくは以下で述べるが、総体的にみると「人生の夏休み」における再帰的試行錯誤は、アイデンティティの感覚に基本的にはポジティブな効用をもたらすとみてよいように思われる。

まとまった傾向がみられたところを見直しておこう。まず、「自分自身についてじっくり考えることがある」という内省的態度、「今日は当たり前であることが、明

表1-6　分析結果のまとめ

	自尊感情（2項目）	自我の強さ（3項目）	人生の目的（2項目）
自分自身について じっくり考える	－－	○○○	○－
今日の当たり前が明日 もそうとは限らない	－△	○○○	○△
意識して自分を 使い分けている	－○	○－－	○○
なりたい自分になる ための努力が大切	○－	○○－	○○
社会で生きていくため の力があるか心配だ	●●	●●●	●●
SNSでの反応を予想して ふるまい方を変える	－●	－○●	●●

※○は正の効果（△は10％水準有意での効果）、●は負の効果、－は統計上有意な効果がみられなかったことを表している。また、「自分らしさを強調するより、他人と同じことをしていると安心だ」については正負を逆に評価している。

日もそうだとは限らないと感じる」という脱慣習的態度は、自分らしさ意識・差異化志向・同調志向（の弱さ）といった自我の強さに関して同様に一貫した正の効果を持っていた。自らをふりかえり、相対的に捉えなおすという態度は、自己の輪郭を明確にすることに作用することが改めていえるだろう。

「意識して自分を使い分けている」という操作的態度、「なりたい自分になるために努力することが大切だ」という先取的態度は、自尊感情・自我の強さにも一部ポジティブな効果をもたらしているが、指針感覚・自己効力感といった人生の目的についての感覚に一貫した正の効果を持っていた。日々の操作的な自己の使い分け、将来を先取して自己をつくりあげていこうとする態度はそれぞれに、自分自身へのコミットメントを高めるなかで、人生や生き方に対する確信を強めていくということがいえるだろう。

だが、全項目にネガティブな効果をもたらしていたのが、「これからの社会で生きていくために必要とされる力が、自分にあるかどうか心配になる」という能力不安であった。標準化偏回帰係数も総じて高く、能力不安は学生のアイデンティティ感覚全般にわたって影を落としているということができる。ただその一方で、まだ実際に働き始めていない状況で、とくに今回の調査対象者（二年生が最も多く、四年生が１割程度）の場合は就職活動も本格的に始まっていない状況で、社会で生きていくための力に不安を抱かないとしたら、それはあまりに楽天的というべきかもしれない。能力不安によってアイデンティティ感覚に一定の枷がかかっているというのは、今日の大学生が直面する就職活動のたいへんさを思えば（上述した今回の調査対象者の構成を考えると、実際に直面しているというより、ガイダンスや授業、先輩の話やインターネット上の情報などから予期されたたいへんさだといえるが）、むしろ正常な反応で、それだけ今日の大学生にとっては就職活動が大きなプレッシャーになっていることをみるべきかもしれない。もしそうだとしたら、同様の調査を社会人に対して行えば、自己をめぐる再帰性の異なった効果がみられる可能性がある。本章で行うのはアイデンティティ資本モデルに関する「予備的作業」であることは上述したが、この点もふまえて、今後の検討課題としたい。

「SNSでの反応を予想して、自分のふるまい方を変えることがある」というSNS上の反応の考慮については、差異化志向への正の効果という点では自我の強さに寄与するといえるが、それ以外については負の効果をいくつかみることができた。内省的態度、脱慣習的態度、操作的態度、先取的態度はそれぞれ自分自身が自らを吟味・修正の対象とする、いわば「自己の自己との関係」（フーコー 1986 : 13）からなる

再帰性であるのに対し、能力不安とSNS上の反応の考慮は自分自身の外部から吟味・修正の視点がもたらされる再帰性であるといえる。ギデンズは、後期近代社会における自己アイデンティティの構成は「内的に準拠」したもの、つまり自分自身の「内側から」つくられるものになる（ギデンズ 2005：88）と述べていたが、ここまでみてきたようにそのような内的な再帰性がアイデンティティについてはポジティブな効果をもたらし、そうではないいわば外部からもたらされる再帰性が（この時点において）ネガティブな効果をもたらしているといえる。本章から提出できる主たる知見は、自己をめぐる再帰性についてのこのような分節化だとまずいえるが、あくまでもこれは総体的な傾向であって、個々人においてこれらがどう折り合いをつけられているのかが今後さらに考えられるべきだろう。

また、内的な再帰性に関して本章はコテらの見解を基本的には支持するような知見を提供したといえるが、自己についての再帰的態度によってアイデンティティの感覚を確かなものにしようとすること（そしてその先にあるキャリアを我が物にしようとすること）は、まさに大学のキャリアガイダンスやキャリア教育の授業において、また就職活動における自己分析において推奨されている「自分」のあり方だともいえる。その意味で、本章で示した知見はそれらの（一部予期的な）影響がすでに、大学生個々人にそれこそ再帰的にとりこまれている実態を表しているにすぎない可能性があり、この点についてはそのような実態がいかにして生まれたのかを系譜的に検討した研究を合わせみることが必要になるだろう（牧野 2012，福井 2016など）。また、本章の知見そのものが、だからこそ就職活動に向けて自己理解や先取的態度が必要なのだという主張と実践の推進剤となり、分析してきたような実態を推し進めてしまう可能性もありうる[14]。

今述べた懸念の歯止めになるか定かではないが、最後に自己をめぐる再帰性の効果と合わせ、いくつかの従属変数に関して家庭の社会経済的背景の効果がみられたことに改めて言及しておきたい（家庭の暮らし向きは自尊感情の2項目、文化資本得点は自尊感情・自我の強さの各2項目ずつで効果がみられた）。こうした効果がみられたことは、アイデンティティの感覚それ自体が、出身家庭の社会経済的背景の関数として育まれる、希少性のある資源になっていることを示している。自己をめぐる再帰性それ自体についても、変数を統制して重回帰分析を行うと、内省的

---

14) そもそもコテら自身が、アイデンティティ資本モデルを実際に活用しようとするスタンスをとっている。

態度、脱慣習的態度、先取的態度について文化資本得点の正の効果がみられる。スコット・ラッシュは後期近代社会においては「再帰性の勝者と敗者」(ベックほか 1997：234-239) が存在すると指摘していたが、この社会で生きるどのような人びとが自己をめぐる再帰性により親和的で、誰がアイデンティティ資本をより豊かに有することになるのか、このことも本章の知見を受けて考え続けるべきことであるように思われる。

【文　献】
エリオット, A.（2008）. 片桐雅隆・森真一［訳］『自己論を学ぶ人のために』世界思想社（Elliott, A.（2001）. *Concepts of the Self*, Polity Press.）
エリオット, A. & アーリ, J.（2016）. 遠藤英樹［監訳］『モバイル・ライブズ──「移動」が社会を変える』ミネルヴァ書房（Elliott, A., & Urry, J.（2010）. *Mobile Lives*, Routledge.）
エリクソン, E. H.（2011）. 西平直・中島由恵［訳］『アイデンティティとライフサイクル』誠信書房（Erikson, E. H.（1959）. *Identity and the Life Cycle*, International Universities Press.）
樫村愛子（2007）.『ネオリベラリズムの精神分析──なぜ伝統や文化が求められるのか』光文社
片桐雅隆（2017）.『不安定な自己の社会学──個人化のゆくえ』ミネルヴァ書房
ギデンズ, A.（2005）. 秋吉美都・安藤太郎・筒井淳也［訳］『モダニティと自己アイデンティティ──後期近代における自己と社会』ハーベスト社（Giddens, A.（1991）. *Modernity and Self-Identity: Self and Society in the Late Modern Age*, Stanford University Press.）
コテ, J. E. & レヴィン, C. G.（2020）. 河井亨・溝上慎一［訳］『若者のアイデンティティ形成──学校から仕事へのトランジションを切り抜ける』東信堂（Côté, J. E., & Levine, C. G.（2016）. *Identity Formation, Youth, and Development: A Simplified Approach*, Psychology Press.）
中西眞知子（2014）.『再帰性と市場──グローバル市場と再帰的に変化する人間と社会』ミネルヴァ書房
中村高康（2018）.『暴走する能力主義──教育と現代社会の病理』筑摩書房
バウマン, Z.（2007）. 伊藤茂［訳］『アイデンティティ』日本経済評論社（Bauman, Z.（2004）. *Identity: Conversations with Benedetto Vecchi*（1st Edition）, Polity Press.）
フーコー, M.（1986）. 田村俶［訳］『性の歴史II──快楽の活用』新潮社（Foucault, M.（1984）. *Histoire de la sexualité 2: L'usage des plaisirs*, Gallimard.）
福井康貴（2016）.『歴史のなかの大卒労働市場──就職・採用の経済社会学』勁草書房
ベック, U., ギデンズ, A. & ラッシュ, S.（1997）. 松尾精文・小幡正敏・叶堂隆三［訳］『再帰的近代化──近現代における政治、伝統、美的原理』而立書房（Beck, U., Giddens, A., & Lash, S.（1994）. *Reflexive Modernization: Politics, Tradition and Aesthetics in the Modern Social Order*, Stanford University Press.）
本田由紀（2005）.『多元化する「能力」と日本社会 ──ハイパー・メリトクラシー化のなかで』NTT出版
牧野智和（2012）.『自己啓発の時代──「自己」の文化社会学的探究』勁草書房
Elliott, A., & Lemert, C.（2009）. *The New Individualism: The Emotional Costs of Globalization*, Routledge.
Gergen, K. J.（1991）. *The Saturated Self: Dilemmas of Identity in Contemporary Life*, Basic Books.
Threadgold, S., & Nilan, P.（2009）. Reflexivity of Contemporary Youth, Risk and Cultural Capital,

Current Sociology, 57(1), 47–68.

第2章
コロナ禍の大学生からみる
インストゥルメンタル志向／コンサマトリー志向
公共的思考との関連の検討

寺地幹人

1 インストゥルメンタル志向とコンサマトリー志向のはざまで

1-1 コロナ禍の文系学生とガクチカ

　今回扱うデータの大学生たちについて、二つの特徴を挙げてみたい。第一の特徴は、コロナ禍における調査だということである。調査はコロナ禍1年目だったので、当時の一年生の多くが本書出版の前の3月に卒業を迎えたが、コロナ禍以前とは大きく異なる学生生活になったはずだ。たとえば、筆者の勤務先のような地方国立大学の文系学部は、その大学の周辺地域におけるさまざまなフィールドワークを教育の目玉としているところが多い。コロナ禍になり、こうした活動はのきなみ制限を受けた。第二の特徴は、社会学系の授業の受講者を中心に調査が実施されており、大半が総合大学の文系の学生ということである。単科大学・専門職大学や理系の学生と違い、自分の専門分野と卒業後の進路の接続が必ずしも自明ではない。

　これらの特徴を考えると、今回の調査対象の大学生は、いわゆる「ガクチカ」アピールにとくに困難を抱えた可能性がある。「ガクチカ」とは「学（ガク）生時代に力（チカ［ら］）を入れたこと」の略であり、大学生の就職活動（就活）ではおなじみの用語である。調査実施時は秋だったので、すでに卒業後の進路が決まった四年生もそれなりにデータに含まれていると考えられるが、三年生以下の学生にとっては、これまで日常的かつあたりまえにできていた学内外の各種活動ができなくなったことの影響は大きい。調査時に二・三年生だった学生の就活について、新聞や雑誌には、「ふつうの大学生活」を送れなかった就活生の悩みとして「ガクチカ」アピールが挙げられ、企業や学生たちにはこれまでと違った対応を求められているといった記事が書かれている（朝日新聞 2022, AERA 2021, 福井 2021）。

1-2　インストゥルメンタルな大学生活

　このように、今日の日本の大学生が卒業後の進路を決めていく過程において、大学時代の各種活動は重要な意味を持っている。こうしたことはごく最近始まったことではなく、およそ四半世紀来、とくに「自由応募の就職活動」自体が過熱化・複雑化し、学生たちにとって避けがたい大学生活上の課題となっている（妹尾 2023, 井口 2022, 難波 2014, 濱中 2010）。実際に筆者も学生から、進路関係の都合で授業を休むことは当然であるという前提で欠席の代替措置を求められると、何かもやもやしてしまう。大学での教育と企業の選考とがバッティングした際に、結果的に学生は授業料を払っている本業を「就職がかかっている」と言って欠席せざるをえない現状を鑑みると、大学での時間や機会を侵食することによって採用活動が成り立っているとみなさざるをえない。ただ、こうした問題意識も就活の過熱化・複雑化と同様、とくに新しいものとはいえない。たとえば「大学は就職予備校」になっている／になるべきでないといったたぐいの表現が、90 年代の新聞・雑誌記事上にも複数存在している（朝日新聞 1991, 1995, AERA 1993）。

　1960 年代にすでに見田宗介は日本の立身出世に関して、その内在的矛盾の一つとして欲望追求と欲望禁圧の間の矛盾を挙げ、欲望追求の道程において、立身出世に「役に立つ」努力・学問・人間関係のみに個人の関心が集中していく点を論じていた（見田 2012）。この矛盾は、半世紀以上経った今日でも日本の大学生の大学生活と就職活動についてあてはまる。大学生活は、現時点でそれ自体の価値を判断するものというより、卒業後の進路への貢献によって価値づけられる。先に述べた大学生の各種活動は、就活の観点からは「ガクチカ」材料になりうるかどうかで捉えられる。卒業後の進路への貢献を基準に、インストゥルメンタルな視点を重視して、大学生活や各種活動は価値づけられる。インストゥルメンタルとは社会学の用語で、道具的と訳されることがある。すなわち、何かを達成する手段として価値を判断することを指し、対義語はコンサマトリー（自己充足的、ないしは成就的と訳される）だとされる（パーソンズ 1990：262）。

　もちろん、大学生自身もインストゥルメンタルな大学生活ばかりを望んでいるとは限らない。しかしながら、個々の学生が望むか望まないかにかかわらず、日本には新卒採用の仕組みが頑健に存在しており、在学中に進路を確定させて卒業することが標準である状況が変わらないかぎり、大学生あるいは大学生以外や社会全般にとって、大学生活に対するインストゥルメンタルな見方は存在し続けるだろう[1]。

1-3　若者のコンサマトリー化はなぜ問題視されるのか

　このように、インストゥルメンタルな視点で今の自身の状況を捉えざるをえない大学生の現状がある一方、若者について、コンサマトリー化しているのではないかという見解がある。豊泉（2010）や大澤（2011）、それらに言及した古市（2011）は有名だが、このトピックを扱ったり、実際にデータで検証する研究が存在する（たとえば、浅野 2015, 片瀬 2015）。コンサマトリーについて古市は、「「今、ここ」の身近な幸せを大事にする感性」あるいは「何らかの目的達成のために邁進するのではなくて、仲間たちとのんびりと自分の生活を楽しむ生き方」などと説明している（古市 2011：104-105）。

　こうした若者の今日的な志向や若者たちに今起きている変化などが語られる際の特徴として、とくにどういった若者に関することか特定も明示もされないまま論じられることがしばしばあるが、本章は、若者のなかでもとくに大学生に関する知見を確認しておきたい。

　狭間（2019）は「コンサマトリー」という言葉で表現していないものの古市（2011）に言及し、若者の現在志向（「今、ここ」を大事にする意識）について1995年と2015年の調査データを比較し、非大卒層はかつてと同程度に現在志向であるが大卒層の現在志向は弱まっていることを示している。そして、大卒層に比べて相対的に非大卒層の現在志向が強まっているように見える状況で、非大卒層を念頭に今の若者について語ることによって、「若者の」現在志向の強まりについての議論が説得力を持つようになっているのではないかと推察している[2]。このような知見がある一方、大学生について別種の指摘をしている議論もある。片桐（2019：195-219）は、関西の複数の大学の学生に対する経年調査のデータを分析し、NHK放送文化研究所「日本人の意識」調査に基づく質問項目の回答結果（生活目標を尋ねる質問に対する「その日その日を自由に楽しく過ごす」ないし「身近な人たちとなごやかな毎日を送る」という回答の選択割合）から、現在志向の高まりについて論じている[3]。この議論も同様に「コンサマトリー」という言葉を用いていないものの古市（2011）にふれており、若者のコンサマトリー化を念頭に置いた分析結果だといえるだろう。

　以上のように、学歴が大卒となる若者に限ってみても、コンサマトリー化の減退

---

1) 学生時代に就職に向けた活動に力を入れざるをえない若者の状況は、何も日本に限らない点には留意しておきたい。たとえば韓国社会では、学業成績も採用で重視されるという点においてよりインストゥルメンタルであり、かつ日本よりグローバルな水準でハイスペックであることに価値がおかれるという（NHK 2021）。
2) 他にも、若者を高所得層と低所得層に分けてデータをみた塩谷（2015）は、古市の議論が低所得層の若者にのみあてはまる可能性について論じている。

を指摘する研究と進行を指摘する研究の両方が存在するが、そもそもこうしたコンサマトリー化は、なぜ注目ないし問題視されるのか。狭間（2019）は古市（2011）に言及したうえで、「古市は、将来のために努力するのではなく「今、ここ」を大事にする感性を持っているために、「格差問題」のような大きな問題には重大さを感じず、異議申し立てを行わないのではないか、と推測している」（狭間 2019：39）と述べている。そのうえで、政治委任意識と格差肯定意識に対し、学歴の直接効果と現在志向を介した学歴の間接効果の双方があることを、分析から示した。また、若者に関することに限った議論ではないが、大澤真幸は脱成長についての問題設定において、「いまここの充実に閉じていく感覚」と「はるかな未来に向かう視線」の両立、すなわち「未来の他者」に対する思考をいかに実現するか、問うている（斎藤・大澤 2023：60）。

　これらをもとに端的にいうと、若者のコンサマトリー化は、「自己充足によって、社会やそこに生きる他者全般に対する想像力をもつこと、あるいはその想像力をもとに社会や他者全般のために行動することが、できないのではないか」という疑義・懸念をもとに、問題視されるのである[4]。

　本節でここまで紹介した各先行研究は、大卒学歴の若者をより細分化して検討したり、コロナ禍以前の状況に対する分析を行なったりしているわけではない。前の2項でふれたように、コロナ禍におけるガクチカのことを考えると、インストゥルメンタル志向がますます強くなるようにも推測できるし、逆に2010年代のいくつかの研究が論じているようなコンサマトリー化の傾向が確認できるかもしれない。全体としてどの程度インストゥルメンタル志向／コンサマトリー志向なのか。そしてインストゥルメンタル志向の学生とコンサマトリー志向の学生、それぞれどのような特徴を持つのか。こうした点について、対象を大学生に特化したデータを用いて検討する。そのうえでインストゥルメンタル志向／コンサマトリー志向が、公共的思考（自分や家族・友人といった親しい他者だけでなく、社会全体や他者全般に対して持つ関心や想像力と、ここでは定義する。今回の調査項目を用いた概念の操作的定義については、第3節第2項に記す）とどのように関連するか、考察する。

3）このように、「コンサマトリー」を検討する質問項目はいくつかあり、異なる知見が示されている点には注意が必要である。また、狭間（2019）や片桐（2019）のようにコンサマトリーな価値観についての分析、注2）に記した塩谷（2015）のようなコンサマトリーな価値観の帰結としての生活満足度の高さにより「コンサマトリー化」を検証する分析、双方が存在することにも留意したい。
4）本書はじめにでも、コロナ禍における大学生のふるまいについてふれている。具体的にいうと、若者が感染拡大要因として問題視されて扱われる状況に対し、当の若者（今回用いるデータの大学生）が他人に感染させることについて危惧する意識を持っていることを示している。

第2章　コロナ禍の大学生からみるインストゥルメンタル志向／コンサマトリー志向　51

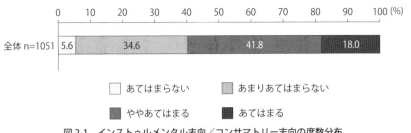

図 2-1　インストゥルメンタル志向／コンサマトリー志向の度数分布
（「あてはまる」ほどコンサマトリー志向）

2 大学生におけるインストゥルメンタル志向／コンサマトリー志向の分布

　本節では、本書各章で用いる調査データの大学生たちの諸属性に注目し、インストゥルメンタル志向／コンサマトリー志向の分布を確認する。これ以降、本章が中心的に用いる変数は「将来に備えて耐えるより、今という時間を大切にしたい」という質問に対して自身がどれくらいあてはまるか4段階で回答したものになる（調査票のQ42 f）。図 2-1 が度数分布であり、「あてはまらない」「あまりあてはまらない」をインストゥルメンタル志向、「あてはまる」「ややあてはまる」をコンサマトリー志向とみなす（「あてはまらない」および「あてはまる」ほど、より強い志向と考える）[5]。全体としては約4割がインストゥルメンタル志向、約6割がコンサマトリー志向である。本節では、これを従属変数とし、諸属性との関連を分析していく。

2-1　2重クロス分析からみる諸属性との関連

　関連をみる諸属性は、(1)性別、(2)学年、(3)大学区分・入試難易度、(4)大学所在地、(5)入試形態、(6)奨学金受給の有無、(7)貸与型奨学金の有無、(8)家の暮らし向き、(9)父学歴、(10)母学歴の計10個である[6]。

　(1) については、ジェンダーによって学歴やそれを獲得することの重みが異なることが考えられ、そのため大学生活に対する意味づけを左右している変数となって

---

[5] なお、現実的には、この二つの志向は排他的に個人のなかに存在するとは限らないだろう。すなわち、一人の人間のなかにインストゥルメンタル的な考え方とコンサマトリー的な考え方は併存し、判断対象の事物によって場面ごとにそのつど両者を使い分け、ときに葛藤を抱えながら生活していることが容易に想像できる。また、私たちが生きる近代社会自体が、両者の間の矛盾をどのように克服するか、課題を抱えている（大澤 2023）。しかしながら、ここでは質問項目の文言に即して操作的に定義し、両者のいずれに重きを置くかということから、二つの志向の特徴を考えるための、理念型として扱う。

いる可能性がある。

(2)については、大学受験を終えてほどない大学一年生がその解放的な状況からコンサマトリーな考え方になっているかもしれないことや、就活が迫った学年ほど将来のことを考えてインストゥルメンタル志向になっている可能性がある。すなわち、個々の大学生がこれまでの人生を通して醸成してきたものよりも、大学時代のなかでの時間的変化に注目している。

(3)から(5)については、大学生本人の特性というよりも、各学生が経験したり属したりしている制度・環境という見方ができるが、それらに適合的であることが本人の価値形成に何らかの関連を持っているのではないかという仮定のもとに注目する変数である。

(6)から(10)については家庭の経済力・教育力、すなわち、本人が置かれてきた経済的な状況によりインストゥルメンタルな考え方をせざるをえない可能性や、親の学歴が家庭内の教育方針を左右しそれが子どものインストゥルメンタル志向/コンサマトリー志向の形成に影響を与えている可能性、などを検討する変数である。

従属変数と上記の諸属性のクロス分析を行なったが、カイ二乗検定から、インストゥルメンタル志向/コンサマトリー志向と統計的に有意な関連を確認できた属性は、(2)学年、(4)大学所在地の二つとなった (図2-2)。

(2)学年に関して、四年生が他の3学年と比べ、突出してコンサマトリー志向である。どのカテゴリーで有意な差が認められるかがわかる調整済み残差の値をみると (出力表省略)、四年生「あてはまらない」、四年生「あまりあてはまらない」、四年生「あてはまる」、二年生「あてはまる」が期待値とのずれが有意に大きくなっている。調査の実施時期が秋口であり、就活にある程度めどが立ち卒業までの残り時間が少ない四年生は、大学生活それ自体を思いきり楽しみたいと考えていることが、結果に表れている。

(4)大学所在地に関して、インストゥルメンタル志向の学生の割合が、三大都市圏

---

6) (3)の入試難易度については、60未満と60以上で2値化している。(5)について、さまざまな入試方式が今日存在するが、いわゆる一般入試とそれ以外の2カテゴリーに変数を加工して用いている。(4)の「三大都市圏」について定義が複数あると考えられるが、通学範囲や文化的な近接性を考慮し、今回の調査対象大学に関して具体的には、茨城・東京・神奈川・愛知・大阪・兵庫とそれ以外に分けた。(9) (10)については、吉川 (2006) の分析に依拠し、短大や高専は大卒層、専門学校は非大卒層に含めた、2カテゴリーに変数を加工している。なお、調査票では最後に在籍した学校を尋ねているが、卒業したかどうかによらず「〜卒」という表記をしている。これは、日本の教育達成においては入学が卒業より難しく、在籍を学歴の指標として基本的にみなすことができるという理由による。

第2章 コロナ禍の大学生からみるインストゥルメンタル志向／コンサマトリー志向

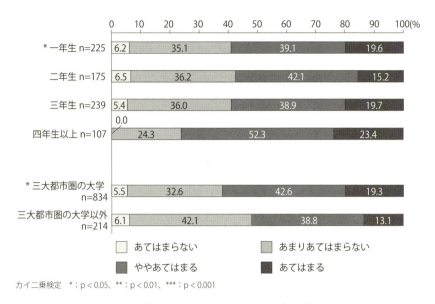

図2-2 インストゥルメンタル志向／コンサマトリー志向と諸属性の関連 (有意差がある項目のみ)
(「あてはまる」ほどコンサマトリー志向)

の大学では38.1%、三大都市圏以外の大学では48.2%と、およそ10ポイントの差がある。大都市圏の大学生はコンサマトリー志向、地方部の大学生はインストゥルメンタル志向の傾向がある。

なお、有意水準10%までで検定すると、(3)大学区分・入試難易度も該当する。国公立上位と私立下位それぞれにおいてインストゥルメンタル志向の割合は35%前後であり、同程度となっている。対して、国公立下位と私立上位では、もう少しインストゥルメンタル志向の割合が高い。私立上位は42.3%、そして国公立下位では48.4%と半数近くになっている。大学設置区分により入試難易度とインストゥルメンタル志向／コンサマトリー志向の関連の方向性が異なることがわかる。これについては、のちほど第2節第2項の2で3重クロス表により確認する。

2-2 エラボレーションと回帰分析

前項では二つの変数のクロス分析を行なったが、本項ではいくつかの変数による統制を行い、変数間の関連をより詳細に検討していく。

2-2-1 性別についてのエラボレーション

2重クロス分析では、性別とインストゥルメンタル志向／コンサマトリー志向の有意な関連が認められなかった。そこで、性別以外の諸属性を第3変数にした3重クロス分析で、性別との関連をくわしく確認した（表2-1）。その結果、入試形態を第3変数にした場合、一般入試以外の入試形態で大学に入学した学生において、インストゥルメンタル志向（あてはまらない＋あまりあてはまらない）の男性は28.0%、女性は43.6%と、女性の方が15ポイント以上多く、両者の差は統計的に有意であった（カイ二乗検定1%）。一方、一般入試で入学した学生において、男性と女性の間でインストゥルメンタル志向／コンサマトリー志向に有意な差は確認できない。

入試形態と性別による4カテゴリーの中で、インストゥルメンタル志向の割合は、非一般入試・女性（43.6%）＞一般入試・男性（43.1%）＞一般入試・女性（40.5%）＞非一般入試・男性（28.0%）の順に高くなっている。このように、非一般入試入学の男性のインストゥルメンタル志向が他の3カテゴリーに比べて10ポ

表2-1 インストゥルメンタル志向／コンサマトリー志向×性別×入試形態

（「あてはまる」ほどコンサマトリー志向）

			あてはまらない	あまり あてはまらない	ややあてはまる	あてはまる	合計
非一般入試 **	男性	度数	7	32	65	35	139
		行%	5.0	23.0	46.8	25.2	
		調整済み残差	-0.22	-3.13	1.00	2.68	
	女性	度数	17	117	128	45	307
		行%	5.5	38.1	41.7	14.7	
		調整済み残差	0.22	3.13	-1.00	-2.68	
	合計	度数	24	149	193	80	446
		行%	5.4	33.4	43.3	17.9	
一般入試 n.s.	男性	度数	16	82	91	38	227
		行%	7.0	36.1	40.1	16.7	
		調整済み残差	1.13	0.11	-0.51	-0.17	
	女性	度数	17	126	149	61	353
		行%	4.8	35.7	42.2	17.3	
		調整済み残差	-1.13	-0.11	0.51	0.17	
	合計	度数	33	208	240	99	580
		行%	5.7	35.9	41.4	17.1	

カイ二乗検定 *：$p < 0.05$、**：$p < 0.01$、***：$p < 0.001$

イント以上低い結果になったが、非一般入試入学の男性と女性を構成する学生の属性にそもそも違いがあることにより、このような結果になっている可能性があるので、それを確認する。具体的には、入試難易度による違いが考えられる。たとえば高難易度の大学の学生ほど、そこに合格する学力を身につけるために今の楽しみよりも合格に向けた勉強に価値を置いてきたため、インストゥルメンタル志向である可能性がある。もしそうならば、非一般入試の男性のなかの高難易度大学の学生の割合よりも非一般入試の女性のなかの高難易度大学の学生の割合が高いために、前述のような結果になっていることが考えられる。

2-2-2　大学区分・入試難易度についてのエラボレーション

　大学区分と入試難易度[7]の関連について、3重クロス表で詳細を確認すると、次頁の表2-2のように、私立大学に関しては統計的に有意な関連があり、入試難易度が低い大学の学生ほどコンサマトリー志向（難易度49以下 67.1%、50台 60.8%、60以上 57.8%）だといえる。一方で国公立大学に関しては、入試難易度が高い大学の学生ほどコンサマトリー志向（難易度49以下 51.2%、50台 56.3%、60以上 65.2%）であるものの、統計的に有意な関連は確認できなかった[8]。

2-2-3　回帰分析

　ここまで、第3変数を考慮した分析を行なってきたが、独立変数どうしの関連を統制したうえで、各独立変数とインストゥルメンタル志向／コンサマトリー志向の関連を確認する。次々頁の表2-3は、本節で分析した諸属性を独立変数とした重回帰分析の結果である[9]。

　第一に、学年が高いほどコンサマトリー志向だといえる。ただし、第2節第1項で示したクロス分析をよくみると、二年生が「あてはまる」と回答した割合が最も小さく、一年生と三年生が同程度にそれより大きく、四年生が最も大きいという分布になっている。学年が低いほどインストゥルメンタル志向の傾向にあるといった

---

[7] 前節では入試難易度を2値化したが、ここではより詳細に検討するため3値化した。

[8] 入試難易度の変数を60未満と60以上に2値化すると、期待値5未満のセルが全体の20%を下回ったが、検定結果は変わらなかった。

[9] VIFなどの指標を確認のうえ、本章で使用した10個の変数すべてを同時に投入することは、多重共線性の問題を考慮して行わなかった。また、回帰モデルの有意水準の問題から、本章第2節第1項で使用した（3）大学区分・入試難易度の変数ではなく、入試難易度のみを投入し、国公立／私立の変数は投入しなかった。

表 2-2　インストゥルメンタル志向／コンサマトリー志向×入試難易度×大学区分

(「あてはまる」ほどコンサマトリー志向)

	入試難易度3区分		あてはまらない	あまりあてはまらない	ややあてはまる	あてはまる	合計
国公立 n.s. (期待値5未満のセルが全体の20%)	〜49	度数	9	73	63	23	168
		行%	5.4	43.5	37.5	13.7	
		調整済み残差	0.22	1.80	-1.28	-0.83	
	50〜59	度数	2	5	6	3	16
		行%	12.5	31.2	37.5	18.8	
		調整済み残差	1.38	-0.70	-0.24	0.43	
	60〜	度数	2	22	33	12	69
		行%	2.9	31.9	47.8	17.4	
		調整済み残差	-0.99	-1.52	1.49	0.65	
	合計	度数	13	100	102	38	253
		行%	5.1	39.5	40.3	15.0	
私立 *	〜49	度数	13	62	95	58	228
		行%	5.7	27.2	41.7	25.4	
		調整済み残差	-0.06	-2.19	-0.22	2.94	
	50〜59	度数	15	68	91	38	212
		行%	7.1	32.1	42.9	17.9	
		調整済み残差	0.94	-0.32	0.23	-0.46	
	60〜	度数	18	132	150	55	355
		行%	5.1	37.2	42.3	15.5	
		調整済み残差	-0.78	2.28	-0.01	-2.26	
	合計	度数	46	262	336	151	795
		行%	5.8	33.0	42.3	19.0	

カイ二乗検定　*：p < 0.05, **：p < 0.01, ***：p < 0.001

シンプルな相関にはなっていないことには、留意しておきたい。しかし、総じて考えるとやはり、就職活動にめどがついたかどうか、残りの在学期間を考慮し大学生活自体を楽しもうと思うかどうかという点で、学年が高いほどコンサマトリー志向になっていると、解釈できる。

　第二に、三大都市圏以外の大学の学生に比べ、三大都市圏の大学の学生は、コンサマトリー志向である。この変数の標準化偏回帰係数 β が、今回有意な効果を持つ三つの独立変数のなかで最も高い (0.125)。コンサマトリー志向の学生が三大都市圏

表 2-3　インストゥルメンタル志向／コンサマトリー志向を従属変数とした重回帰分析

（「あてはまる」ほどコンサマトリー志向）

	B		SE	β
（定数）	2.986		0.235	
男性ダミー	0.041		0.055	0.024
学年	0.078	**	0.029	0.086
三大都市圏ダミー	0.253	**	0.079	0.125
入学難易度	-0.011	*	0.004	-0.096
一般入試ダミー	0.000		0.054	0.000
給付型奨学金受給有無	0.068		0.081	0.028
貸与型奨学金受給有無	-0.008		0.060	-0.005
暮らし向き	-0.027		0.027	-0.034
父学歴短大・高専以上ダミー	0.056		0.057	0.034
母学歴短大・高専以上ダミー	-0.053		0.056	-0.033
AdjR^2	0.013	*		
n	1015			

VIF < 2

B：偏回帰係数　SE：標準誤差　β：標準化偏回帰係数

*：p < 0.05、**：p < 0.01、***：p < 0.001

の大学に進学する傾向にあるのか、三大都市圏の大学に通うことでコンサマトリー志向を形成するようになるのか、因果の向きは特定できないが、大学所在地により、大学生のインストゥルメンタル志向／コンサマトリー志向の傾向が異なることは確かである。奨学金受給や暮らし向きなど、家計に関連する変数を統制しても、この変数の効果が認められる。すなわち、地方部の学生ほど今の大学生活を楽しむ経済的余裕がないためにインストゥルメンタル志向だということよりは、都市部の大学の方がたとえば、今の大学生活を楽しむための活動の選択肢が多いなどといった環境的要因の影響によるものだと推測できる。

　第三に、大学の入試難易度が高いほどインストゥルメンタル志向である。もちろん、前項のエラボレーションの際に確認した通り、国公立大学では入試難易度が高い大学の学生の方が低い学生よりもコンサマトリー志向である傾向があるものの、他の変数の効果を統制して検討すると、全体としては入試難易度が高いほどインストゥルメンタル志向だといえる。これは、入試難易度が高い学生ほど、大学受験のように将来を見据えて今を過ごす価値観を持っているといったことが考えられる。

以上、大学所在地（三大都市圏か）、入試難易度の高低、学年が大学生のインストゥルメンタル志向／コンサマトリー志向に関連する項目であることを、本節では確認した。

3 インストゥルメンタル志向／コンサマトリー志向と公共的思考の関連

前節まで、インストゥルメンタル志向／コンサマトリー志向と諸属性の関連を見てきた。これをふまえつつ、第1節で提起した、コンサマトリー志向が公共的思考につながるのかという点を検討するため、まずは個人の充足に関する項目（生活満足度）とインストゥルメンタル志向／コンサマトリー志向の関連を確認する（第3節第1項）。そして、個人の充足に関する項目を統制変数とし、個人の充足を媒介したインストゥルメンタル志向／コンサマトリー志向の公共的思考に対する関連も考慮しつつ、インストゥルメンタル志向／コンサマトリー志向それ自体がどのように公共的思考に関連するか、確認する（第3節第2項）。

まず、コンサマトリー志向であることが個人の充足に正の効果を持たない、もしくはインストゥルメンタル志向／コンサマトリー志向と個人の充足に関する項目の間に有意な関連がなければ、第1節で記したような疑義・懸念（コンサマトリー化は個人の充足にはつながるものの、公共的思考にはつながらない）はそもそも杞憂だといえる。しかし、それらの間に有意な正の関連があり、かつ個人の充足と公共的思考に有意な負の関連がある、もしくは有意な関連がなければ、第1節で記したような疑義・懸念を検討する必要がありそうだといえる。

具体的には、第3節第1項で個人の充足に関する項目を従属変数とし、前節で扱ったものを中心とした諸属性[10]とインストゥルメンタル志向／コンサマトリー志向を独立変数とした回帰分析を行う。その結果でコンサマトリー志向が個人の充足に有意な正の関連があるならば、第3節第2項で公共的思考を従属変数とし、第3節第1項の独立変数による回帰分析と、それに個人の充足に関する項目を加えた回帰分析を行なって、両者を比較する。その際、個人の充足に関する項目の投入により、公共的思考に対するインストゥルメンタル志向／コンサマトリー志向の効果が有意でなくなったり、コンサマトリー志向の正の効果が減少した場合は、コンサ

---

10) 多重共線性の問題により、(3) 大学区分・入試難易度と (4) 大学の所在地は、いずれかを投入しなければならなかったが、R^2 が概ね高くなった (3) 大学区分・入試難易度の方を投入することにした。

マトリー化が公共的思考につながらない傾向にあると判断する。

　なお、これらの分析では、人間関係に関する変数も統制変数として用いる[11]。浅野（2011）や古市（2011）では、公共性や社会変革に若者が関心を向ける際に、親密圏を媒介することの有効性にふれている。また、古市（2011）らが述べる若者のコンサマトリー化は、身近な人間関係の充実を伴うものとして想定されている。このような親密性を媒介した効果は重要であるものの、本章の検討課題とは異なるため、友人や家族との関係の充実度は統制変数として用いることとし、インストゥルメンタル志向／コンサマトリー志向自体による公共的思考に対する効果を確認することとする。

3-1　インストゥルメンタル志向／コンサマトリー志向と個人の充足

　この項では、インストゥルメンタル志向／コンサマトリー志向が、大学生個人の充足にどのように効果があるか、検討する。具体的な従属変数としては、生活満足度（Q42a）を用いる。これは、第1節第3項で紹介した若者のコンサマトリー化を議論する各先行研究で用いられているものである。

　次頁の表2-4がその重回帰分析の結果となっているが、有意な関連が認められた独立変数は、暮らし向き、現在恋人がいるかどうか、充実していると感じるときで「家族といるとき」を選択しているかどうか、そしてインストゥルメンタル志向／コンサマトリー志向（コンサマトリー志向の度合いの強さ）、である。

　親密性にかかわる変数の効果を統制しても、インストゥルメンタル志向／コンサマトリー志向は生活満足度に有意な関連が確認できた。すなわち、コンサマトリー志向であるほど、生活満足度が高い。コンサマトリー志向が個人の充足に正の関連があることがわかる。このことを確認できたので、前述した通り第3節第2項では、コンサマトリー志向が個人の充足だけでなく公共的思考にもつながるかどうか、検討することとなる。

　なお、統制した親密性に関わる変数のうち、友人関係に関わる変数の効果が有意でないことは、友人関係が若者の幸福を左右するという類の先行研究に照らすと、意外な結果に思えるかもしれない。しかしながら、今回のデータが大学生のものであることをふまえると、大学生に限って分析した場合には、社会人も含む若者全般に比べ友人と過ごす時間が多いため、そのこと自体が生活満足度を左右する要因にならないことが示唆されているとも考えられる。

11）投入する変数については、岩田（2015）を参照した。

表 2-4　生活満足度を従属変数とした重回帰分析

(「あてはまる」ほど現在の生活に満足)

	B		SE	β
(定数)	2.135		0.331	
男性ダミー	-0.009		0.068	-0.006
学年	-0.027		0.036	-0.030
三大都市圏ダミー	-0.069		0.097	-0.034
入試難易度	0.005		0.005	0.042
一般入試ダミー	0.051		0.063	0.032
給付型奨学金受給有無	0.182		0.099	0.075
貸与型奨学金受給有無	-0.088		0.074	-0.051
暮らし向き	0.151	***	0.033	0.195
父学歴短大・高専以上ダミー	-0.066		0.070	-0.041
母学歴短大・高専以上ダミー	-0.015		0.069	-0.010
現在恋愛交際相手有ダミー	0.231	***	0.064	0.141
親友数	0.010		0.009	0.046
仲のよい友だち数	-0.001		0.001	-0.083
知り合い程度の友だち数	0.000		0.000	-0.011
家族といるときの充実ダミー	0.276	***	0.064	0.170
コンサマトリー志向	0.121	**	0.038	0.123
AdjR^2	0.099	***		
n	619			

VIF<2

B：偏回帰係数　SE：標準誤差　β：標準化偏回帰係数

*：p < 0.05、**：p < 0.01、***：p < 0.001

3-2　コンサマトリー志向は、個人の充足のみならず、公共的思考につながるのか

　この項では、インストゥルメンタル志向／コンサマトリー志向が、大学生本人の公共的思考にどのように関連するか、検討する。公共的思考に関する具体的な従属変数は以下の4項目とする[12]。浅野 (2011) は公共性を「親しい関係を超えて、その問題の解決に利害や関心をもつという以外の共通点が必ずしもない人々の間に協力関係を組織していくようなつきあい方の作法」(浅野 2011：10-11) と定義しているが、

---

[12]　いずれも4件法の変数だが、①【私生活重視】のみ「あてはまらない」を4とし、すべての変数において公共的思考の度合いが高いほど4となっている。

表2-5 ①【私生活重視】を従属変数とした重回帰分析
(「あてはまらない」ほど公共的思考)

	モデル1			モデル2		
	B	SE	β	B	SE	β
(定数)	2.539	0.299		2.751	0.293	
男性ダミー	0.006	0.059	0.005	0.005	0.058	0.004
学年	-0.007	0.031	-0.009	-0.009	0.030	-0.012
三大都市圏ダミー	0.049	0.084	0.030	0.041	0.083	0.025
入試難易度	-0.004	0.005	-0.042	-0.003	0.005	-0.035
一般入試ダミー	0.036	0.055	0.027	0.043	0.054	0.033
給付型奨学金受給有無	0.018	0.086	0.009	0.039	0.085	0.019
貸与型奨学金受給有無	0.053	0.064	0.038	0.043	0.063	0.031
暮らし向き	-0.035	0.029	-0.055	-0.015	0.029	-0.023
父学歴短大・高専以上ダミー	0.029	0.059	0.022	0.024	0.060	0.018
母学歴短大・高専以上ダミー	-0.020	0.022	-0.039	-0.052	0.059	-0.040
現在恋愛交際相手有ダミー	0.076	0.056	-0.056	0.106	0.056	0.079
親友数	-0.002	0.007	-0.011	-0.001	0.007	-0.003
仲のよい友だち数		0.001	0.020		0.001	-0.034
知り合い程度の友だち数	0.000	0.000	-0.029	0.000	0.000	-0.029
家族といるときの充実ダミー	0.060	0.056	0.045	0.098	0.056	0.074
コンサマトリー志向	-0.097 **	0.033	-0.119	-0.080	0.033	-0.099
生活満足度				-0.136 ***	0.035	-0.165
AdjR^2	0.004 n.s.			0.027 *		
n	619			619		

モデル1・2ともに VIF < 2
B：偏回帰係数　SE：標準誤差　β：標準化偏回帰係数

*：$p < 0.05$、**：$p < 0.01$、***：$p < 0.001$

自分や親しい他者以外の社会・他人、政治、将来社会、環境は、若者にとって公共的思考の対象だといえよう。

① 【私生活重視】「社会や他人のことより，まず自分の生活を大事にしたい」（Q42b）
② 【日常的政治関心】「ふだんから政治に対して関心がある」（Q42g）
③ 【将来社会への関心】「日本の将来に強い関心がある」（Q42i）
④ 【環境配慮】「生活の中で環境に配慮した行動をしている」（Q44k）

表2-6 ④【環境配慮】を従属変数とした重回帰分析

(「あてはまる」ほど公共的思考)

	モデル1			モデル2		
	B	SE	β	B	SE	β
定数	3.607	0.320		3.532	0.342	
男性ダミー	0.014	0.068	0.009	0.010	0.068	0.006
学年	0.055	0.036	-0.065	-0.054	0.035	-0.064
三大都市圏ダミー	0.068	0.096	0.035	0.074	0.096	0.038
入試難易度	-0.011 *	0.005	-0.101	-0.010	0.005	-0.094
一般入試ダミー	-0.146 *	0.063	-0.095	-0.143 *	0.063	-0.094
給付型奨学金受給有無	0.136	0.099	0.059	0.140	0.099	0.060
貸与型奨学金受給有無	0.022	0.074	0.013	0.011	0.074	0.006
暮らし向き	0.040	0.033	0.054	0.046	0.033	0.061
父学歴短大・高専以上ダミー	0.060	0.068	0.039	0.088	0.070	0.057
母学歴短大・高専以上ダミー	-0.019	0.026	-0.032	-0.127	0.069	-0.083
現在恋愛交際相手有ダミー	-0.032	0.065	-0.020	0.021	0.065	0.014
親友数	0.013	0.009	0.062	0.013	0.009	0.064
仲のよい友だち数	0.001	0.001	0.074	0.001	0.001	0.071
知り合い程度の友だち数	0.000	0.000	-0.032	0.000	0.000	-0.032
家族といるときの充実ダミー	0.028	0.064	0.018	0.034	0.065	0.022
コンサマトリー志向	-0.081 *	0.038	-0.086	-0.078 *	0.039	-0.082
生活満足度				-0.030	0.041	-0.031
AdjR^2	0.023 *			0.027 **		
n	618			618		

モデル1・2ともにVIF<2
B:偏回帰係数　SE:標準誤差　β:標準化偏回帰係数

＊:p<0.05、＊＊:p<0.01、＊＊＊:p<0.001

　これらそれぞれを従属変数として重回帰分析を行い、第3節第1項と同様の独立変数の分析をモデル1、それに生活満足度を加えた分析をモデル2とする。
　結果を概括すると、②【日常的政治関心】と③【将来社会への関心】に関しては、モデル1・2ともに、インストゥルメンタル志向／コンサマトリー志向は有意な効果を持たなかった（表省略）。次に①【私生活重視】に関して、表2-5の通り、モデル1はモデル自体が有意ではなく、モデル2のみ有意なモデルとなった。そのため、生活満足度の投入による効果の差は判断できないが、モデル2のみでいうと、コン

サマトリー志向や生活満足度が大きいほど公共的思考が弱いという結果になった。

最後に④【環境配慮】に関して、表2-6の通り、コンサマトリー志向が大きいほど環境に配慮した行動をしていないことになる。その効果は、モデル2の通り生活満足度を投入しても有意であり、コンサマトリー志向が微増した（偏回帰係数B：-0.081→-0.078）。

以上から、公共的思考のうち私生活重視に関しては、コンサマトリー志向が生活満足度を媒介して正の効果を持ち、かつコンサマトリー志向それ自体も私生活重視に正の効果を持つことがわかる。この場合、コンサマトリー化が公共的思考に対して間接的にも直接的にもネガティブに関連するという点で、第1節記載の疑義・懸念の通りの結果だといえる。

他方、環境配慮に対しては、コンサマトリー志向そのものは環境配慮に負の効果を持つものの、生活満足度を媒介しての環境配慮への効果はない。すなわち、コンサマトリー化が個人の充足を介して公共的思考にネガティブに関連するとはいえない。さらにいえば、公共的思考には影響しない個人の充足に関する項目の投入により、コンサマトリー志向の直接効果の偏回帰係数がわずかではあるが増加したことをふまえると、コンサマトリー化が公共的思考の醸成を妨げることばかりではないかもしれないと、考えられる。

④ インストゥルメンタル志向／コンサマトリー志向から公共的思考の醸成へ

本章の分析からわかることをまとめると、まず、基本的に大都市圏、入試難易度が低い、高学年の大学生ほど、コンサマトリー志向であった。そして、コンサマトリー志向であることは、個人の充足に正の関連があると同時に、公共的思考に対し、基本的には有意に関連しないか負の関連があるという結果となった。しかしながら、公共的思考の対象によっては、コンサマトリー化がネガティブなものではないかもしれないということも、今回の分析から垣間見えた。

環境配慮についてのみ今回のような結果になった理由については、本章では十分に検討できなかった。あくまで想像だが、私生活とトレードオフで公共的な価値を考えたり、政治や日本社会の将来といった価値・ビジョンが多様な物事を対象とする場合と、環境を対象とする場合では、対象に対する個人のコミットメントのハードルの高低が異なり、そのことが今回の結果の違いに現れた可能性がある。

基本的にコンサマトリー化は、公共的思考の醸成を積極的に後押しするものとは

いいがたい。しかし留意していただきたいのは、本章の含意は、分析結果をもとに「今日の大学生が私利追求に走り、公共性に欠けた存在になっているのではないか」と問題提起しているのではない、ということである。大学生一人ひとりにとっての充足やコンサマトリー化の内実はさまざまだろうが、生活満足度に対して家の暮らし向きの効果がもっとも大きかったことや、コンサマトリー志向であることに大都市圏の大学生か否かという変数が最も効果が大きかったように、個人の選択だけには依りがたい要因の影響が大きいことを、そして個人のよき生活の実現を可能にする資源・環境が大学生のなかでも不均衡であることを、まずは問題視しなければならないのではないだろうか。そのうえで、個人のよき生活の先に公共的思考の形成がなされにくい阻害要因を、また、そうした要因を社会が抱えていること自体を問い、現代の大学生に適合するかたちで公共的思考の形成を可能にするきっかけを社会全体で作っていく必要があるだろう。

【文　　献】

AERA（1993）．「「理工系」でも職はありません 就職戦線異変」『AERA』1993 年 11 月 8 日, 22．
AERA（2021）．「オンライン化で「追い風」22 卒就活生は情報感度で差がつく」『AERA』2021 年 3 月 8 日, 26．
浅野智彦（2011）．『趣味縁からはじまる社会参加』岩波書店
浅野智彦（2015）．「若者の幸福は逆説か」藤村正之［編］『流動化社会における都市青年文化の経時的実証研究——世代間／世代内比較分析を通じて』（2011 年度～2013 年度 文部科学省科学研究費補助金（基盤研究【A】）研究成果報告書），pp. 65-67．
朝日新聞（1991）．「声 政治や経済を考えない傾向 大学とは何だろう」『朝日新聞』1991 年 5 月 27 日朝刊 16 面
朝日新聞（1995）．「学生に就職指南 女子大、生き残りに懸命 有利な化粧法講座」『朝日新聞』1995 年 6 月 3 日夕刊 1 面
朝日新聞（2022）．「学生時代に力を入れたことは？ 就活生「エピソードがない」コロナ第 1 波の春に入学」『朝日新聞』2022 年 6 月 9 日朝刊 27 面
井口尚樹（2022）．『選ぶ就活生、選ばれる企業——就職活動における批判と選択』晃洋書房
岩田考（2015）．「大学生の生活満足度の規定要因——全国 26 大学調査から」『桃山学院大学総合研究所紀要』40(2), 67-85．
NHK（2021）．「WEB 特集 高学歴でも就職できない 厳しさ増す韓国就活事情」NHK ホームページ〈https://www3.nhk.or.jp/news/html/20210315/k10012915581000.html（最終確認日：2023 年 11 月 20 日）〉．
大澤真幸（2011）．「可能なる革命 第 1 回 「幸福だ」と答える若者たちの時代」『at プラス 07』, pp. 114-127．
大澤真幸（2023）．「資本主義とエコロジー」大澤真幸・斎藤幸平『大澤真幸 Thinking「O」019 号 未来のための終末論』左右社, pp. 94-173．
片桐新自（2019）．『時代を生きる若者たち——大学生調査 30 年から見る日本社会』関西大学出版部

片瀬一男（2015）．『若者の戦後史――軍国少年からロスジェネまで』ミネルヴァ書房
吉川徹（2006）．『学歴と格差・不平等――成熟する日本型学歴社会』東京大学出版会
斎藤幸平・大澤真幸（2023）「対談 〈脱成長〉の現代社会論――「高原の見晴らし」から「脱成長コミュニズム」へ」大澤真幸・斎藤幸平『大澤真幸Thinking「O」019号　未来のための終末論』左右社，pp. 12-77.
塩谷芳也（2015）．「〈コラム〉　『絶望の国の幸福な若者たち』仮説の検証」数理社会学会［監修］／筒井淳也・神林博史・長松奈美江・渡邉大輔・藤原翔［編］『計量社会学入門――社会をデータでよむ』世界思想社，pp. 220-221.
妹尾麻美（2023）．『就活の社会学――大学生と「やりたいこと」』晃洋書房
豊泉周治（2010）．『若者のための社会学――希望の足場をかける』はるか書房
難波功士（2014）．『「就活」の社会史――大学は出たけれど…』祥伝社
パーソンズ，T.（2011）．武田良三［監訳］『社会構造とパーソナリティ』新泉社（Parsons, T. (1964). *Social Structure and Personality*, Free Press.）
狭間諒多朗（2019）．「現在志向から捉える現代の若者――学歴による現在志向の違いと若者のおとなしさに注目して」吉川徹・狭間諒多朗［編］『分断社会と若者の今』大阪大学出版会，pp. 27-56.
濱中義隆（2010）．「1990年代以降の大卒労働市場――就職活動の3時点比較」苅谷剛彦・本田由紀［編］『大卒就職の社会学――データからみる変化』東京大学出版会, pp. 87-105.
福井しほ（2021）．「選ばれる大学の「価値」――「10年」で企業は選ぶから「試される」就活地図激変」『AERA』34(31), 10-15.
古市憲寿（2011）．『絶望の国の幸福な若者たち』講談社
見田宗介（2012）．「『立身出世主義』の構造――日本近代化の〈精神〉」『定本 見田宗介著作集Ⅲ――近代化日本の精神構造』岩波書店，pp. 180-221（初出：見田宗介（1967）．「日本人の立身出世主義」『潮』89, 262-283.）

第3章

格差社会における大学と大学生

大学種別に着目して

妹尾麻美

1 大学生の社会経済的背景

　私たちは、大学に入ると多様な経歴や背景を持つ友人に出会う。親しくなければ気づかないことだが、お金持ちの友人、奨学金を借りている友人……社会経済的な背景はそれぞれ異なる。本章では、こうした大学生の社会経済的背景に着目する。出身階層と大学種別はどのような関係にあるのか、大学種別によって大学生の生活行動様式は異なるのかを確認することで階層や大学という社会的資源について考えていく。

　2000年代以降、若者論のなかで階層という論点が前景化してきた（高山 2009）。それまでの社会学的研究は都市化や情報化、消費社会化といった社会変動について考察するため、都市の若者を研究対象としてきた（木村 2021：7）。それゆえに、1990年代までの若者論は都市の若者を、階層的な背景としては主に中間層を対象に論じてきたといえる。しかし、1990年代後半以後の経済悪化が若者の不安定な雇用状況を生んでいること、その背後に出身階層が関わっていることが指摘されるようになり、その後の研究は階層について言及せざるをえないものとなっていく。たとえば、樋口ら（2011）は地方や周縁に位置する若者について、乾ら（2017）は「困難」な状況を生きている若者について描き出した。

　一方、大学生は階層に着目した研究から取り残されることとなる。大学生はまさしく若者であるものの、出身階層は「中」もしくは「中の上」と想定され、彼ら・彼女らの階層を扱う研究は十分に行われてこなかった。だが、現在では18歳の過半数が四年制大学に進学する。「大学生＝中産階級」を暗黙のうちに前提してしまうのはやや危うい。実際に大学生の階層的背景も多様化しており、すでに、入学難易度の低い大学を対象とした研究では、そこに「ファースト・ジェネレーション」（親が大学進学していない層）が多いという指摘がなされている（児島 2011）。また、

進学率が今ほど高くない時代であれば大学へ進学することは他人と比較して地位を上昇させることにつながったが、多くの人が大学進学するならば、威信の高い大学へ入る競争によって他人との差が生じるようになる可能性も指摘されている（荒牧 2000）。これらのことから大学生間での階層の多様性、その違いによって生じる入学大学の差を確認しておく必要があるだろう。すなわち、どの階層に位置する者がどの大学（入学難易度の高低、国立・私立）に在学しているのかについて本章では扱う。

以下では、まず大学生の出身階層を確認し、それらと入学難易度や大学種別との結びつきについて考えていく。次に、大学種別が彼らの学修時間ならびに学修以外の時間の過ごし方を含めた生活行動様式に影響を及ぼす可能性について検討していく。これらから本書の主題である大学生のライフスタイルの一端について明らかにしてみよう。

[2] 階層と進路選択に関する研究

第2節では入学した大学と社会経済的背景の関連についてこれまでに明らかになっていることを二つの流れに整理したのち、高校生の進路希望による生活行動様式の差について論じた研究をおさえておく。

2-1　学歴と地位達成

社会階層に関する研究は、得られた学歴が後に達成する社会的地位の差とどのように結びつくのかということに関心を持ってきた（平沢ほか 2013）。これらの研究は日本社会全体において学歴（大卒か否か）が、具体的な地位達成（職業や所得）とどの程度関連するのかを検証してきた。たとえば、吉川は学歴が日本社会の大きな分断線であるという（吉川 2018：103）。学歴と聞くと「＊＊大学卒」といったものを想像するかもしれないが、階層研究において学歴とは「どの学校を卒業したのか」という学校歴ではなく「高卒か、大卒か」という学校教育段階を指す。学歴の違いがその後の地位の差を説明するものであったため、学校歴の違いは大学に進学する少数の人たちの微細なものとして扱われてきた。

だが 1990 年代以降、地位達成メカニズムの詳細な検討のため大卒層に焦点を当てた学校歴による職業達成の差が分析されるようになっていく（近藤 2000）。たとえば、2005 年に実施された社会移動と社会階層全国調査（SSM 調査）のデータを用い

て、大卒者のみに焦点を当てた学校歴とその後の地位達成に関する分析が行われている（平沢 2011）。平沢（2011）は大学進学者内部の比較では出身階層による格差は小さいながらも影響があること、また、初職や現職、年収に対して学校歴は直接的な効果があることを明らかにしている。

　この研究が明らかにした、大学種別によってその後の地位達成に違いがあるという結果は常識的な見解と乖離がないだろう。学校歴によって初職や転職後の職業といった将来の地位に影響を及ぼすならば、やはり学校歴の差を生み出す要因も分析すべき対象となる（平沢 2011）。ただしここで改めて強調しておきたいのは、近藤（2000）や平沢（2011）などの研究は日本社会における全体像を描くことを目的に掲げていることである。平沢（2011）の研究も 25 歳から 70 歳の男性という日本社会全体を分析対象にしたときにみられる結果であり、特定の世代に焦点を当てたものではない。

2-2　高校生の進路選択

　大学生における出身階層の差を考える上で確認すべきもう一つの研究群として、高校生の進路選択と階層の関係を探るものがある。これらは、進路が大きく分かれる高校時を研究対象とし進路分化のメカニズムを解明してきた。大卒かどうかがその後の地位達成に大きな影響を与え、かつ大学入学のやり直しが難しい社会ならば、まさに高校時の進路選択は検討に値するものとなる。

　高校生の進路選択に関する研究には以下のようなものがある。たとえば、量的調査と質的調査を組み合わせて進路選択の分化をみた中村（2010）、過去 30 年にわたって調査を続け比較検討した尾嶋と荒牧（2018）、母と子双方に調査を実施した中澤と藤原（2015）、若年労働市場の変化や教育改革を背景に 1986 年から 2003 年まで計 5 回の調査を高校生とその父母に実施している片瀬（2005）や海野と片瀬（2008）、1979 年・1997 年・2009 年と長期間調査を実施してきた樋田ら（2014）などが挙げられ、調査実施の工夫も含めその蓄積は厚い。

　このなかから近年の階層と進路選択に関連する知見を確認しておこう。藤原（2015）は 2002 年・2012 年に行われた調査を分析し、親の学歴・世帯年収ともに高校生自身の希望する教育年数に影響を及ぼすことを指摘している。親の学歴が高い方が、また世帯年収の多い方が、本人の希望する教育年数は長くなる（藤原 2015：31）。加えて、2002 年と 2012 年で高校生の進路希望に対する社会経済的背景はほとんど変化していないという（藤原 2015：33）。尾嶋と荒牧（2018：23）も 1981 年・1997 年・

2011年の30年にかけて高校生を対象に実施した調査データを分析し、進路選択の階層差に大きな変化がなく、両親ともに高等教育出身者であるほど大学進学を希望する割合が高い傾向を示している。さらに、岡部（2014）も父親が四年制大学を卒業している高校生ほど大学進学を希望する傾向を示している。これらの研究をみてわかるように、学力のみならず親の受けてきた教育は高校生の進路選択に影響を与えるのである。そのため、親の学歴が子の進学する大学の違い、すなわち入学難易度や大学種別に影響を与えると推測できる。

2-3　大学種別と生活行動様式

この「出身階層が入学難易度や大学種別と関連する」という仮説を確認したのち、さらにみていきたいのは大学種別による生活行動様式の違いである。さきほど述べた高校生の進路選択に関する研究で、希望する進路により学修時間やメディア利用時間などの生活行動が異なることが示されている（西丸・坂野 2018, 松岡 2019）。大学進学を希望している高校生の方が希望していない高校生と比べ、学修時間が長く、その他の生活時間（PCでのネット、携帯電話、テレビなど）は短い（西丸・坂野 2018）。学校単位でも、高校のランクと授業外の学修時間（平均）は相関関係にあることや高校ランクが高いほど学校への帰属意識は高いことがわかっている（松岡 2019）。

これらの知見は大学生においても有効である可能性が高い。高校生についての知見を応用すれば、入学難易度の高い大学に通う者ほど授業外で学修し、課外活動などに積極的であるといったことが考えられる。そこで、以下では大学種別と時間の使い方、課外活動の経験といった生活行動様式に関連がみられるかどうか探索的に検討を行なってみたい。このことから、本書の目的である大学生のライフスタイルの一端を明らかにしていく。

3 使用する変数

ここでもこれまでの章と同じく青少年研究会が2020年に実施した「大学生調査」のデータを用いる。調査の概要は序章で述べているので適宜参照してほしい。ここで改めて注意すべき調査実施上の説明を加えておく。第一に、この調査は大学ごとにサンプリングを行なっている点である。序章に示されているように学校基本調査を参考に割当法を用い、各大学に所属している教員を通じてサンプリングを行なった。それゆえ、入学難易度や大学種別は実際の分布に近いかたちを目指したものの、

難易度上位の大学のケース数が多く下位が少ないという問題点を抱える。そのため無作為抽出の調査データと分布が異なることをふまえておく必要がある。しかし大学生のみを無作為抽出する調査は実施が難しく、分析できるだけのサンプルサイズを確保できなかったり、学校歴を分析することができなかったりする。そのため本調査データのように学校歴を分析できるデータは貴重なものといえる。

第二に本調査は社会学系の授業でサンプリングしており、専攻分野別の検討を行うことはできない。逆に、このデータは概ね同一の学問を学ぶ者を大学種別ごとに分析できるという利点を持つ。大学生の調査ではこのような集合調査法（対象者をある場所に集めて調査票を配布・回収する調査）を用いて実施される場合が多いが、調査協力を断られることもありその実施が困難になりつつある（浜島 2021：55）。そのため、注意点を把握しつつも分析に足るデータだといえる。

さて、分析に用いる変数を説明しよう。まずは入学難易度と大学種別である。入学難易度は河合塾で算出されている偏差値を使用した（2021 年 2 月時点）。大学種別は国立上位、国立下位、私立上位、私立下位とした[1]。偏差値 56 以上を上位（なお、上位に区分された大学の偏差値はすべて 60 以上であった）、偏差値 55 以下を下位とした[2]。学校歴の分類については先行研究で議論されているものの（平沢 2011）、入学難易度と国公立／私立の別で分類されていることから本章ではこの四分類とする。なお、国公立下位はすべて三大都市圏以外の場所に所在する。

続けて、本章が焦点を当てる出身階層に関する変数について説明したい。本章では階層に関して、父親の学歴（教育年数）、母親の学歴（教育年数）、15 歳時の財（7 項目加算）の三つの変数を用いる。なお、父親の学歴と母親の学歴は「無回答」「いない」「その他」を欠損値として、「わからない」を高卒として処理した。そのうえで、教育年数は中学校を 9 年、高校・専門学校・各種学校卒業（わからない、を含む）を 12 年、短期大学・高等専門学校卒業を 14 年、大学・大学院卒を 16 年に割り当てた。

統制変数として性別（1 男性、0 女性・その他・答えない）と出身地域（1 都市部、0 非都市部）、入学形態（1 一般入試、0 その他）を用いる。2020 年の学校基本調査によると、全国 795 校ある大学のうち 198 校が東京都と大阪府に集中している。私立大学も東京都・大阪府に偏って所在している。出身地域によって大学への物理的・心理的な障

---

1) 表記を簡略化するため「国立」としたが、公立大学を含めている。
2) 難易度を 2 分類すると偏差値 50 が分水嶺となるが、本調査の対象校がやや上位に偏っているため偏差値 55 で区切った。

壁は大きく異なるだろう。朴澤 (2016) は高等教育進学における地域差について詳細な検討を加えている。藤原 (2015) も都道府県によって進路選択希望が異なることを考慮に入れながら分析を行なっている。これらから、出身階層のみならず出身地域によって進路選択のありようが異なることを考慮に入れる必要がある。本章において出身地域は「今までの人生のなかでもっとも長くすごした場所」(47都道府県) を用い[3]、関東1都3県、関西2府1県、東海1県を都市部とする。ならびに入学形態と大学種別の関連がすでに指摘されているため (西丸2015)、入学形態も統制変数としている。

分析に入る前に本章の限界を二つ指摘しておきたい。第一に高校の入学難易度や高校時代の成績を用いることができない点である。常識的ともいえるが、出身高校の入学難易度や高校時代の成績は大学種別や入学できる大学の難易度に影響を与える (藤原2015、尾嶋・荒牧2018)。しかし、本調査は高校時に関する設問を用意していないためこれらを検討することはできない。第二に親の学歴それ自体による効果なのか、もしくは親の学歴が中学や高校時の本人の学業成績に影響し、それが大学進学に結びつくのか、そのメカニズムを検討することはできない点である。階層研究では、出身階層が学業成績に与える一次効果と成績とは独立に進学の意志に影響を与える二次効果を分離して分析される (ブードン1983)。主に中学三年時の成績を統制変数に加えることで、先行研究はこの効果を分離してきた (藤原2015)。しかし、本調査は中学三年時の成績に関する設問がなく、それを分析することはできない。こうした限界をふまえつつ、基礎的なデータから確認をしていきたい。

4 出身階層・大学種別・生活行動様式

4-1 出身階層と大学種別の関連

本章で用いる変数の集計結果をみていきたい。調査全体でみると父親大卒割合は56.4%、母親大卒割合は27.3% (短大・高専を含めると54.7%) となっている。仮に現在の大学生の親が1970年生まれと仮定すると、その生年における18歳時の四年制大学進学率は男性34.1%、女性14.7%である。また、2020年に実施された国勢調査によると45歳から49歳の有配偶男性で35.4%、50歳から54歳の有配偶男性で36.3%、

---

[3] 尋ねているのは「もっとも長くすごした場所」であるため、大学進学による移動を把握することはできない。コロナ禍における調査であったため、時期的にも遠隔地から授業を受講できた。そのため、本人の所在地や居住形態も把握が困難である。

表 3-1 親学歴と大学種別 (%)

	父大学・大学院割合	母大学・大学院割合	両親非大卒割合
国立上位	60.9	44.9	34.8
国立下位	43.7	19.7	52.2
私立上位	66.9	33.3	28.7
私立下位	52.6	22.8	41.1

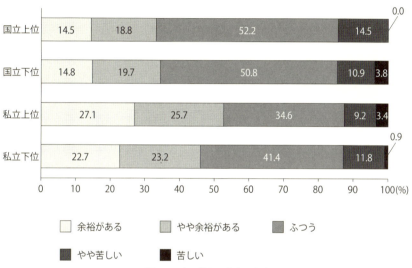

図 3-1 家の暮らし向きと大学種別

45歳から49歳の有配偶女性で17.8%、50歳から54歳の有配偶女性で14.6%が大卒・大学院卒となっている。国勢調査は子どもの有無や子どもの年齢はわからないためこの値はあくまで参考に過ぎないものの、大学進学者の親の学歴は同年代と比べて高いといってよいだろう。

表3-1は親学歴と大学種別の関連をみるものである[4]。父親大卒割合、母親大卒割合ともに国立上位と私立上位で高くなっている。加えて、国立下位では両親ともに非大卒である大学生は52.2%、私立下位では41.1%となっており、これらの大学には大卒者が身近にいない学生が一定程度存在するといえる。

---

[4] 大学種別と父学歴は $\chi^2(3) = 31.245$、$p < 0.001$ で有意な差が、大学種別と母学歴は $\chi^2(3) = 27.892$、$p < 0.001$ で有意な差が、大学種別と両親非大卒は $\chi^2(3) = 30.685$、$p < 0.001$ で有意な差がある。

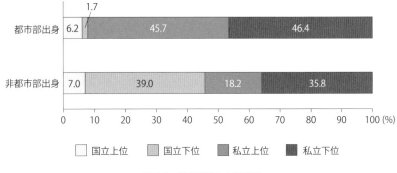

図 3-2　出身地域と大学種別

　続けて、現在の家の暮らし向きについて確認しておく。全体でみると、家の経済状態が苦しいと回答した者は2.2%とごく少数となっている。また、図3-1に家の暮らし向きと大学種別の関連を示した。大学種別によって現在の家の暮らし向きに差があることがみてとれる。私立上位のうち27.1%は「余裕がある」と回答し「余裕がある」「やや余裕がある」をあわせると半数を超える。それに対して、国立上位や国立下位は過半数が「ふつう」と回答している。コロナ禍で大学の授業料の高さがニュースで報道されていたが、このことからも私立大学への入学は経済的な障壁があることがうかがえる。

　出身地域と大学種別についても確認しておこう（図3-2）。図3-2から、非都市出身者は地域移動を伴うことも含めて大学種別が多様であるのに対し、都市出身者で国立下位に入学するものはほとんどおらず、非都市出身者と比較すると私立上位の割合が高い。平沢（2011）が言うように現在でも非都市部に所在する国公立大学はその地域の高校生に開かれ、都市部の私立大学は主に都市部の高校生に開かれているといえよう。

4-2　入学難易度・大学種別の規定要因

　では、他の変数を考慮した上でも出身階層が入学難易度や大学種別に影響を与えるのかを検証していこう。

　表3-2は入学難易度を従属変数とした重回帰分析の結果である。まず階層変数である父親の教育年数、母親の教育年数、15歳時の財はすべて入学難易度に有意に効果を持つ。大学種別を従属変数とした多項ロジット分析の結果（表3-3）をみると[5]、父親の教育年数は効果を持たない。だが、母親の教育年数が私立下位と比べて国立

表 3-2 入学難易度を従属変数とした重回帰分析

	入学難易度		
	B	β	
（定数）	36.111		***
性別	-0.915	-0.059	*
父教育年数	0.304	0.083	**
母教育年数	0.618	0.144	***
15 歳時の財	0.538	0.100	***
出身地域	4.685	0.314	***
入試形態	1.048	0.070	*
調整済み R^2		0.180	
n		1004	

*：$p < 0.05$、**：$p < 0.01$、***：$p < 0.001$

表 3-3 大学種別を従属変数とした多項ロジット分析

	基準：私立下位								
	国立上位			国立下位			私立上位		
	B	Exp(B)		B	Exp(B)		B	Exp(B)	
切片	-7.594		***	0.466			-3.798		
性別	0.241	1.272		-1.127	0.324	***	-0.615	0.541	***
父教育年数	-0.015	0.985		-0.034	0.966		0.600	1.062	
母教育年数	0.328	1.388	***	0.031	1.032		0.152	1.164	**
15 歳時の財	0.013	1.013		-0.178	0.837	*	0.084	1.087	
出身地域	-0.560	0.571		-3.430	0.032	***	0.577	1.781	***
入試形態	2.171	8.763	***	1.224	3.402	***	0.282	1.326	
-2LL				1093.702 ***					
Nagelkerke				0.385					
n				1004					

*：$p < 0.05$、**：$p < 0.01$、***：$p < 0.001$

上位、私立上位に有意な効果を持つことがわかる。加えて、私立下位に比べ国立下位は 15 歳時の家の財が有意に少ない。

このことから、父親の教育年数や 15 歳時の財は入学難易度において差を生むこと、

---

5) 大学種別を従属変数とした分析を行うにあたり、統計学的な想定からは多項ロジット分析よりも多項プロビット分析の方が適切である。しかし、本章では平沢（2011）にならい多項ロジット分析を実施した。

母親の教育年数の効果が入学難易度や大学種別に影響を与えていることがわかる。それゆえ、出身階層が大学種別、入学難易度に影響を与えている点が本調査データからも確認できた。

4-3 大学種別と生活行動様式の関連

　ここからは大学種別による生活行動様式の違いについてみていきたい。先述のように高校生を対象とした研究によると、進路希望によって学修時間やその他の時間の過ごし方に差がみられた。一般的に、高校生よりも大学生の方が時間の使い方は自由だといえる。こうしたなかで、大学生の生活行動様式は大学種別によって異なるのだろうか。ここでは、大学種別によって授業外学修時間、スマートフォン利用時間、テレビ視聴時間さらに音楽聴取時間といった生活時間に差があるのかどうか、分析していく。続けて、大学生活で経験すると思われる部活・サークル活動とアルバイトについても大学種別による違いがあるかどうかを確認する。なお、ここでは高校生の研究を分析する際に用いられている「計量モノグラフ」と呼ばれる分析方針を採用したい（尾嶋 2001, 2018）。十分に研究が積み重ねられていない領域においては仮説検証型で知見を積み重ねていくというよりは、問題発見的な視点で彼らの行動を大づかみに把握することが重要だと考えられるからである（尾嶋 2018：x）。

　さっそく大学種別ごとの生活時間についてみていこう（表3-4、単位は分）。まず大学種別によって授業外学修時間に差がみられ[6]、その平均値は異なる。時間の長い順から、国立上位、国立下位、私立上位、私立下位となっている。このことから、高校生までの学習習慣や大学で要求される学習量が彼ら彼女らの生活に反映されるといってよい。それと反比例するようにスマートフォン利用時間は時間の長い順に私立下位、私立上位、国立下位、国立上位となっている[7]。なお、テレビ視聴時間と音楽聴取時間についても平均値を算出したが、統計的な有意差はなく大学種別によって音楽聴取時間に差があるとはいえない。

　続けて、大学種別と大学生活における授業外の活動経験との関連をみていきたい。本調査データから把握できる部活・サークル活動と高校時代も含むこれまでのアルバイト経験、週あたりのアルバイトの時間から授業外活動について確認していこう。コロナ禍であるにもかかわらず、私立上位には部活・サークル活動への加入経験者

---

[6] Games-Howell 法による多重比較の結果、国立上位と私立下位、国立下位と私立下位の間に有意な差がみられる。
[7] Games-Howell 法による多重比較の結果、国立下位と私立下位で有意な差がみられる。

表 3-4　大学種別にみた生活行動様式

	授業外学修時間平均値	スマートフォン利用時間平均値	テレビ視聴時間平均値	音楽聴取時間平均値	サークル加入経験有	アルバイト経験	アルバイト時間
国立上位	95.07	321.74	92.42	96.67	72.5%	88.4%	11.61
国立下位	86.96	323.64	109.29	116.86	76.1%	87.9%	12.63
私立上位	71.44	357.15	101.05	109.16	88.0%	95.8%	13.28
私立下位	60.66	368.53	114.18	109.48	63.2%	91.6%	13.76
統計量	F(Welch) = 7.579***	F(Welch) = 3.354*	n.s.	n.s.	$\chi^2(3)$ = 64.005***	$\chi^2(3)$ = 12.728**	n.s.

＊：$p < 0.05$、＊＊：$p < 0.01$、＊＊＊：$p < 0.001$

が多い。また、私立上位と私立下位にアルバイト経験者が多い[8]。統計的に有意な差はないものの、アルバイト従事者のみの平均時間をみると私立下位がもっとも長い。

　ここまでの結果をまとめてみよう。国立上位では授業外学修時間が長く、スマートフォンの利用時間やアルバイトの時間は相対的に短く、サークル加入率も低い。国立下位は国立上位と似たような傾向にある。他方、私立ではやや異なる。まず下位では学修時間が短く、サークル活動も低調で、スマートフォンをよく利用し、アルバイトの時間が長い。私立下位において大学へのコミットメントは低いといえる。私立上位は学修時間が私立下位に次いで短く、スマートフォン利用時間やアルバイト時間もそれなりに長い。ただし、部活動・サークル加入率は高く、課外活動へのコミットメントも垣間見える。活動が過多な学生の様子がみえてくる。

　以上のことから、大学種別によって時間の使い方や大学生活での経験などの生活行動様式に違いがあることがみえてくる。階層を介して入学する大学に異なりがあり、さらには所属する大学によって大学生の日常生活に違いが生じる。とするならば、単に「大学生は勉強しない」「大学生が飲み歩いている」といった大学生の行動を一面的に捉えるのではなく、その背後にある構造要因にも目を向け包括的な理解を進める必要がある。

---

[8] 部活・サークル活動経験は $\chi^2(3) = 64.005$、$p < 0.001$、アルバイト経験は $\chi^2(3) = 12.728$、$p < 0.01$ で有意差がみられる。ただし、部活・サークル活動経験は二年生以上を対象にするとやや様相が異なり、国立上位・私立上位・国立下位・私立下位の順で加入経験率が下がっていく。

5 大学によって異なるライフスタイル

　本章は出身階層と入学難易度・大学種別の結びつきを確認してきた。分析結果から親の学歴が入学難易度に影響を及ぼしていること、とりわけ母親の学歴が大学種別に影響を与えていることがわかった。さらに、大学種別によって生活行動様式である時間の使い方や日々の活動にも違いがみられることを確認してきた。

　改めて、結果を整理すると以下のようになる。第一に、母親の教育年数と大学種別に統計的に有意な関連があった。高校での進路希望と同様、大学間の差においても親の学歴による影響がみられることを意味する。学歴差のみならず大学の入学難易度や大学種別も階層の影響を受けていることをおさえておかねばなるまい。もしこの差がその後の地位達成に結びつくならば、本章の結果は地位達成に出身階層の効果がある可能性を示すものとなる[9]。第二に、大学種別と生活行動様式の関連も高校生に関する研究と同様、学校間で違いがあることを示した。同じ「大学生」といえども大学間での差があり、コロナ禍でのキャンパス・ライフは異なるものだったといえる。たとえば、国立下位の者は国立上位の者と比較的近い生活をしている。私立は国立とは異なり難易度の上下によって活動の多寡が異なるなど、ややその生活は違う。すなわち、大学生は社会経済的背景に左右されつつ大学を選び、そうして入学した大学によって自らの生活行動がゆるやかに方向づけられる。

　ここまでの結果を、後期近代社会における大学生のライフスタイルの解明という本書の課題と結びつけて考察をしておきたい。まずはギデンズ（1993）の考えにならって、大学を捉えてみよう。ギデンズによると、近代社会において社会関係は相互行為のローカルな文脈から引き離され、グローバルな時間と空間の広がりに再編成される「脱埋め込み」が起こると指摘されている（ギデンズ 1993：35-36）。具体的には、時空間のすみずみに個人や集団の特性にかかわりなく流通する象徴的通標と専門家システム（専門的な知）によって脱埋め込みが起こるのである。教育機関である大学はまさに近代の産物であり、ローカルな文脈から引き離され、グローバルに通用する「大卒資格」を得る場である。吉川（2014：241）は日本社会において「学歴」が象徴的通標として自らの地位をアイデンティファイするためのしるしとなっていることを指摘している。また、入学難易度も偏差値という一元的な基準で各大学を

---

9) ただし、本調査はあくまで2020年での大学生を対象としたデータの分析であり、長期的な趨勢を検証することはできない。

序列化する指標であり、ローカルな文脈から引き離された象徴的通標といえる。こうした象徴的通標や専門家システムによってローカルな場から切り離される脱埋め込みが起こると、時間的・空間的に限定された状況のなかで社会関係が再度その場を作り直される「再埋め込み」が起こる（ギデンズ1993：102）。

　大学間で生活行動様式に違いが見られるという本章の結果は、大学生が自大学を起点に自らを振り返りつつ生活を営むことによって、大学という場に再埋め込みされているとも考えることができる。すなわち、大学は象徴的通標によって社会的に位置づけられつつ、個々人が自らのライフスタイルを構築するために、周囲を参照するような、再埋め込みがなされる場であるともいえる。かつてのように大学生はエリートである、大学生は消費文化を享受する、といった確固たる前提はなくなった。多くの若者が大学生になる。こうしたなかで個々人は自らの大学を起点に「大学生はこう生活するんだな」「大学生は課外活動するものだ」「大学に入ったのだから勉強もしないと」といった形で周囲を参照しながら自らの行動を振り返り、ライフスタイルを認知的に構造化している可能性が指摘できる。こうして、個々人がライフスタイルを再構築することによってそれぞれの大学の特徴が作り上げられていく様子がみえてくる。ただし、その背後には本章が示したように階層の影響がみられることもまたおさえておくべきである。

　最後に、本調査がコロナ禍で実施されたことについてもふれておきたい。コロナ禍において物理的な移動が制約され、都市部にある大学を中心にオンライン授業へと切り替わった。このことにより個人が自由に使える時間は増えたといえる。だが、果たして大学は「場」から軛を解き放たれたといえるのだろうか。むしろ、それへの対応は大学ごとに異なり、彼ら彼女らの生活時間の使い方は結果的にこれまでの経験や各大学を起点にした学習形態に左右されていた。大学生はみな一様に「家の外へ出る」という選択肢を奪われたものの、大学は彼らの生活行動様式を構築するための利用可能な社会的資源だったといえる。社会経済的背景に左右されつつ、そうして入学する大学は個人が再埋め込みされる場であることを示唆する本章は、大学を勉学の場としてのみ議論しては見落とす点をたしかに示しているだろう。

【文　献】

荒牧草平（2000）.「教育機会の格差は縮小したか──教育環境の変化と出身階層間格差」近藤博之［編］『日本の階層システム3──戦後日本の教育社会』東京大学出版会, pp. 15-35.

乾彰夫・本田由紀・中村高康［編］（2017）.『危機のなかの若者たち──教育とキャリアに関する5

年間の追跡調査』東京大学出版会
海野道郎・片瀬一男［編］（2008）．『〈失われた時代〉の高校生の意識』有斐閣
岡部悟志（2014）．「高校生の大学進学希望と親の教育期待」樋田大二郎・苅谷剛彦・堀健志・大多和直樹［編著］『現代高校生の学習と進路——高校の「常識」はどう変わってきたか？』学事出版，pp. 35-44.
尾嶋史章（2001）．「研究の目的と調査の概要」尾嶋史章［編著］『現代高校生の計量社会学——進路・生活・世代』ミネルヴァ書房，pp. 1-17.
尾嶋史章（2018）．「まえがき」尾嶋史章・荒牧草平［編］『高校生たちのゆくえ——学校パネル調査からみた進路と生活の30年』世界思想社，pp. i-xi.
尾嶋史章・荒牧草平（2018）．「進路希望と生活・社会意識の変容——30年の軌跡」尾嶋史章・荒牧草平［編］『高校生たちのゆくえ——学校パネル調査からみた進路と生活の30年』世界思想社，pp. 18-44.
尾嶋史章・荒牧草平［編］（2018）．『高校生たちのゆくえ——学校パネル調査からみた進路と生活の30年』世界思想社
片瀬一男（2005）．『夢の行方——高校生の教育・職業アスピレーションの変容』東北大学出版会
吉川徹（2014）．『現代日本の「社会の心」——計量社会意識論』有斐閣
吉川徹（2018）．『日本の分断——切り離される非大卒若者たち』光文社
ギデンズ, A.（1993）．松尾精文・小幡正敏［訳］『近代とはいかなる時代か？——モダニティの帰結』而立書房（Giddens, A.（1990）. *The Consequences of Modernity*, Stanford University Press）
ギデンズ, A.（2005）．秋吉美都・安藤太郎・筒井淳也［訳］『モダニティと自己アイデンティティ——後期近代における自己と社会』ハーベスト社（Giddens, A.（1991）. *Modernity and Self-Identity: Self and Society in the Late Modern Age*, Stanford University Press.）
木村絵里子（2021）．「「若者論」の系譜——対象地域に着目して」木村絵里子・轡田竜蔵・牧野智和［編著］『場所から問う若者文化——ポストアーバン化時代の若者論』晃洋書房，pp. 1-23.
児島功和（2011）．「'下位大学'の若者たち——学習の意味と社会的ネットワーク」樋口明彦・上村泰裕・平塚眞樹［編著］『若者問題と教育・雇用・社会保障——東アジアと周縁から考える』法政大学出版局，pp. 157-182.
近藤博之（2000）．「「知的階層制」の神話」近藤博之［編］『日本の階層システム3——戦後日本の教育社会』東京大学出版会，pp. 221-245.
高山智樹（2009）．「「ノンエリート青年」という視角とその射程」中西新太郎・高山智樹［編］『ノンエリート青年の社会空間——働くこと、生きること、「大人になる」ということ』大月書店，pp. 345-401.
中澤渉・藤原翔［編著］（2015）．『格差社会の中の高校生——家族・学校・進路選択』勁草書房
中村高康［編著］（2010）．『進路選択の過程と構造——高校入学から卒業までの量的・質的アプローチ』ミネルヴァ書房
西丸良一（2015）．「誰が推薦入試を利用するか——高校生の進学理由に注目して」中澤渉・藤原翔［編著］『格差社会の中の高校生——家族・学校・進路選択』勁草書房，pp. 68-80.
西丸良一・坂野誠（2018）．「生活時間の使い方——学校タイプ・進路希望・「まじめさ」との関係から」尾嶋史章・荒牧草平［編］『高校生たちのゆくえ——学校パネル調査からみた進路と生活の30年』世界思想社，pp. 160-172.
浜島幸司（2021）．「キャンパスライフと学生の成長——コロナ禍で問われる大学の姿勢」『高等教育研究』24, 49-67.
樋口明彦・上村泰裕・平塚眞樹［編著］（2011）．『若者問題と教育・雇用・社会保障——東アジアと周縁から考える』法政大学出版局
樋田大二郎・苅谷剛彦・堀健志・大多和直樹［編著］（2014）．『現代高校生の学習と進路——高校の「常識」はどう変わってきたか？』学事出版
平沢和司（2011）．「大学の学校歴を加味した教育・職業達成分析」石田浩・近藤博之・中尾啓子

［編］『現代の階層社会 2——階層と移動の構造』東京大学出版会，pp. 155-170.
平沢和司・古田和久・藤原翔（2013）．「社会階層と教育研究の動向と課題——高学歴化社会における格差の構造」『教育社会学研究』93, 151-191.
ブードン, R.（1983）．杉本一郎・山本剛郎・草壁八郎［訳］『機会の不平等——産業社会における教育と社会移動』新曜社（Boudon, R.（1973）．*L'inégalité des chances: la mobilité sociale dans les sociétés industrielles*, Librairie Armand Colin.）
藤原翔（2015）．「進学率の上昇は進路希望の社会経済的格差を縮小させたのか——2002 年と 2012 年の比較分析」中澤渉・藤原翔［編著］『格差社会の中の高校生——家族・学校・進路選択』勁草書房，pp. 21-36.
朴澤泰男（2016）．『高等教育機会の地域格差——地方における高校生の大学進学行動』東信堂
松岡亮二（2019）．『教育格差——階層・地域・学歴』筑摩書房

【参考資料】
学校基本調査・国勢調査

コラム②
「同調志向」がもたらすもの、遠ざけるもの

牧野 智和

■自己意識項目の変化

　くわしくはコラム①で紹介されているが、私たちの研究グループによる全国的な大学生調査は 2010 年にも行われている。調査に協力してもらった大学がそれぞれ異なるため、厳密に比較することはできないものの、二つの調査を見比べておおまかに 10 年間の変化について考えてみよう。比較できる項目はいろいろあるのだが、ここでは自己意識項目をみていくことにしたい。

　自己意識項目のうち、二つの調査で 5％以上の差がみられたものをまとめたものが表 1 である。傾向をまとめると、今日の大学生の方が自分のことが好きで、今のままの自分でいいと思い、今の自分とは違う自分があるとは思っていないという傾向にある。これだけみると、今日の大学生の方がより自分自身をポジティブに捉えているといえそうだが、その一方で 10 年前に比べて、自分らしさというものがあるとは思わなくなってもいる。今の自分が好きで、今の自分でいいと思うようになっているのに、自分には自分らしさがあるとは思わなくなっている——。一見すると不思議な印象を受けるが、残りの項目についてみていくと、解釈のつじつまを合わせることができるように思われる。つまり、他人とは違う自分らしさを出そうとは思わなくなっていて、他人と同じことをしている方が安心だと思うようにもなっている。これらをふまえて総体的にまとめれば、他人とは違った自分らしさを出さず、他人と同じようにふるまい、そういう意味では自分らしさはないかもしれないが、でもそれでいいと思っていて、そういう自分を

表 1　2010・2020 年大学生調査の比較（自己意識項目）

	2010 年	2020 年
今の自分が好き	53.8%	<u>64.0%</u>
今のままの自分でいいと思う	41.5%	<u>53.2%</u>
どこかに今の自分とは違う本当の自分がある	<u>49.8%</u>	44.1%
自分には自分らしさというものがあると思う	<u>78.6%</u>	68.2%
他人とは違った、自分らしさを出すことが好きだ	<u>62.6%</u>	56.9%
自分らしさを強調するより、他人と同じことをしていると安心だ	47.1%	<u>57.0%</u>

気に入っている、といえるのではないだろうか。もう少し突き詰めれば、みんなに合わせる自分でいいのだ、と。

もちろんこれは総じていえばという話で、今の自分が好き、今の自分のままでいいという意識は、自分らしさがある、他人とは違う自分らしさを出したいという意識とそれぞれ正の相関関係にあり、一方でどこかに本当の自分がいる、他人と同じことをしていると安心だという意識とは負の相関関係にある。つまり、項目（変数）同士の関係をもう少し細かくみていくとそのように単純なストーリーでは語れないのだが、この10年間の総体的な自己意識の方向としては、先に述べたような感じに変わってきたと解釈できるように思われる。

■どのような大学生だと同調志向が高いのか

さて、いま見た項目の一つに、「自分らしさを強調するより、他人と同じことをしていると安心だ」というものがあった。これはいってみれば、お互いの「空気を読む」（土井 2008）ような関係性をとろうとする意識、あるいは「同調志向」と表現することができるだろう。では、近年の大学生において高まっているこの同調志向はどのような学生においてとくに強いのだろうか。次にこのことを考えてみよう。

基本的な変数と、（同調志向に関係すると思われる）対人関係についてのいくつかの変数を投入し、後者のうち統計的に有意な効果がみられた変数を残した重回帰分析のモデルが表2である。統計的に有意な効果がみられた

表2　同調志向を従属変数とした重回帰分析の結果[1]

	B	β	
(定数)	2.181		***
学年	-.054	-.060	†
性別（男子学生ダミー）	-.054	-.031	
入試難易度	.000	.003	
1日あたりの平均学習時間	-.062	-.090	**
現在の友人関係に満足している	.066	.062	*
人の話の内容が間違いだと思ったときには、自分の考えを述べるようにしている	-.226	-.213	***
まわりの人たちとの間でトラブルが起きても上手に処理できる	-.091	-.103	**
調整済み R^2		.075	
n		1031	

†：$p < 0.1$、*：$p < 0.05$、**：$p < 0.01$、***：$p < 0.001$

1) 表1では同調志向について、「あてはまる／そう思う」の合算値を掲載したが、この重回帰分析においては当初の4件法の数値を従属変数として使っている。

ものをまとめていうと以下のようになる。学年が低い方が同調志向をとりやすい傾向がみられるが、これは友人関係が未形成・不安定な状態において同調志向に向かいやすいということを示していると考えられる。しかしその一方で、友人関係に満足している場合にも同調志向が強まるという結果も出ている。友人関係に満足することはもちろんいいことだといえるが、友人関係に満足していても、それが未形成・不安定な状態でもどちらにおいても同調志向が待っている、とみることができるかもしれない。また、自分の意見をしっかり述べることができ（これが最も標準化偏回帰係数が大きい）、感情を素直にあらわすことのできる、いわば自律的な対人関係スキルが同調志向を弱めるという傾向がみられた。学習時間が多いほど同調志向を弱めるという傾向については、単純に勉強に忙しく友人関係に同調する時間的余裕がないためだともとれるが、これも自律的に自分自身の目標に向かって取り組もうとすることが、同調からの離脱を可能にしている側面があるかもしれない。

■同調志向に伴われるライフスタイル・価値観

「自律的」であれば同調志向が弱まる、という言い方は、同調志向をネガティブに評価しすぎているかもしれない。近年の若者論では、友人関係の満足度が若者の幸福感の源泉になっていると指摘されているが（古市2011 など）、それに同調志向が相関しているとするなら、同調志向こそが幸福感の源泉だとも考えられるからだ。

ただ、同調志向がもたらすものについて、もう少し考えてみたい。今述べたような同調志向の設問に「（やや）あてはまる」と答えた人を「同調＋」、「（あまり）あてはまらない」と答えた人を「同調－」として二群に分け（表1で示したとおり「同調＋」は57.0％、「同調－」は残りの43.0％ということになる）、大学生調査で設けた他の質問項目をクロスさせると、いくつかの傾向がみえてくる。

まず、メディア利用に関する項目とクロス集計を行なった結果が表3である。友人関係満足度が高いほど同調志向が強まることを上述したが、おそ

表3 同調志向とメディア利用について

	同調＋	同調－
（スマートフォン利用について）時間を忘れて、夢中になってしまう＊	83.8%	76.3%
（スマートフォン利用について）他にやらなければならないことがあっても、つい使ってしまう＊＊	91.0%	83.6%
SNSのメッセージのやり取りを止めたいのに止められないことがある＊	28.8%	24.4%
SNSをチェックできないと不安になる	36.5%	29.5%
SNS上の自分は、本当の自分ではないと思う＊＊	23.0%	16.8%

＊： $p<0.05$、＊＊： $p<0.01$（カイ二乗検定の結果。以下の表についても同様）

らくその表裏としてスマートフォンやSNSの依存的といえるような利用に同調志向が結びついていることがまずみてとれる。現代の若者にとっては、友人関係が充足感の源泉であるからこそ、その関係性の保持に多大な労力を割き続けねばならないという両義性がこれまで指摘されてきたが（土井2008など）、表3の下二つの項目からも同調志向が満足・充実をもたらす一方で、同調する友人をチェックできないことへの不安をもたらし、かつ自己を偽っているという感覚を強めるという両義性をみてとることができる。

次に、将来の仕事に関する項目とクロス集計を行なった結果が表4である。同調志向に肯定的な人たちの方が、仕事よりも趣味や家庭を大事にし、夢よりも生活の安定を重視し、定職志向が強く、終身雇用や年功賃金制を求める傾向が強く、また組織・企業に頼らず自分でという意識が弱い傾向が出ている。一言でいえば、同調志向は仕事における安定志向と結びついている。これらについては、若者なのに野心がないとネガティブにみる人もいるかも

しれないが、地に足のついた見方ができているとポジティブにみることもできる。いずれにせよ、同調志向はその場の友人関係において「空気を読む」ことに留まるものではなく、もう少し広い価値観とつながっている可能性をみてよいように思われる。この観点からもう少し他の項目との関係をみていこう。

政治・社会に関する項目とのクロス集計を行なった結果が表5である。まず、同調志向に肯定的な人たちの方が、政治や日本の将来についての関心が弱い傾向がある。単なる無関心ととることもできるが、同調志向には権威ある人々への敬意、以前からなされてきたことを守る方がよい、実情に合っていなくても規則を守ろうとする傾向などとの関連がみられるため、同調志向は「権威主義」や「慣習主義」と結びついているとみることができる。このことは、デートでは男性が（女性を）リードすべきだ、生計を支えるのは男性の役割だ、男女それぞれに向いた役割があるといった、旧来的といっていいような性別役割分業観と同調志向

表4 同調志向と安定志向

	同調＋	同調－
将来，仕事よりも趣味や家庭を大事にしたい *	81.3%	72.8%
仕事に就くときには，夢の実現よりも生活の安定を優先したい **	82.0%	62.8%
生活ができるのならば定職に就く必要はない **	32.7%	42.8%
大学卒業後，定年まで勤められるような職場に就職したい **	75.4%	58.7%
大学卒業後，勤続年数とともに給与が増えていく年功賃金制の職場に就職したい **	68.3%	49.0%
組織や企業に頼らず，自分で能力を磨いて道を切り開いていきたい **	38.9%	56.9%

が相関していることからもいえるだろう。さらに、こうした権威主義や慣習主義と結びついていることと相まってか、同調志向は（コロナ禍における）休業要請のもとで営業をしている店舗に対するよりきびしい態度につながっている。きつい言い方をすれば、同調志向は権威や慣習に同調しない人たちに対するきびしい態度と結びついている側面があるかもしれないのだ。

最後に、学習に関する項目とのクロス集計を行なった結果が表6である。全体的な傾向として学ぶこと、調べることへの意欲は高く、大学での勉強を役に立つものと思って学んでいる学生が多数派を占めている。ただ、同調志向に肯定的な人たちの方がより、新しいことを学ぶ熱心さが弱く、わからないことを調べようとする意欲が弱く、また大学で学ぶことをより役に立たないとみる傾向が強いといった結果が出ている。

このようにいろいろみてきたが、同調志向は友人関係の充足と相関しているという点において、そのときどきの幸福感についてはポジティブな効果をもたらしていると捉えられる一方で、社会や政治とのかかわり、今大学で学んでいることに関しては、必ずしもポジティブといえるような効果をもたらしていないようにみえる。仕事における安定志向についてはポジティブにみることもできるが、表5・6の傾向を考えると、慣習主義的、あるいは没反

表5　同調志向と社会・政治への態度

	同調＋	同調−
ふだんから政治に対して関心がある **	31.1%	39.8%
日本の将来に強い関心がある **	40.7%	44.5%
権威のある人々にはつねに敬意を払わなければならない **	61.6%	45.3%
以前からなされていたやり方を守ることが、最上の結果を生む **	25.8%	15.9%
実情に合わなくなった規則は破ってもかまわない **	42.1%	50.6%
デートは，男性がリードすべきだ **	50.3%	39.4%
一家の生計を支えるのはやはり男の役割だ **	39.4%	32.1%
男性には男性向き、女性には女性向きの役割がある **	63.5%	54.3%
休業要請が出ているのに営業している店舗は批判されても仕方ない *	48.3%	41.7%

表6　同調志向と学びへの態度

	同調＋	同調−
新しいことを学ぶことに熱心になる **	78.4%	89.2%
分からないことや知らないことを、自分で積極的に調べようとする **	77.6%	88.6%
大学での勉強や研究は社会に出てから役に立たないと思う *	29.3%	22.6%

省的な消去法として安定を求めているとみることもでき、評価が割れるところである。

このコラムの筆者は、同調志向を「よくないもの」と決めつけたいわけではなく、かといって「よいもの」と擁護したいわけでもない。同調志向は、表1でもみたように今日の大学生における一つの基調になりつつある。また「空気を読む」ことは今日の若者にとって簡単に距離をおくことのできない規範であり、仮に気をつかいながら友人関係を保持しなければならない側面があったとしても、そうして築かれた関係性や、そこで得られる楽しさや充足感をやはり簡単に否定すべきではないだろう。

ただ、人と同じことをしようとする態度が、このように何かをもたらす一方で、何かを遠ざけてしまうこともある可能性が、とくに表5・6には示されていないだろうか。哲学者の千葉雅也は『勉強の哲学──来たるべきバカのために』（千葉 2017）という本のなかで、「深く勉強するというのは、ノリが悪くなることである」と述べている。つまり、「周りのノリ」に合わせて過ごすことはそれ自体、安心をもたらすかもしれないが、そこから離脱して「自分のノリ」が得られたとき、どのような空気のなかでも過ごしていける自由と、この世界を楽しんで生きる手がかりを得ることができるのだ、逆にいえば「周りのノリ」に合わせているばかりでは何かをしっかり考えていくことにはつながらない、と[2]。今日の大学では、自分の考えを話したり、人の発表に対して意見を言う場面が増えつつあるが、そのときに周りから浮くことを何よりも気にして、世の中一般の常識をなぞりなおす無難な発言に終始したり、周りに追随したり、発言自体を控えてしまう、つまり周りの「空気」「ノリ」に合わせて学びの機会を自ら閉ざしてしまうというケースが一定数あるのではないだろうか。そうした場面を思い浮かべつつ、単にポジティブでも単にネガティブでもない同調志向の両義性について考えてもらえればと思う。

【文　献】

千葉雅也 (2017).『勉強の哲学──来たるべきバカのために』文藝春秋

土井隆義 (2008).『友だち地獄──「空気を読む」世代のサバイバル』筑摩書房

古市憲寿 (2011).『絶望の国の幸福な若者たち』講談社

---

2) 千葉はこのような「自分のノリ」を得るための手がかりとして、大学におけるさまざまな専門的学問分野があるのだと述べている。

第2部

メディア・文化

第 4 章

SNS 上の反応を気にするのはどのような学生か

メディア利用と再帰性

二方龍紀

1 はじめに：大学生にとってのスマートフォン・SNS

　オンライン授業やリモートワークなどのコロナ禍での経験は、インターネットなどの情報環境が私たちの生活を支えるインフラとなっていることに改めて気づかせるものだった。現代社会では、インターネットは、スマートフォン（以下、一般的な語用に合わせて「スマホ」と略記する）などの使いやすい機器の普及によって、「誰かとつながる」際に欠かせないものとして、日常生活に浸透している。

　こうした傾向は、とくに若者に顕著にみられ、「若者の生活にとって、スマホ・SNS（ソーシャルメディア）が重要になっている」ことについては、そのこと自体への賛否はあるかもしれないが、誰もが認めるところだろう[1]。通常の大学生の授業やサークル活動にしても、誰もがスマホ・SNS を日常的に活用していることが前提となっていることが多い。若者にとっては、スマホや SNS をはじめとした新しい情報環境の活用は、生活のあらゆる場面であたりまえのものになっている。青少年研究会による 2020 年大学生調査では、1 日あたりのスマホ利用時間は平均約 6 時間であり、1 日の約 4 分の 1 はスマホを利用しながら過ごしているということになる。こうした傾向を心配する一部の大人から見れば、「一体そんなに何をしているんだ」と思うことだろう。スマホで何をしているのかについては、「動画の閲覧」(86.3%)

---

[1] もちろんこうした傾向に対する心配や懸念はまだまだみられる。たとえば、有名なところでは、世界的なアニメーション作家である宮崎駿のインタビューでの主張がある。彼は、インタビュー当時のタブレット端末の流行について、「あなたが手にしている、そのゲーム機のようなものと、妙な手つきでさすっている仕草は気色わるいだけで、ぼくには何の関心も感動もありません」「恋人といる時も手に持って、討論している時も手に持って……手に持たないでいっそ頭に埋め込んだら（笑）」と嫌悪感をあらわにし、「世界に対して自分で出かけていって想像力を注ぎこむことをしないで、上辺だけをはねる道具」と批判する（宮崎 2010：21-23）。こうした批判は古くからあるもので、「対面性」や「リアリティ」と断絶した世界として、新しい情報環境を描き、批判するという特徴がある。

や「音楽の聴取」(85.1%)なども多いのだが、「ゲーム」(53.2%)や「メッセージの送受信」(59.0%)よりも、多い割合を占めているのが、「SNSへの投稿」となっている(69.6%)。アメリカで、若者とソーシャルメディアについて研究をしたダナ・ボイドは、2000年代に育った若者にとって、「ネットワーク化された公共空間（パブリック）」としてのSNSに参加することがごく自然なあたりまえの生活になっていることをいくつもの事例を通して描いている（ボイド2014）。学校に行くことや友だちと遊ぶことと同様に、SNSを通じて交流することは、日常生活の一部となっている。

　青少年研究会では、1992年から10年ごとに、大規模な調査を実施し、その間にも関連する調査を行なってきた。大学生におけるSNSの利用率は、2012年の調査ではすでに76.0%だったが、2020年調査ではさらに増えて94.5%に上った。ここ10年間で、ほぼ全員がSNSを利用するようになったということがわかる。

　現代社会における若者の生活にとって、なぜスマホ・SNSが重要なのか。スマホ・SNSにはさまざまな利用法があるが、本章では、「SNSを使って、他者の視線から自分を見つめ直すという行動」に焦点を当てて分析を進める。そのために、2020年調査では、「行動をする時、SNS上での反応を気にする」という変数を設けて、分析を進めた。

　分析結果を先回りしてふれておくと、彼らはまさに、現代社会の性質に合わせて、SNSを通じて他者の視線を借りながら自分を見つめ直し、行動を修正するヒントにしている。SNSと若者の関係を単に印象論で論じるのではなく、具体的なデータから、こうした傾向の実態、特徴、そして社会的背景を明らかにするということが本章の目的である。

2 若者のコミュニケーション・SNSと自己再帰性

　まず、本章の議論と今までの若者のコミュニケーションに関する研究との関わりについて検討する。

　岩田考は、若者のコミュニケーション状況について、関係の多元化や流動化に伴い、様々な相手との関係を維持するために、求められるコミュニケーションスキルのレベルが上昇していることについて指摘している（岩田2006）。また、土井隆義は、若者の仲間内では、互いの言動に対して、高度な気配りをいわば（地雷を探す）「レーダー」のようにはたらかせながら、「優しい関係」を維持しようとしていると指摘している（土井2008）。今回分析する「SNSの反応を気にして行動」するという

振る舞いもまた、こうした若者をめぐる人間関係に関連していると考えられる。こうしたコミュニケーションの状況を前提とすれば、「SNSの反応」は、いわば「レーダー」のようにはたらくため、「反応を気にせずに行動する」ことが仲間内のコンセンサスを外し、「地雷原」を踏み抜く行動のようにみえてしまうだろう。この点に関連してボイドは、ネット上でのいじめなどの分析のなかで、若者にとってはSNSを通して仲間内の交流を熟知することが「人前で恥ずかしい思いをするのを避ける」ために重要になっている事例をあげている（ボイド 2014：233）。「高度な気配り」を必要とする人間関係においては、言動や振る舞いを即時に伝えあうSNSを通して、互いの気持ちを発信・確認することが非常に重要となっているというわけだ。

以上のようなSNS上の交流は、何を得ることを目的としているのだろうか。この分析において、キーワードになるのが「自己再帰性」の概念である。これは、序章などでも解説されているように、「後期近代社会」でみられる「自分自身の振る舞いを常にモニタリングして、調整し、作り替える」という性質である。

この「SNS利用と再帰性」をめぐっては、たとえば、角田隆一は、SNS上の写真の投稿について分析するなかで、次のように指摘している。

> 小さい刹那的な物語に付される他者からの"いいね"の集積というのもまた、つながりの可視化であるとともに、SNS時代の再帰的な自己維持においては、切迫した新しい承認＝自己肯定の形でもあるのだろう（角田 2016：110）。

この指摘を「SNS上での反応を気にして行動する」という変数との関連のなかで考えてみると、SNSへの投稿によって、他者からの承認を得て、再帰的に自己を構成するための材料にしたいと考えるからこそ「（自らの行動に対する）SNS上での反応＝"他者から承認が得られる投稿かどうか"が気になる」という意識につながると考えられる。

羽渕一代は、若者対象の「出会い」に関するインタビュー調査やケータイ・メールに関する量的データの分析から、若者のライフステージの特徴をふまえ、ケータイ利用によって、「自己の変革→他者の承認→所属集団の変容→自己の変革」という再帰的プロジェクトが高速化すると指摘している（羽渕 2006：136-137）。ここまでの議論との関連では、ケータイ利用によって進んだ再帰的プロジェクトの「高速化」が、SNSにおいても進み、「他者の承認」を求める構造が純化されているとも考えられる。

岡田朋之は、若者と「ケータイ」の関係について、「友だちからの連絡があるか

どうか」が、「自分がどう思われているか」を示しているという文脈で、「ケータイが若者たちにとっての「鏡」の役割を果たしているということになるであろう。このように、若者たちにとってはライフラインであり、自己を確認する「鏡」であるからこそ、ケータイは必要不可欠な存在となっているのである」と指摘した（岡田 2002：4）。こうした傾向は、若者とSNSの関係にも引き継がれていて、さらに、純化され、自分を見つめ直す「鏡」として、使用されているとも考えられる。

　ただ、こうしたSNS上での投稿によって、自己を確認し、「承認」を得ようとする取り組みの難しさについて、ボイドは、次のように指摘している。

> ティーンが様々な社会的文脈を理解し、適切に自分を提示しようとするとき、ひとつのことが明らかになる。すなわち、インターネットは人々が実体としてある世界の限界から自由になれる牧歌的な場所として進化したわけではない。ティーンは自分が何者であるかを理解しようと奮闘し、様々な文脈がつながって崩壊し、目に見えないオーディエンスがおり、言うことなすこと簡単に文脈から切り離されてしまう環境においてどうしたら社会に適応できるのかを探っている。彼らは大人が直面しているのと同じ戦いに挑んでいるが、彼らは休みなしの監視のもと、自分が何者であるかの確信がまだできていない状態でそれに取り組んでいる。手短に言えば、彼らはとてつもない文化的迷宮で歩みを進めているのだ（ボイド 2014：85）

　この指摘をふまえると、「行動する時、SNS上での反応を気にする」ことの難しさがわかる。SNSを鏡にたとえるならば、ここまで議論してきたような大学生は、SNSに「自分」を写し出し、そこでおきる反応をもとに、さらに、「写し出される自分」を変えていこうとする。しかし、その鏡は、一つではなくさまざまな角度から自分を写し出す複面鏡であり、そこに映る姿は一様ではない。いくつもの鏡に写る自分を管理して、修正し続けても、すべての鏡の反応を「いいね」だけにすることは難しいかもしれない。また、そもそも、ボイドが指摘するように、「自分が何者であるか」を手探りで探していくさなかに、そうした取り組みがなされていくことになる。

3 再帰性とSNS上の反応を気にすることの関係

　本章では、こうした若者のコミュニケーションや再帰性、そこへのSNSの関わり

という先行研究の観点をもとに、「行動するときに、SNSの反応を気にする」という傾向について、分析する。今回の調査では、この「自分が何かをする時、SNS上での反応を気にすることがある」という変数について、当てはまるとした回答は全体の47.5%であった。

浅野智彦は、若者のアイデンティティについて言及するなかで、再帰性の異なる位相の表れがあると指摘する（浅野 2015：36-37）。一つは、「自分自身のあり方を自らの目で再検討する」というかたち、もう一つが、「様々な他人とのやりとりを通して、自己を振り返る」というかたちである。

ここまでの先行研究にあるように、若者のコミュニケーションにおいても、他者の視線の存在は大きい。本章では、後者のかたちの再帰性の表れに着目し、「他者とのやり取りや視線を重視して、自らに対して、再帰的に考える」という傾向が強い学生は、「行動をする時、SNS上での反応を気にしているのではないか」という仮説について、分析を進めたい。そして、その他者とのやり取りや視線の中身についてもあわせて分析し、再帰性のはたらき方についてもみていきたい。

分析方法としては、「自分が何かをする時、SNS上での反応を気にすることがある」という項目を従属変数、他者との関わりや他者の視線、自己の振り返りに関わる変数を独立変数、社会経済的背景に関する項目などの諸属性を統制変数として、ロジスティック回帰分析を行う。ここで投入する変数については、先行研究から、「他者（特に友だちなど）との関わり」を重視すると考えられることから、「友だちや仲間といるとき充実している」や「友人関係では誰とでも仲良くなれる」という変数との関わりを分析する。また、「他者からの視線」を重視すると考えられることから、内面に対する他者の視線に関わる変数として「友人関係では、イタイやつと思われないようにしている」「周りから家族と仲が悪いと思われるのは嫌だ」という項目や外見に対する他者の視線に関する変数として「ファッションは自分らしさを表現するアイテムだ」「自分の外見が変われば人生も変わる」という項目を投入する。関連して、他者の視線を意識しながら「自分らしさ」の表出に取り組んでいると考えられるため、「他人とは違った自分らしさを出すことが好きだ」という項目も投入する。また、「自己を振り返る」という点についてみるために、「自分についてじっくり考える」という変数も投入する。あわせて、表4-7では、他者との関わりや視線の項目を得点化した変数などとの関わりについても、分析する。

4 SNS 上での反応を気にする大学生の特徴

4-1 基本的な傾向

まず、全体的な概要を分析するために、「行動をするときに SNS 上での反応を気にする」という項目と年齢、性別、入学難易度などの統制変数や友人数といった基本的な項目との関連を分析した (表 4-1, 表 4-2)。その結果、男性よりも女性に多くみられる傾向で、入学難易度と母学歴が比較的高い傾向がみられた。ここからイメージされる「行動するとき、SNS 上での反応を気にする学生」の姿は、比較的難易度が高い大学に通い、母学歴が高い傾向がみられる女性ということになる。

4-2 スマホ利用には、どのような特徴がみられるのか

次に、この「SNS 上での反応」を気にする学生は、どのようにスマホを利用しているのか、スマホ利用意識の質問項目との関わりを分析した。まず、これらの変数の回答結果をクロス集計のグラフでみてみる (図 4-1)。

表 4-1 「SNS 上での反応を気にする」と性別・父母学歴のクロス表

		気にする	気にしない	検定
性別	男性	38.0%	62.0%	***
	女性	52.6%	47.4%	
父学歴	大卒以上	49.1%	50.9%	
	大卒未満	47.2%	52.8%	
母学歴	大卒以上	52.4%	47.6%	†
	大卒未満	46.5%	53.5%	

† : p < 0.1、* : p < 0.05、** : p < 0.01、*** : p < 0.001

表 4-2 「SNS 上での反応を気にする」と年齢・入学難易度・
暮らし向き・文化資本得点のクロス表

	気にする	気にしない	検定
年齢 (平均)	20.0 歳	20.0 歳	
入学難易度 (平均)	55.1	52.8	***
暮らし向き (1〜5・数字が大きい方が余裕がある)	3.48	3.57	
文化資本得点 (4〜16)	9.48	9.57	

† : p < 0.1、* : p < 0.05、** : p < 0.01、*** : p < 0.001

(「文化資本得点」の項目は表 4-6 参照)

第4章　SNS上の反応を気にするのはどのような学生か　　97

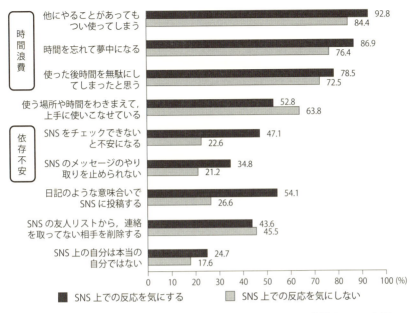

図4-1　SNS上での反応を気にするかとスマホ・SNS利用項目のクロス集計（SNS利用者内）

「他にやることがあってもつい使ってしまう（以下「つい使う」）」「時間を忘れて夢中になる（以下「時間を忘れる」）」「使った後時間を無駄にしてしまったと思う（以下「時間を無駄に」）」などの「時間浪費」の意識は、いずれも、SNS上での反応を気にする学生の方が肯定する割合が高く、8～9割となっている。「SNSをチェックできないと不安（以下「確認不安」）」「SNS上のメッセージのやり取りをやめられない（以下「やめられない」）」などの「SNSへの依存と関わる不安」の意識も、SNS上での反応を気にする学生の方が肯定する割合が高い（それぞれ47.1％、34.8％）。このように、SNS上での反応を気にする学生の方が、スマホやSNSについて、時間を浪費してしまっているのはわかっているが、やめられないという意識がよりみられる傾向がわかる。また、「日記のような意味合いでのSNSに投稿する（以下「日記の意味」）」についても、SNS上での反応を気にするかどうかで、倍以上の大きな差がみられた。

これらの変数間の関係を整理するために、スマホ利用意識を独立変数、「SNS上での反応を気にする」を従属変数とするロジスティック回帰分析を行なった（表4-3）。「SNSの友人リストから連絡を取っていない相手を削除する（以下「友人リスト削除」）」に関しては負の効果（削除をする人の方がSNS上の反応を気にしない傾向）、「日記

表 4-3　スマホ利用意識のロジスティック回帰分析

	B	
(定数)	-1.586	
年齢	-.069	
性別（男子学生ダミー）	-.300	†
入学難易度	.048	***
父大卒ダミー	-.122	
母大卒ダミー	.173	
暮らし向き	-.130	†
スマホ利用：他にやることがあってもつい使ってしまう	.282	
スマホ利用：時間を忘れて夢中になる	.283	
スマホ利用：使ったあと時間を無駄にしてしまったと思う	-.151	
スマホ利用：使う場所や時間をわきまえて，上手に使いこなせている	-.243	
スマホ利用：SNS をチェックできないと不安になる	.748	***
スマホ利用：SNS のメッセージのやり取りを止められない	.304	†
スマホ利用：日記のような意味合いで SNS に投稿する	1.063	***
スマホ利用：SNS の友人リストから，連絡を取ってない相手を削除する	-.274	†
スマホ利用：SNS 上の自分は本当の自分ではない	.063	
-2LL	1127.459	
疑似決定係数（Nagelkerke）	0.219	
n	935	

†：$p < 0.1$, *：$p < 0.05$, **：$p < 0.01$, ***：$p < 0.001$

の意味」、「やめられない」、「確認不安」に関して正の効果が確認できた。

「日記の意味」という意識からは、紙の日記帳と同様に、自分の日々の行動を記録し、見返すための日常的なツールとして SNS を利用していることがわかる。しかし、それはいわば「ネット上の日記」なので、「フォロワー」の評価にさらされることを意味する。だからこそ発信者は、「フォロワー」の視線や評価を考慮しながら、自分を見つめ直し、自身の姿や行動を調整し、作り直していく。「フォロワー」の評価（反応）が、自分で自分を作り直していくときの資源となっている[2]。

また、(友人リストの削除をする人の方が SNS 上での反応を気にしない傾向があるということは逆に、削除をしない人の方が SNS 上での反応を気にする傾向があることになるが) こちらから連絡をしなくても、「削除しない」という傾向は、将来にわたって相手がこちらに連絡をする可能性があることから残しておくということ

も考えられ、「相手への気遣い」という点もあるだろう（たとえば、旧 Twitter（現 X）ではデフォルトの設定が、相手をフォローしていないと、相手からメッセージが送れない設定になっている）。また、後から述べるように、「友人リスト」が可視化されている SNS もあり、「友人リスト」の人数の多さが自分のアカウントの信頼性の担保になっている場合もあるので、削除して人数を減らすことには慎重になるという面もあると推測される。

ただし、連絡を取っていない相手も削除しないということは、「友人リスト」が膨大に膨れ上がっていくことになる。このような SNS 上での関わりに関して、「やめられない」「確認不安」という意識もみられた。これらの「SNS への依存と関わる不安」については、第 4 節第 4 項で再びふれる。

4-3 他者との関わりには、どのような傾向がみられるのか・性別による違い

続いて、表 4-4（次頁）では、「他者とのやり取りや視線を重視して、自らに対して、再帰的に考える」という傾向が強い学生は、「行動をする時、SNS 上での反応を気にしているのではないか」という仮説を検証するために、独立変数に、他者との関わりや他者の視線に関わる変数を投入し分析を進めた。

まず、「友だちや仲間といるときが充実している」という変数に、正の効果がみられた。こうしたことからも、他者との関わり（特に友だちや仲間との関わり）を重視する学生が、SNS 上での反応を気にして行動していることがわかる。

また、友人関係において、「イタイやつと思われないようにしている（以下「イタイやつ」）」という変数に、正の効果がみられた。ここでいう「イタイ」とは、第 2 節でみたような「仲間内のコンセンサス」を外し、仲間内の「地雷」を踏み抜くような言動や振る舞いをすることを指している。いわば、友人との間の「空気」を壊さないような繊細なコミュニケーションを心掛けている学生が、SNS 上での反応を気にして行動しているということになるだろう。そうした意味でも、第 2 節でみたように、「高度な気配り」を必要とする関係のなかで、相手の気持ちを推し量り、その中

---

2) この「ネット上の日記としての SNS」という意識に関連する議論として、土井隆義は、90 年代後半に流行したウェブ日記について、（従来の「日記」が語り手と受け手が両方とも自分であったことと比較して）「作者たちが有する他者イメージの変容と、さらにはそれをもたらした自己意識の変容があると考えてよいだろう。彼らの自己は、いわばネット上に溶け出しているのである」と指摘している（土井 2008：60-61）。本章での議論にひきつければ、(SNS 上での反応でもたらされる) 他者の視線を通して、自己を見つめ直し、修正していくという過程が、「日記としての SNS」で起きているということになるだろう。

表4-4 「SNS上での反応を気にする」のロジスティック回帰分析

	B	
（定数）	-4.088	**
年齢	-.001	
性別（男子学生ダミー）	-.352	*
入学難易度	.048	***
父大卒ダミー	-.179	
母大卒ダミー	.342	*
暮らし向き	-.160	*
友だちや仲間といるときが充実している	.403	*
友人関係において、誰とでも仲良くなれる	.199	
友人関係において、イタイやつと思われないようにしている	.475	**
周りから家族と仲が悪いと思われるのは嫌だ	.440	**
他人とは違った自分らしさを出すことが好きだ	.421	**
ファッションは自分らしさを表現するアイテムだ	.337	*
自分の外見が変われば人生も変わると思う	.611	**
自分についてじっくり考える	.256	
-2LL	1170.161	
疑似決定係数（Nagelkerke）	0.157	
n	929	

†：p < 0.1、*：p < 0.05、**：p < 0.01、***：p < 0.001

で自分を表現し、振り返るツールがSNSとなっていることがわかる。

こうした「高度な気配り」の意識は、自分の家族との関係を周囲からどう見られたいかという意識にも表れている。分析では「周りから家族と仲が悪いと思われるのは嫌だ」という変数に正の効果がみられたが、これも、ここまでの議論から「家族と仲が悪い」と周囲の他者に思われると、周囲から気を遣われたり、心配されたり、他者との間の「空気」を壊してしまうと考え、「家族と仲が悪いと思われたくない」という意識につながっていると推測される。いわば、友人関係についても、家族との関係についても、仲間内の「空気を壊さない」ような気配りをしている学生が、SNS上での反応を気にして行動していることになる。

それでは、彼らは、SNS上で自分を振り返り、どのように自分を表現しようとしているのだろうか。自己意識との関わりでは、「他人とは違った自分らしさを出すことが好きだ（以下「差異化志向」）」「ファッションは自分らしさを表現するアイテム

だ（以下「ファッション志向」）」「自分の外見が変われば人生も変わると思う（以下「外見志向」）」という変数に正の効果がみられた。こうした傾向にも、「他者の視線」が色濃く反映されている。「他人とは違った自分らしさ」を追求するためには、「他人との違い」を確認するためにも、「他人の自己表現」をよく知っておくことが重要であるし、また、「ファッション」についても、「自分らしさ」を表現するものとして活用するためには、「他者のファッション」を知り、自分との差異を確認し、さらに「自分のファッション」が他者からどう見られるのかを知っておくことが重要であろう。

　ギデンズは、「ライフスタイル」について言及するなかで、「再帰的に変化にさらされているルーティーン」として「服装」「食事」「行為の様式」「他者と出会うのに好ましい環境」などの例を挙げたうえで、これらの選択は「誰になるのかについての決断」であり、「ライフスタイルは自己アイデンティティの核に、アイデンティティの構築と再構築に関わるようになる」と指摘している（ギデンズ 2005：90）。いわば、こうした再帰的な選択が必要な「ライフスタイル」の表現にあたって、学生たちは、他者の視線から自分を振り返っている。こうした「他者の視線」を知り、自分を振り返り、自分のライフスタイルを表現するにあたり、親和的なメディアがSNSになっているということでもあるだろう。

　表4-5では、男子学生・女子学生で分けて分析をしてみた。特徴的な傾向についてみてみると、女子学生については、友人関係において「誰とでも仲良くなれる」という変数に正の効果が確認された。ここまでの「他者の視線」を重視する文脈で、「誰とでも仲良くなれる」という学生が、「行動する時、SNS上での反応を気にする」という結果を解釈すると、「誰とでも仲良くなれるコミュニケーションスキルの高さ」とも解釈できるが、高度な気配りをするなかで、「誰とでも仲良くなれる」ようにふるまっているのではないかとも考えられる。ボイドは、ソーシャルメディアのアフォーダンスとして、「持続性」「可視性」「拡散性」「検索可能性」の四つを指摘している（ボイド 2014：24）。こうした性質を友人関係の投稿に当てはめて考えると、SNS上では友人関係が可視化され、持続的に残り、拡散されてしまうということになる。そう考えると、周囲の空気を壊さない、「高度な気配り」を前提にすれば、ひとまず、「誰とでも仲良くなれる」ようにふるまうことが非常に重要なことがわかる。

　また、女子学生については、（今までみたような「他者の視線」に関する変数の影響とともに）「自分についてじっくり考える」という学生の方が、「SNS上での反応を気にして行動する」という性質がみられた。こうした結果からも、SNS上での反

表 4-5　男子学生・女子学生別「SNS 上での反応を気にする」のロジスティック回帰分析

	男子学生		女子学生	
	B		B	
(定数)	-3.880	†	-4.897	**
年齢	-.070		.053	
入学難易度	.076	***	.033	*
父大卒ダミー	-.720	**	.091	
母大卒ダミー	.726	*	.108	
暮らし向き	-.078		-.214	*
友だちや仲間といるときが充実している	.352		.453	*
友人関係において、誰とでも仲良くなれる	-.045		.348	*
友人関係において、イタイやつと思われないようにしている	.400		.563	**
周りから家族と仲が悪いと思われるのは嫌だ	.362		.431	*
他人とは違った自分らしさを出すことが好きだ	.570	*	.389	*
ファッションは自分らしさを表現するアイテムだ	.193		.495	*
自分の外見が変われば人生も変わると思う	.538	†	.736	*
自分についてじっくり考える	-.302		.557	*
-2LL	386.079		764.327	
疑似決定係数（Nagelkerke）	0.180		0.155	
n	322		607	

†：p < 0.1、*：p < 0.05、**：p < 0.01、***：p < 0.001

応など他者の視線を通して、自分について、じっくりと再帰的に見つめ直しながら、自らの行動を決めている学生の姿がみえてきた。

　男子学生については、こうした「誰とでも仲良くなれる」や「自分についてじっくり考える」については、有意な結果が得られなかったが、「差異化志向」や「外見志向」については、有意な正の効果が確認できた。男女ともに、「SNS 上での反応を気にする」学生は、「差異化志向」や「外見志向」がみられるという結果からは、こうした学生が、「他人とは違った自分らしさ」という点で、あるいは、「どう外見を見られるか」という点で「他者の視線」を意識していることが確認できた。

4-4　変数を組み合わせて得点化した分析からみえるもの

　今までみてきた他者の視線への意識、外見重視に関する意識、再帰性に対する意

識と「自分が何かをする時、SNS上での反応を気にすることがある」という変数の関わりをよりくわしくみるために、いくつかの項目を組み合わせて得点化した項目についても、分析を行う。得点化した各項目の変数は、表4-6に示した。

「他者視線意識得点」は「イタイやつ」など、「ファッション外見重視得点」は「ファッション志向」など、「再帰性得点」は「自分についてじっくり考える」「今日は当たり前であることが、明日もそうだとは限らないと感じる」などの再帰的意識

表4-6　得点化した項目

他者視線意識得点	イタイやつと思われないようにしている
	周りから家族と仲が悪いと思われるのは嫌だ
ファッション外見重視得点	ファッションは、自分らしさを表現するアイテムだ
	自分の外見が変われば、人生も変わると思う
SNS活用得点	アカウントに鍵をかける
	複数のアカウントを使い分ける
	いわゆる「インスタ映え」を意識した写真を投稿したことがある
	恋人とのデートに関する投稿をしたことがある
	「匂わせ」(間接的に恋人の存在をアピールすること)を投稿したことがある
	「盛り」(自分の顔をより良く見せること)を意識した写真を投稿したことがある
	昔知り合った友人の連絡先をFacebookなどのSNSを使用して探したことがある
スマホ依存不安得点 (「上手に使いこなせている」以外の得点を逆にして、足し合わせる)	時間を忘れて、夢中になってしまう
	他にやらなければいけないことがあっても、つい使ってしまう
	使ったあと、時間をむだにしてしまったと思う
	使う場所や時間をわきまえて、上手に使いこなせている
	SNSのメッセージのやり取りを止めたいのに止められないことがある
	SNSをチェックできないと不安になる
再帰性得点	自分のふるまい方が正しいかどうかをふりかえることがある
	今日は当たり前であることが、明日もそうだとは限らないと感じる
	大切なことを決めるときに、自分の中に複数の基準があって困ることがある
	これからの社会で生きていくために必要とされる力が、自分にあるかどうか心配になる
	自分自身についてじっくり考えることがある
文化資本得点 (表4-2で使用)	子どもの頃、家族の誰かがあなたに本を読んでくれた
	子どもの頃、家でクラシック音楽のレコードをきいたり、家族とクラシック音楽のコンサートに行った
	子どもの頃、家族につれられて美術展や博物館に行った
	子どもの頃、家族と歌舞伎や能などの伝統芸能を見に行った

表 4-7　「SNS 上での反応を気にする」のロジスティック回帰分析（得点化した項目）

	B	
（定数）	-7.438	***
年齢	-.024	
性別（男子学生ダミー）	.252	
入学難易度	.036	**
父大卒ダミー	-.176	
母大卒ダミー	.320	†
暮らし向き	-.129	
他者視線意識得点	.296	*
ファッション外見重視得点	.264	†
SNS 活用得点	.647	***
スマホ依存不安得点	.118	***
再帰性得点	.100	**
-2LL	949.408	
疑似決定係数（Nagelkerke）	0.397	
n	920	

†：p < 0.1、*：p < 0.05、**：p < 0.01、***：p < 0.001

についての五つの項目を組み合わせたものである（再帰的意識の項目の分布は、第1章を参照のこと）。また、あわせて、「SNS 活用得点」（SNS の利用経験や活用法）、「スマホ依存不安得点」（「時間を忘れて」などスマホ使用に関する意識）についても分析した。

その結果、「再帰性得点」が高い学生は、SNS 上での反応を気にするという傾向がみられた（表4-7）。あわせて、「他者視線意識得点」「ファッション外見重視得点」についても正の効果がみられた。他者からの視線を意識しながら、再帰的意識をはたらかせる学生は、自分が何かをする時 SNS 上での反応を気にするということになり、SNS での反応をヒントに、再帰的意識をもって、他者からの視線で自分を見つめ直して行動するという傾向がみえてきた。

あわせて、「SNS 活用得点」「スマホ依存不安得点」についても正の効果がみられた。「SNS 活用得点」は、いわゆる「鍵アカ」「複アカ」など SNS の管理や、「盛り」「映え」などの SNS 上での演出に関する変数を組み合わせている。こうした SNS 上の管理・演出機能を日常生活の中で活用している学生にとっては、「SNS での反応を気にする」という意識もまた、日常生活に浸透しているということになる。こ

のように日常的に活用するなかで、「これはスマホ・SNSの使い過ぎではないか」という不安を抱えているが、それでも「SNS上での反応を気にして行動してしまう」というジレンマも抱えている。「SNSを使い過ぎている自分」に対しても、再帰的に見つめ直しているとも考えられる。

5 考察：再帰性が高まる社会における若者とSNSの関係

　ここまでの分析結果を整理する。まず、第3節であげた仮説（「他者とのやり取りや視線を重視し、自らに対して再帰的に考えるという傾向が強い学生は、行動をする時、SNS上での反応を気にしているのではないか」）について、確認する。分析の結果、表4-4・4-5・4-7でみたように、「他者とやり取りや視線を重視する」という変数と「再帰的に自分を見つめ直す」という変数が、「行動をする時、SNS上での反応を気にする」という変数と一定程度関わっている傾向が明らかになった。具体的には、友だちや仲間に対する「高度な気配り」を背景とした「他者の視線」のなかで自分を見つめ直し、再帰的なライフスタイルの選択にあたって「他者とは違った自分」を表現しようとしている姿もみえてきた。このように、日常生活において、他者の視線を通じて、自らを見つめ直す自然なツールとして、学生はSNSを活用している。

　現代社会では、誰もが日常的に再帰性を要求されているが、SNSは、その「可視性」や「拡散性」、「持続性」によって「他者」の視線を考慮することを通じて、より再帰的に自分を見つめ直し、振る舞いを修正するツールとして使われている面がある。メディアと自己再帰性の関わりは多様であり、一概に論じることはできないが、大学生にとっては「日記」のように、SNSがごく日常的なツールとして普及するなかで、このツールを通じて自らの行動を見直し修正しながら、どのように歩んでいくのか、不安や葛藤も抱えながら試行錯誤しているといえるのではないか。ボイドは、SNSが若者にとって「自己顕示」「社会的な人間関係の管理」「自分の周りの世界の理解を深めること」などを学ぶメディアになっている面があると論じている（ボイド 2014：154）。そういった意味では、「SNSでの反応を気にして行動する学生」は、他者の視線を通じて、自分を見つめ直すという再帰的な社会で求められる視点を試行しているという面もあるだろう。

　このように、他者の視線を通して、自分を見つめ直す際に、SNSが活用されるようになってきた経緯を2000年代以降の変化から検討したい。阪口祐介は、青少年

研究会の 2012 年調査をもとに、2000 年代にケータイが若者の生活のなかで深く浸透し、メールが友人関係の維持・促進に使われるようになったことについて分析し、「特定の若者はケータイを通じて日々連絡をとりあい、友人関係を維持・深化・拡大させていく一方で、一部の若者はそこから取り残されていくというような、いわば「つながりの格差」が 2000 年代に拡大したことを示唆している」(阪口 2016：188)と指摘している。こうした指摘をふまえれば、2010 年代には、SNS を通じて、こうした「つながりの格差」が投稿内容や数字上（たとえば、フォロワー数ややり取りの数など）でもはっきりと、誰からも見えるようになった（可視化された）ことがわかる。こうした「つながりの格差の可視化」への恐れが、他者の視線から自分を見つめ直し、「SNS 上での反応を意識して、自らの行動を見直し行動する」という意識につながっている面もあるだろう。

　アンソニー・エリオットとジョン・アーリは、メディアと親密性について検討するなかで、ギデンズの議論での社会生活が常に再帰的に吟味され見直される例として「デジタル技術、そしてとりわけ携帯電話における近年の変化は、今や人々が会議や約束、催事を変更したり再設定したりすることが可能となった」ということを挙げている（エリオット & アーリ 2016：123）。つまり、携帯電話を使えば、他者との約束もまた、いつでも時間の短縮や変更、キャンセルが可能であり、再帰的に見直される対象となっているということだ。この変化には、人々がそれぞれ再帰的に実践を問い直すことができるようになったという積極的な側面ももちろんある。しかし、本章での議論に引き寄せると、SNS 上においても、常に他者の視線を意識していないと、いつ、他者とのつながりが「変更したり、再設定」されて、「再帰的に吟味され見直されてしまうか」わからないということにもなるだろう。こうした再帰的な見直しの対象となることを考えると、他者の視線を意識して「SNS 上での反応を気にする」ということは、「SNS 上でのつながり」を維持するために重要であることがわかる。

　そういう意味では、自分を見つめ直し、行動を見直し、自分を表現するためのツールという側面と、他者との関係への不安（たとえば、上でみたような「つながりの格差の可視化」や「つながりの再帰的な見直し」）を背景として利用にかき立てられるという側面が相重なるなかで SNS を利用しているということになる。また、彼らの「再帰性」は、自分を見つめ直す「メディア利用」にも及び、「自分は使い過ぎではないのか」というスマホ依存への不安も抱えながら、それでも、「SNS を使って自らを見つめ直す」というかたちで営まれている。

　本章では、SNS 上での反応を気にする学生の特徴の分析に取り組んできたが、居

住地域による差や彼らの出身家庭の経済的状況の影響など、まだ明らかにできていない点も多い。「他者との関わり」については、友人や仲間を重視していることが確認されているが、その一方で、こうした視線を意識する「他者」の外縁や外側にあたる「他者」や「社会」を、どのように意識しているのかについても、今後の分析の課題である[3]。また、ここで確認された傾向は、大学生の約半数にみられるものだったが、大学生以外の若者でもみられるのか、また、他の世代にも普及しているのかなどは、今後、検討すべき課題であり、さらに詳細な調査・分析が必要であると考えられる。なお、本書の問題関心を引き継ぐ調査として、青少年研究会では2022年に若者や中年に対して全国調査を実施し、筆者はSNSによって再帰的に自己を見つめ直すときに参照する他者について、分析している（二方 近刊）。

　本章の分析から、現代社会の再帰的な性質に合わせて、他者の視線を通じてSNSに映る自分の姿と「対峙」し、試行錯誤をしながら、自らの生き方を模索する大学生の姿の一端がみえてきた。情報環境の変容のなかでさまざまな困難な点もあるが、「今を生きる大学生」は、再帰的に自己を作り出そうとしているといえよう。そうした大学生が、どのように他者とつながり、自らが生きる社会を作っていくのか、さらに、調査や分析をしていきたい。

---

3) この点に関連して、独立変数に関係する社会意識、従属変数に「SNS上での反応を気にする」を投入したロジスティック回帰分析の結果、「世の中のほとんどの人は信頼できる」には、負の効果がみられた。一般的他者への信頼が「SNS上での反応を気にしない」傾向につながっていることになる。逆に考えれば、一般的他者への信頼が薄い場合、SNS上でも一般的他者からどのような反応が返ってくるのか不安があるため、（友人などの特定の他者と一般的他者両方が含まれる）SNS上での他者の反応が気になるという態度につながっている可能性もある。また、「社会のリスク回避のため、個人情報の提供はやむを得ない」という意識には正の効果がみられた。この「個人情報の提供はやむを得ない」と考える学生が、「行動するときにSNS上での反応を気にする」ということはどう解釈できるだろうか。「社会のリスク回避のための個人情報の提供」と「他者から見られることを意識したSNS上の自らの行動の投稿」には、その動機や目的、個人情報の中身、想定する他者など異なる要素もあるが、共通する要素としては、自らに対する「他者からの視線」を自然に受け入れ、そこでの情報提供を何らかのかたち（自分を見つめなおすためにしても、社会の安全にしても）で役立てようという意識がみられるということになる。いずれにしても、「監視社会」の仕組みが日々の生活にごく自然に溶け込むなかで、彼らが育ってきたことと関係していると考えられる。この点について、デイヴィッド・ライアンは、2001年のアメリカ同時多発テロ事件をきっかけとした社会の変化として、「安全化（securitization）には、リスクおよびそれをいかに操作するかに関する大量の情報を必要とし、それが伝統的なプライバシーへの要求を弱め、リスクがあるとされる行動への監視を強めた。「監視文化」の名のもと、監視は認められるべきであり、「私たち自身のためになる」という感覚が広まった」と指摘している（ライアン 2019：24）。こうした指摘をふまえると、情報環境の活用が日常生活のなかであたりまえの前提となるなかで、自らの情報を他者に提供し、それを「私たち自身のため」に役立てるという意識が広まっていることがわかる。

【文　　献】

浅野智彦（2015）．『「若者」とは誰か——アイデンティティの30年【増補新版】』河出書房新社〔原著：2013年〕

岩田考（2006）．「多元化する自己のコミュニケーション——動物化とコミュニケーション・サバイバル」岩田考・菊池裕生・羽渕一代・苫米地伸［編］『若者たちのコミュニケーション・サバイバル——親密さのゆくえ』恒星社厚生閣，pp. 3-16.

エリオット, A. & アーリ, J.（2016）．遠藤英樹［監訳］『モバイル・ライブズ——「移動」が社会を変える』ミネルヴァ書房（Elliott, A., & Urry, J.（2010）．*Mobile Lives*, Routledge.）

岡田朋之（2002）．「情報教育における携帯電話の利用について」『IT・Education——フォーラム「情報教育」』14, 1-5.

ギデンズ, A.（2005）．秋吉美都・安藤太郎・筒井淳也［訳］『モダニティと自己アイデンティティ——後期近代における自己と社会』ハーベスト社（Giddens, A.（1991）．*Modernity and Self-Identity: Self and Society in the Late Modern Age*, Stanford University Press.）

阪口祐介（2016）．「若者におけるメディアと生活の相互関係の変容——2002年と2012年の時点間比較」藤村正之・浅野智彦・羽渕一代［編］『現代若者の幸福——不安感社会を生きる』恒星社厚生閣，pp. 169-190.

角田隆一（2016）．「コミュニケーションをつくる映像文化」長谷正人［編］『映像文化の社会学』有斐閣，pp. 99-117.

土井隆義（2008）．『友だち地獄——「空気を読む」世代のサバイバル』筑摩書房

羽渕一代（2008）．「高速化する再帰性」松田美佐・岡部大介・伊藤瑞子［編］『ケータイのある風景——テクノロジーの日常化を考える』北大路書房，pp. 121-139.

二方龍紀（近刊）．「若者はSNSのまなざしの先に何を見ているのか——偶発性の中の再帰的ライフスタイル」浅野智彦・辻泉［編］『リフレクシブ・ライブズ——青少年研究会調査にみる「曲がり角」の時代の若者たち（仮）』勁草書房

ボイド, D.（2014）．野中モモ［訳］『つながりっぱなしの日常を生きる——ソーシャルメディアが若者にもたらしたもの』草思社（Boyd, D.（2014）．*It's Complicated: The Social Lives of Networked Teens*, Yale University Press.）

宮崎駿（2010）．「特集iPad　ぼくには、鉛筆と紙があればいい」『熱風——スタジオジブリの好奇心』No.91（2010年7月号）スタジオジブリ，21-24.

ライアン, D.（2019）．田畑暁生［訳］『監視文化の誕生——社会に監視される時代から、ひとびとが進んで監視する時代へ』青土社（Lyon, D.（2018）．*The Culture of Surveillance: Watching as a Way of Life*, Polity Press.）

第 5 章

ヴィジュアルコミュニケーションの現在

「スマホ写真」と自己意識の関係を探る

木村 絵里子

1 スマートフォンと写真

　2024 年 8 月、ふだんは、ほとんどインスタ (Instagram) の「サブアカにいる」というある女子大学生。自撮りの写真は、不特定多数に公開している「本アカ」ではなく、鍵付きの「サブアカ」にしかアップしないという。ノーマルカメラで写した自分の顔は「すっぴん」のように思っているが、こうした写真は、集合写真か成人式のようなハレの日のときぐらいにしか撮らない。そのため、スマートフォンのアルバムのなかには「すっぴん」の写真がほとんどない。アプリの Beautycam で撮った写真に、snow と meitu で「追い加工」を施して完成させる。そして、インスタにアップして、写真イメージを起点とするヴィジュアルコミュニケーションを楽しんでいる。

　専門的に写真技術を学んでいない人びとが日常的に撮る「ヴァナキュラー写真」のなかでもスマートフォンのカメラによって撮影される個人的な写真のことを、一眼レフなどで撮影され、高度な知識や技術を要する芸術写真やグラフィックデザインの様式にしたがうデザイン写真とは区別するために、ここでは「スマートフォン写真（スマホ写真）」と呼んでおこう。なお、このスマホ写真は、自撮りやアプリによる加工も含んでいる（第 3 節第 1 項で詳述）。

　ソーシャルメディアやデジタルメディアの普及という情報環境の変化は、コミュニケーションのあり方の変化を通して、人びとの自己の成り立ちにも少なからず影響を与えると考えられている（浅野 2014）。他者の世界のなかでいかに自分自身でありうるのかという自己についての新しい文化において、デジタルテクノロジーがよりいっそう重要になってきたという指摘もある（エリオット 2022）。こうしたなかで、自己と「スマートフォン写真」によるヴィジュアルコミュニケーションは、いかなる結びつきを見せるのだろうか。

　本章では、2020 年に青少年研究会が全国の大学生を対象にして実施した質問紙

調査のデータを用いて（調査概要は序章を参照）、スマートフォン写真によるヴィジュアルコミュニケーションがどのような文化であるのかを探索してみたい。

2 日常写真と自己の関係

　近年、カメラ機能が搭載されたスマートフォンやソーシャルメディアの普及によってはじめて写真や動画などのヴィジュアルコミュニケーションが活発になった……という言い方がなされることがある。しかし、興味深いことに日本社会において日常的に写真が撮られ、コミュニケーションのために用いられるようになったのは、スマートフォンやソーシャルメディアが登場する前のことだった。

　たとえば、1993 年に『流行観測アクロス』は、「写ルンです」などのレンズ付きフィルムを持ち歩き、カメラを取り出すことで起こる反応やできごとをおもしろがり、「ふだんの私たち」を撮る「女子高校生」たちの「写真の新しい楽しみ方」に注目している（アクロス編集室 1994）。アクロスが実施したアンケート調査によれば、半数以上が平均 7.6 枚の写真を手帳に入れて持ち歩き、写真を身近な友人に見せたり、あるいは学校外に広がる友人に同じ学校の友人のことを説明するために見せたりするのだという。

　1995 年に登場した「プリクラ」（プリント倶楽部）もまた、「私たち」を写すメディアとして用いられた。プリクラは友人同士で交換され、プリクラ手帳に貼られることで流通・拡散していく。こうすることで「私たちの関係」が可視化され、承認されることによって「より友達っぽくみえる」、「友達になる」（傍点引用元）というように、プリクラは人間関係の維持や構築、ひいては現実そのものの構築のためのコミュニケーションツールとなる（角田 2016：112）。2000 年に「持ち歩くプリクラ」をコンセプトに開発されたのがカメラ付き携帯電話の「写メール」であり（島原 2016：184）、カメラ付き携帯電話で撮られた写真は、かつての「過去」だけではなく、「いま」「ここ」という「現在」を共有するメディアとなった（富田 2004：146）。

　その後登場したブログサービスや、mixi（ミクシィ）、旧 Twitter（現 X）、Instagram などのソーシャルメディアで写真の共有を通じて行われるコミュニケーションも、これらと地続きである。テクノロジーやアーキテクチャは当然大きく異なるにせよ、日常のできごとを写し、ヴィジュアルイメージに基づくコミュニケーションを行なっているという点において、フィルム付きカメラで撮られたフィルム写真やプリクラ、写メールなどは、「スマートフォン写真」の前身に位置づけうる。

　こうした日常写真の歴史は「セルフポートレート」、あるいは現在でいうところの

「自撮り」の歴史でもある。レンズ付きフィルムは、左手で持ちながらレンズを自分自身の方へ向け、そのまま左手の人差し指でシャッターを押せば自撮り写真ができあがる。カメラマンのいないプリクラも、やはり自撮り写真である。久保友香（2021）が指摘するように、「女の子」のコミュニティで共有される「盛り」と呼ばれる自己イメージでは、ヘアメイクや化粧、つけまつげやカラーコンタクトなどを駆使し、さらにプリクラのストロボの光学効果や加工機能を用いて「自分らしさ」が表現される。そしてプリクラは、ソーシャルメディアなどのインターネット上で公開されるが、久保はこれらをあわせて「シンデレラテクノロジー」と呼ぶ（久保 2019：40）。

写真は、自分自身の過去、現在、そして未来の姿を熟考させる道具であり、写真と自己アイデンティティの構築の間に強い関係があることについてはロラン・バルトも指摘するところである（Barthes 1981）。現代社会では、さらにこうした関係にInstagramなどのソーシャルメディアが結びつき、さまざまな他者にシェアされる。角田隆一（2019）は、一般の人びとが各個人自らのために実践する「パーソナルな写真文化」と自己の関係について、再帰的自己論の観点から考察を行なっている。状況や文脈に応じてそのつど自分自身を自ら再帰的に維持していくことが求められる「再帰的自己」のプロジェクトにおいて、写真というメディアが自己の構築＝維持のための有力なツールとして積極的に用いられてきた（角田 2016）。しかし、A. ギデンズの再帰的自己は、言語性に強く依拠した「認知的再帰性」に基づく「物語的自己」であるものの、近年のInstagram文化では、言語性が弱められ、美的・表現的な性格が前景にせり出ており、S. ラッシュ（2018）の「美的再帰性」のほうに重きが置かれた自己のあり方が確認されるようになっているのではないかと指摘している（角田 2019）。

ところで、先の久保の考察や本章でも後述するように、写真による自己表現やそれによるコミュニケーションが主に女性によって行われているのはなぜだろうか。エイミー・シールズ・ドブソンは、ポストフェミニズムの観点からソーシャルメディアが女性の自己表現とアイデンティティ形成にどのように影響を与えるかに焦点を当てている（Dobson 2015）。ドブソンによる「自己表象」（Self-Representation）は、デジタルメディアとソーシャルメディアにおいて、個人が自己を演出し、提示しながら、それがどのように個人のアイデンティティの構築と社会的な認識に影響を与えるのかを考察するものである。日常的な相互行為のなかで実践される、アーヴィング・ゴフマン（1974）の「自己呈示」よりも、「自己表象」は、メディアを用いてより意識的により再帰的に行われるという。ドブソンが着目するのは、女性の性的な自己表象についてであるが、それ以外のイメージとしてはどのような特徴が確認

されるだろうか。

　日本社会では、映像やそれを用いたソーシャルメディアの分析は、テキストベースのソーシャルメディアの分析に比べて大きく立ち遅れている。とりわけ実証的な研究が十分に進められてきたとはいえない。そこで本章では、質問紙調査データを用いてまずはスマートフォン写真実践の実態を把握し、スマホ写真を実践する人々がどのような特徴を有しているのか、とりわけ自己意識に着目しながら検証を行う。

3 「スマートフォン写真」の実践

3-1　スマートフォン利用

　最初に、大学生がふだんスマートフォンを利用してどのようなことを行なっているのかを確認しよう。本調査でスマートフォン利用に関して設定した項目（複数回答）を表5-1に示した。まずスマートフォンを使っていない者の割合は、わずか0.1％（1人）であり、ほぼすべての大学生がスマートフォンを利用している。利用内容としては、動画の視聴（オンライン授業を除く）と音楽の聴取が8割台、情報検

表5-1　スマートフォンで行なっていること （2020年、N=1059）

	%
動画の視聴	86.5
音楽の聴取	85.2
検索エンジンでの情報検索	73.1
音声のみの通話	72.2
SNSへの投稿	69.7
メッセージの送受信	59.1
ニュースの閲覧	59.0
ゲーム	53.3
（自撮り以外の）写真撮影	49.9
Eメールの送受信	49.5
雑誌・マンガ・書籍の閲覧	39.7
オンライン授業の視聴	37.3
ビデオ通話	29.9
アプリによる写真加工	29.0
自撮り	20.7
その他	3.4
スマートフォンは使っていない	0.1

表 5-2 スマートフォン写真得点の記述統計量

度数	最小値	最大値	平均値	標準偏差
1057	−0.891	1.893	0.000	1.000

索、音声のみの通話が7割台であり、SNSへの投稿、メッセージの送受信（LINE以外）、ニュースの閲覧、ゲームが過半数に達している。本章で取り上げるスマートフォンによる写真実践は、自撮り以外の写真撮影が49.9%、自撮りが20.7%、アプリによる写真加工が29.0%となっている。写真撮影は、約半数の者が行なっているが、自撮りや加工の利用率は大学生全体からみればそれほど高いわけではない。ちなみに、2002年に青少年研究会が大都市在住の16〜29歳の若者を対象にした調査では、日頃「写真やプリクラを撮る」かをたずねており、「よくする」と「ときどきする」を合計した生徒・学生の回答率は、54.5%（全体では50.8%）だった（N = 459、本項目は2002年時点のみ）[1]。おそらく、近年では日常的に写真を撮る頻度が高くなり、共有される写真の枚数自体は増えているのだろうが、日常的に写真を撮る者の割合には、大きな変化はないようである。

　以下では、スマートフォンによる写真実践に関する項目を尺度化したうえで分析を進めたい。スマートフォンによる写真撮影、自撮り、加工の3項目の信頼性分析を行なったところ、クロンバックのα係数は0.711であった。これらの主成分分析（一因子、寄与率63.8%）で得た因子を「スマートフォン写真（スマホ写真）得点」として設定した。表5-2は、スマートフォン写真得点の記述統計量である。ちなみに、スマートフォンによる写真撮影と自撮りの2項目に限ると、クロンバックのα係数は0.551と低くなる。このことからも、スマートフォンのカメラで写真を撮影する者は、自撮りも行い、そして写真は撮られたままの状態ではなく、アプリを用いてメイクや身体イメージ、背景などの加工が施されていると推察される。

3-2 スマートフォン写真とソーシャルメディア利用

　では、スマートフォン写真は、具体的にどのソーシャルメディアで公開・シェアされるのだろうか。スマートフォン写真得点とソーシャルメディア利用の関連について確認する。大学生のソーシャルメディアの利用率は、旧 Twitter（現 X：以下、X）84.8%、Instagram 84.5%、TikTok 27.1%、Facebook 17.4%、その他 1.8%、ソーシャルメディアは利用していない5.3%である（MA, N = 1057）。ただし大学生のソー

---

[1] 調査概要については、浅野編（2006）を参照のこと。

シャルメディア利用の特徴としては、いずれかのソーシャルメディアを単独で利用しているというのはごく少数であり、同時に複数のソーシャルメディアを利用するという使われ方が多数派を占めている（木村 2023a）。利用しているソーシャルメディアの組み合わせの上位三つは、X と Instagram が 40.0% と最も多く、次いで X と Instagram、TikTok が 18.4%、X と Instagram と Facebook が 9.7% である。また、本調査ではこれらのソーシャルメディアのなかで最もよく利用するものについてもたずねている（SA）。最もよく利用するソーシャルメディアの割合は、Instagram 52.1%、X 45.3%、TikTok 1.9%、Facebook 0.3%、その他 0.3%である（N = 907）。

　本章では、先のソーシャルメディアの組み合わせの上位二つと、最もよく利用する Instagram、最もよく利用する X におけるスマートフォン写真得点の平均値の差を検証する（表5-3）。まず X と Instagram のみの併用では、スマートフォン写真得点の平均値の差は見られなかった。X と Instagram、TikTok の併用では、これらを併用しているほうがスマートフォン得点の平均値が 0.311、有意に高かった。さらにソーシャルメディアのなかで Instagram を最もよく利用するというほうが非利用と比べてスマートフォン得点の平均値の差が 0.267 で有意に高く、X を最もよく利用するという方が非利用と比べてスマートフォン得点の平均値の差が -0.215 で、有意に低かった。ただし、X と Instagram のみの併用では、関連が見られなかったように Instagram を利用しているからといって必ずしもスマートフォン写真を撮っているというわけではないようである。それは、Instagram 上のヴィジュアルイメージを閲覧するだけの層が一定数いるからだと考えられる（三浦・天笠 2019, 木村 2023a）。それぞれのソーシャルメディアは、当然のことながら利用者全員が同じ目的によって利用するわけではなく、目的は利用者によって大きく異なるからなのだろう。

表 5-3　ソーシャルメディア利用におけるスマートフォン写真得点の平均値（t 検定）

		度数	平均値	標準偏差	検定
X・Instagram 併用	使用	423	-0.005	0.957	n.s.
	非使用	633	0.004	1.029	
X・Instagram・TikTok 併用	使用	195	0.254	1.075	***
	非使用	861	-0.057	0.974	
Instagram を最もよく使用	あてはまる	473	0.194	1.040	***
	あてはまらない	433	-0.073	0.968	
X を最もよく使用	あてはまる	410	-0.051	0.978	**
	あてはまらない	496	0.164	1.035	

** : p < 0.01、*** : p < 0.001（表 5-4 も同じ）

表 5-4　写真イメージの様式・ソーシャルメディア利用の方法における
スマートフォン写真得点の平均値の差（t 検定）

		度数	平均値	標準偏差	検定
「インスタ映え」投稿	あり	540	0.371	1.050	***
	なし	511	-0.391	0.771	
「盛り」投稿	あり	319	0.719	1.045	***
	なし	732	-0.312	0.799	
「匂わせ」投稿	あり	167	0.517	1.109	***
	なし	884	-0.097	0.948	
日記のような意味合い	あてはまる	404	0.344	1.090	***
	あてはまらない	651	-0.214	0.875	
本当の自分ではない	あてはまる	217	0.076	1.058	n.s.
	あてはまらない	839	-0.019	0.984	
鍵アカ	あり	889	0.084	1.016	***
	なし	162	-0.456	0.759	
複数アカ	あり	790	0.126	1.023	***
	なし	261	-0.378	0.818	

　次にソーシャルメディアのより具体的な利用のされ方との関連も確認しておきたい（表5-4）。近年に流行した、ソーシャルメディアに投稿されるスマートフォン写真のイメージの社会的様式に関する「いわゆる「インスタ映え」を意識した写真を投稿したことがある」（51.3％）、「「盛り（自分の顔をより良く見せること）」を意識した写真を投稿したことがある」（30.3％）、「「匂わせ（間接的に恋人の存在をアピールすること）」を投稿したことがある」（15.9％）である。周知のように「インスタ映え」は、Instagramに投稿される写真に多く見られる様式であり、経験率は過半数に達している。「盛り」は、顔などの自己イメージをヘアメイクや加工アプリを用いてよりよく見せる様式のことであり（久保 2019）、経験率は3割程度となっている。「匂わせ」は、問いの文言にある通り、恋人の存在を直接的にではなく間接的なかたちで写真に写すという様式であるが、割合としてはそれほど高くない。

　「映え」では 0.762、「盛り」では 1.031、「匂わせ」では 0.613 の差で、投稿経験におけるスマートフォン写真得点の平均値がこれらを撮らない者に比べて有意に高い（表5-4）。もちろん、これらがスマートフォン写真のすべての様式であるというわけではない。だが、「映え」「盛り」「匂わせ」という写真イメージの社会的様式とスマートフォン写真の結びつきはかなり強いことがわかる。これらのなかでは「盛り」の差が最も大きい。スマートフォン写真では「インスタ映え」のような特定の

表 5-5　ソーシャルメディアの位置づけ

	よくある	ときどきある	あまりない	全くない	N
日記のような意味合いで投稿	15.0	23.4	24.0	37.7	1056
SNS 上の自分は，本当の自分ではない	4.0	16.6	43.3	36.1	1057

場所、あるいは「匂わせ」のような特定の誰かの写真も撮られているが、「盛り」という、主に「顔」のイメージが最もよく撮影されているといえる。

続けてソーシャルメディアの位置づけや認識に関連する項目との関連も確認する。まずソーシャルメディアを「日記のような意味合いで SNS に投稿する」と、「SNS の自分は、本当の自分ではないと思う」との関連を確認する。これらの項目の単純集計を表 5-5 に示した。「よくある」と「ときどきある」を合わせた肯定回答率は、「日記のような意味合いで投稿」が 38.4％、「本当の自分でない」が 20.5％である。これらにおけるスマートフォン写真得点の平均値は、これらがない者に比べて「日記のような意味合いで投稿」のみ 0.558 有意に高く、「本当の自分でない」では有意差がなかった（表 5-4）。スマホ写真は、自撮りや加工によって演出が施されるが、それは必ずしも「本当の自分ではない」虚構の世界を作り出しているというわけではないようである。ここから、映像のリアリティ感覚の変容が示唆される。たとえば「盛り」にこだわる「日本の女の子たち」にとっての「自分らしさ」とは、「生まれ持ったナチュラルなものではなく、メイクやファッションによって作るアーティフィシャル」なものである（久保 2021：31）。ふだんメイクをすることが「本当の自分ではない」と認識されているわけではないように、スマホ写真やソーシャルメディアなどの情報空間のなかで自己表象される、自撮りや加工によって操作・演出される自己イメージも「本当の自分」なのである。と同時に、スマホ写真とソーシャルメディアが公開された日記のような意味合いと結びついているのならば、写真は、古くからある記憶そして想起としての役割を現在でも担っている。

ソーシャルメディアの利用方法を確認しておくと、アカウントに鍵をかけて（非公開にして）いるのが 84.6％、複数のアカウントを作成し使い分けているが 75.2％となっている（N＝1052）。これらのスマートフォン写真得点の平均値では、鍵アカでは 0.540、複数アカでは 0.505、これらがない者に比べて有意に高くなっている。さまざまな情報は、併用している複数のソーシャルメディアから、さらに複数のアカウントごとにその内容に応じて取り込まれ、発信する情報もそれに応じて使い分けられている。日常的に撮影される個人のスマートフォン写真は、必ずしも不特定多数の

人に向けて公開されるわけではない。プライベートな写真を公開する Instagram のアカウントでは、鍵をかけて自分にとって重要な他者や、内輪の特定多数の人向けにのみに発信したり、各投稿先の公開範囲を限定させたりという「選択的コミュニケーション」が行われ、閉じられた情報空間が作られている（木村 2023b）[2]。

4 スマートフォン写真を規定する自己の意識

4-1 スマートフォン写真を撮る者の属性と関連する自己意識

では、こうしたスマートフォン写真を実践する者の特徴とはいかなるものなのだろうか。表 5-6 にスマートフォン写真得点と基本的属性の関連を示した。男性よりも女性のほうが 0.688、大学所在地[3] が東京以外よりも東京のほうが 0.263、入試偏差値では高偏差値のほうが 0.247、父学歴が非大卒より大卒のほうが 0.142、スマートフォン写真得点の平均値が有意に高くなっている。

次に、スマートフォン写真と自己意識に関する項目との関連について検討したい。自己意識については、スマートフォン写真実践にみられる自分らしさや自己イメージの構築は、自らに対する反省・内省的なまなざしや実践などの「認知的再帰性」によって達成されるのではなく、美的・視覚的なイメージの自己表象に向けられ達成されるようになっているのではないかという仮説を立てることができる。以上のような自己意識に関わると考えられる項目の単純集計を表 5-7 に示した[4]。

さらに、これらの項目に潜在していると考えられるものを整理するために因子分析を行なった。その結果、二つの因子を取り出すことができた（表 5-8）。第一因子は、「今日は当たり前であることが明日もそうだとは限らない」の負荷量が最も高く、「自分のふるまいが正しいかをふりかえることがある」など、反省・内省的で認知的再帰性と関連する「認知的再帰性因子」とした。第二因子は、「自分の外見が変われ

---

2) 本調査の質問項目の構造上、必ずしも Instagram のアカウントに鍵をかけているかを問うものではない。だが、青少年研究会が 2022 年に行なった全国の若者を対象にした調査では直接たずねており、その調査データによれば、ソーシャルメディアのなかでインスタを最もよく利用する者（51.1％）のうち、実に 68.5％がインスタに鍵をかけて利用した経験がある（N = 1370）。調査概要は、青少年研究会の HP（http://jysg.jp/research.html）を参照のこと。
3) 大学所在地については、大都市／非大都市という区分では有意差が見られなかった。表 5-9 の重回帰分析の際も同様である。
4) 本調査の自己意識に関する他の項目については、第 1 章（牧野担当）あるいは青少年研究会 HP を参照のこと。

表 5-6　スマートフォン写真得点と属性別の平均値（t 検定）

		度数	平均値	標準偏差	検定
性別	女性	664	0.240	1.032	***
	男性	370	-0.448	0.757	
学年	1年生	225	-0.106	0.993	n.s.
	2年生	475	0.061	1.007	
	3年生	242	0.000	1.013	
	4年生	104	-0.021	0.960	
大学所在地	東京	342	0.179	1.066	***
	東京以外	714	-0.084	0.956	
入試偏差値	高偏差値	541	0.123	1.024	***
	低偏差値	513	-0.124	0.960	
母学歴	大卒	288	0.069	1.013	n.s.
	非大卒	765	-0.026	0.994	
父学歴	大卒	593	0.064	1.017	*
	非大卒	457	-0.078	0.973	
文化資本得点	高	520	0.044	1.019	n.s.
	低	532	-0.041	0.979	
暮らし向き	苦しい	138	0.066	1.020	n.s.
	ふつう	436	0.042	1.003	
	余裕がある	478	-0.056	0.989	

＊：$p < 0.05$、＊＊：$p < 0.01$、＊＊＊：$p < 0.001$

ば人生が変わると思う」の負荷量が最も高く、また、「ファッションは、自分らしさを表現するアイテムだ」も含むため、美的・視覚的要素に関わる「イメージ的再帰性因子」とした。この「イメージ的再帰性因子」にある「なりたい自分になるために努力することが大切だ」の「なりたい自分」は、他の項目から推察すると、とりわけ外見などの視覚的要素に深く関連するものであるのだろう。なりたい自分になるための努力やファッションなどの外見によって自己表現を行い、周囲からの評価によって人生も変わり得ると考えられている。

4-2　スマートフォン写真の規定要因

　次に、他の変数を統制した上でどの変数が影響を持っているのかを確認するために、スマートフォン写真得点を従属変数とした重回帰分析を行なった。独立変数と

表 5-7 自己意識に関する項目 (%)

	そう思う	やや そう思う	あまりそう 思わない	そう 思わない
ファッションは、自分らしさを表現するアイテムだ	25.8	43.5	20.2	10.4
なりたい自分になるために努力することが大切だ	42.6	48.4	7.5	1.4
自分の外見が変われば、人生も変わると思う	49.9	34.8	12.4	2.9
自分のふるまい方が正しいかどうかをふりかえることがある	56.7	38.7	3.9	0.7
今日は当たり前であることが明日もそうだとは限らないと感じる	38.0	43.1	15.5	3.4
大切なことを決めるときに、自分の中に複数の基準があって困ることがある	36.6	43.3	16.4	3.7

※下の三つの項目の質問紙の選択肢は、よくある、まったくない、あまりない、ときどきあるである。

表 5-8 自己意識項目の因子分析

	因子	
	認知的 再帰性	イメージ的 再帰性
今日は当たり前であることが明日もそうだとは限らないと感じる	0.605	
大切なことを決めるときに、自分の中に複数の基準があって困ることがある	0.537	
自分のふるまい方が正しいかどうかをふりかえることがある	0.531	
自分の外見が変われば、人生も変わると思う		0.568
なりたい自分になるために努力することが大切だ		0.486
ファッションは、自分らしさを表現するアイテムだ		0.483

※因子抽出法：最尤法、回転法：プロマックス

しては、性別（女性ダミー）、学年、大学所在地（東京ダミー）、入試偏差値、母学歴（母親大卒ダミー）、父学歴（父親大卒ダミー）[5]、文化資本得点[6]、暮らし向き[7]（モデル1）に加えて、先の認知的再帰性と美的再帰性（モデル2）である。

　モデル1の重回帰分析の結果（次頁、表5-9の左側）、女性で、東京にある大学に通っ

---

[5] 父母の学歴は、最終学歴が大卒・大学院卒を「1」、それ以外を「0」に割り当てたダミー変数である。

[6] 文化資本は、「子どもの頃、家族の誰かがあなたに本を読んでくれた」「子どもの頃、家でクラシック音楽のレコードをきいたり、家族とクラシック音楽のコンサートに行った」「子どもの頃、家族につれられて美術展や博物館に行った」「子どもの頃、家族と歌舞伎や能などの伝統芸能を見に行った」の4項目を用いた。これら4項目のクロンバックのα係数は0.651であり、因子分析（最小二乗法、1因子、寄与率49.0%）で得た因子を文化資本得点とした。

[7] 暮らし向きについては「1. 苦しい」「2. やや苦しい」「3. ふつう」「4. やや余裕がある」「5. 余裕がある」の5件法でたずねており、逆転させて投入した。

表 5-9　スマートフォン写真を従属変数とした重回帰分析の結果

	B	S.E.	β		B	S.E.	β	
(定数)	-0.680	0.267			-0.661	0.264		
女性ダミー	0.668	0.062	0.319	***	0.620	0.062	0.296	***
学年	-0.011	0.034	-0.009		0.003	0.033	0.003	
東京ダミー	0.168	0.075	0.079	*	0.181	0.074	0.085	*
入試偏差値	0.007	0.005	0.049		0.006	0.005	0.046	
母大卒ダミー	0.048	0.071	0.021		0.056	0.070	0.025	
父大卒ダミー	0.068	0.065	0.033		0.074	0.064	0.037	
文化資本得点	0.016	0.031	0.016		-0.005	0.031	-0.005	
暮らし向き	-0.054	0.030	-0.056	†	-0.056	0.030	-0.057	†
認知的再帰性					0.045	0.046	0.035	
イメージ的再帰性					0.193	0.049	0.142	***
調整済み R 2 乗		0.120				0.145		
有意確率		***				***		
N		1018				1011		

※ VIF < 2

†：$p < 0.1$、*：$p < 0.05$、**：$p < 0.01$、***：$p < 0.001$

ており、暮らし向きが苦しいほど、スマートフォン写真の得点が高いことがわかる。とりわけ女性ダミーの標準化回帰係数（β）の値が大きく関連が最も強い。日常的に写真を撮るという行為は、90 年代と同様に現在でも女性に特徴的なものだといえる。そして、大学所在地の東京の効果について、筆者は第 3 節第 2 項で取り上げたスマートフォン写真の社会的様式である「インスタ映え」の対象となる場所は「ネットワークシティ」（田中 2017）としての都市部に集積していると論じたことがある（木村 2023b）。「インスタ映えスポット」のポピュラーなものとして、イオンモールなどとは異なる独特な審美的な様相を呈するショッピングモールや外資系高級ホテルのような、日常の延長にある非日常なラグジュアリー空間を取り扱ったが、こうしたラグジュアリー空間もやはり東京に集積している。スマートフォン写真は、都市のなかでも東京に住んでいたり、東京の大学に通っていたりすることと関連が見られるようだ。また、三浦・天笠（2019）によれば、ソーシャルメディアで自分を露出するタイプの人は上流意識を持ち、閲覧するタイプの人は、下流意識を持っているという。だが、大学生のスマートフォン写真得点においては、暮らし向きは苦しいという結果となった。

　モデル 2（表 5-9 の右側）は、自己意識に関する認知的再帰性因子とイメージ的再

表 5-10　美容実践におけるスマートフォン写真得点の平均値の差 (t 検定)

		度数	平均値	標準偏差	検定
体型管理	あり	706	0.087	1.007	***
	なし	343	-0.178	0.958	
美容整形	あり	61	0.294	1.127	*
	なし	989	-0.018	0.988	
高級ブランド品購入	あり	340	0.163	1.091	***
	なし	711	-0.080	0.941	

帰性因子の二つを導入したモデルである。先の属性に見られた特徴はこのモデルでも、多少の標準化回帰係数（β）の値の増減はあるものの、ほぼ変化がない。自己意識については、イメージ的再帰性因子のみ正の効果が確認された。スマートフォン写真というヴィジュアルイメージに関わる実践であることから、イメージ的再帰性因子の効果が見られたことは、何ら不思議な結果ではない。しかし、注目すべきは、もうひとつの認知的再帰性因子との関連が全く見られなかったことだろう。このことから、スマートフォン写真の実践とは、自分自身や自分のふるまいを言語的に反省・内省するという営みではなく、自己イメージそのものが（イメージ的再帰性因子を構成する項目の文言にもあるように）人生を変えるほどのものとして自己と未分化の状態にあるような、美的・表現的な視覚性がせり出た営みであるといえる。

　ここで、スマートフォン写真の実践と身体加工やファッションなどの美容実践項目との関連も確認しておこう（表5-10）。体型管理の経験がある者が0.265、美容整形（美容外科手術）経験者が0.312、高級ブランド品購入経験者が0.243、これらがない者と比べてスマートフォン写真得点が有意に高くなっている。スマートフォン写真の自己イメージを操作・演出する者は、リアルの日常的な美容実践に対しても積極的であることがわかる。

⑤ スマートフォン写真と視覚的自己

　本章では、スマートフォン写真によるヴィジュアルコミュニケーションがどのような文化であるのかを探索するために、スマートフォン写真とソーシャルメディアがいかなる形で結びついているのかを検討し、スマートフォン写真を撮る人びとがどのような特徴を有しているのかについて、とりわけ自己意識に着目しながら考察を行なってきた。

まず専門的に写真技術を学んでいない人びとが日常的に撮るヴァナキュラー写真のなかでもスマートフォンのカメラによって撮影される個人的な写真について、自撮り以外の写真撮影、自撮り、アプリによる写真加工を合わせて「スマートフォン写真」得点として設定した。スマートフォン写真は、Instagramのようなヴィジュアルコミュニケーションのプラットフォームや、「インスタ映え」「盛り」「匂わせ」という写真イメージの社会的様式との関連があり、とりわけ、自分や友人の「顔」のイメージと結びつく「盛り」との関連が強かった。「映え」や「盛り」においては、加工アプリなどの「写真の美化術」（アーリ & ラースン 2014：263）によって演出され理想化されたイメージが形作られる。しかしながら、それは必ずしも「本当の自分ではない」虚構の世界を作り出しているというわけではなく、自撮りや加工によって演出された自己イメージも「本当の自分」なのである。ここから映像のリアリティ感覚の変容が示唆された。写真を撮られるということには、「私が思う自分」、「他者に思ってほしい自分」、「写真家が思う自分」、「写真家が自身の芸術を展示するさいに利用する自分」という四つの異なる次元がある（Barthes 1981：13）。撮影者が自分でない場合、これらが一致することはほとんどないという。だが、自撮りや自分自身で加工アプリを用いて操作・演出が施された自己表象であるスマートフォン写真では、まさに「私が思う自分」と「他者に思ってほしい自分」を自分の思う通りに（完全とはいえないものの）一致させることができるのである。

　スマートフォン写真における自己に関する規定要因としては、認知的再帰性の効果はなく、イメージ的再帰性因子のみの効果が見られた。残念ながら調査データが存在しないため、「以前にあった認知的再帰性の効果がなくなった」と断言できるわけではない。しかし、現在においては、スマートフォン写真とそれをネットワーク化するソーシャルメディアの結びつきによって自己へのイメージ的再帰性のはたらきが加速していると考えられる。スマホ写真は、とくに関連の強かったソーシャルメディアであるInstagramにおいて共有され、思い出として保存されている。

　Instagramの日本語版がリリースされたのは2014年であり、直後は「おしゃれ」な有名人が「自分の姿、仕事風景やオフの日」を写真で公開するようになり、それをファン目線で眺めるという行為がInstagramの楽しみ方となった（ばるほら 2018：48）。ただし、すぐに「眺める」ものから、自らも「投稿する」ものへと変化し、ファッションや装いに限らず、訪れたカフェやレストラン、風景、インテリア、友人と遊んだ時の写真などの「ライフスタイルの総体としての自己表現」（渡辺 2021：115）が行われるようになった。すなわち、Instagramは文化的媒介の場であると同時に、自らの

表現や演出を披露する舞台としても機能する（木村 2023b）。写真は、ふつう、写真そのものによってではなく、いわばキャプションが添えられることではじめて意味が確定するが、しかし、Instagram に投稿される写真に添えられるコメント（キャプション）は、多くの場合、紋切り型の短文で内容も薄く、強い主張やメッセージが込められているというわけではない。ハッシュタグも、テキストではあるのだが、あるイメージを手繰り寄せるためのものである。イメージが言葉によってではなく、イメージそのものによって媒介されている。スマートフォン写真とそれを表現する舞台が結びつくなかで、ここにおける自己は、言語・思考媒介的な認知的再帰性と異なる位相として、イメージによって枠組みづけがなされ、映像的にまなざされた「視覚的自己」とでも呼び得るものになっているといえるのではないだろうか。自己イメージの多様性と量的拡大、そしてこれらを表現・共有・拡散するためのプラットフォームの存在——これらは、第 2 節で連続性について言及した 90 年代の「私たち」の日常を写した写真とスマートフォン写真の大きく異なるところである。

　そして、スマートフォン写真の規定要因として着目すべきところは、女性の効果である。90 年代から現在に至るまで、日常写真を利用したコミュニケーションの担い手の中心は女性だった。第 1 節で取り上げたドブソンは、ソーシャルメディアなどのプラットフォームが女性たちの新しいエンパワーメントの場になると同時に、従来の性別役割や権力構造が再生産される場になっているとも指摘する（Dobson 2015）。日本社会における「盛り」や「映え」などの操作・演出・呈示という、女性たちの自己イメージに関する写真の様式では、いかなる影響が確認できるだろうか。こうした写真の様式は、女性の視覚イメージがこれまで対象化され商品化されてきたことといかに関わるのだろうか。女性たちが今日の映像的リアリティをどのように生きているのかということの考察を深めていく必要があるだろう[8]。

【付記】
本章は、JSPS 科研費 19H00606、19K02107 の助成を受けた研究成果の一部である。

---

8) 日本社会において外来の写真が普及し始めてからまもなく、たとえば「美人写真」と呼ばれるジャンルが成立したように写真と（被写体としての）女性の結びつきは強かった（木村 2020）。しかし、こうした近代の位相と現代の「デジタルメディア社会」の位相は、当然のことながら大きく異なる。ここには、情報技術の変化のみならず、文化の「パーソナル化」（長谷 2014）という歴史的変化が介在している。以前は多くをマス・メディアに独占されていた文化の民主化過程を支える人びとの欲望を明らかにすることは急務である。今後の課題としたい。

【文　　献】

アーリ, J., & ラースン, J.（2014）．加太宏邦［訳］『観光のまなざし［増補改訂版］』法政大学出版局
アクロス編集室［編］（1994）．「新しい写真コミュニケーションは女子高校生が確立した？」『ヘタウマ世代――長体ヘタウマ文字と 90 年代若者論』PARCO 出版，pp. 182-191.
浅野智彦［編］（2006）．『検証・若者の変貌――失われた 10 年の後に』勁草書房
浅野智彦（2014）．「SNS は「私」を変えるか」松田美佐・土橋臣吾・辻泉［編］『ケータイの 2000 年代――成熟するモバイル社会』東京大学出版会，pp. 117-148.
エリオット, A.（2022）．遠藤英樹・須藤廣・高岡文章・濱野健［訳］『デジタル革命の社会学――AI がもたらす日常世界のユートピアとディストピア』明石書店
木村絵里子（2020）．「〈外見〉の発見と日本近代――「美人」の写真を「見る」ことの社会的様式に着目して」時安邦治［編］『日本近代再考（学習院女子大学グローバルスタディーズ④）』白澤社，pp. 123-152.
木村絵里子（2023a）．「大学生のソーシャルメディア利用の規定要因――Twitter、Instagram、TikTok に着目して」『メディア研究』102, 21-40.
木村絵里子（2023b）．「メディア化された都市の経験と女性文化――雑誌メディアから Instagram へ」大貫恵佳・木村絵里子・田中大介・塚田修一・中西泰子［編著］『ガールズ・アーバン・スタディーズ――「女子」たちの遊ぶ・つながる・生き抜く』法律文化社，pp. 85-100.
久保友香（2019）．『「盛り」の誕生――女の子とテクノロジーが生んだ日本の美意識』太田出版
久保友香（2021）．「加工された自己イメージの「自分らしさ」」『現代思想』49(1), 128-135.
ゴフマン, A.（1974）．石黒毅［訳］『行為と演技――日常生活における自己呈示』誠信書房
田中大介［編著］（2017）．『ネットワークシティ――現代インフラの社会学』北樹出版
角田隆一（2016）．「コミュニケーションをつくる映像文化」長谷正人［編］『映像文化の社会学』有斐閣，pp. 99-117.
角田隆一（2019）．「映像文化にみる「再帰的自己」の現代社会論的考察」『公益財団法人横浜学術教育振興財団平成 30 年度助成研究等報告書』，pp. 25-28.
富田英典（2004）．「写真感覚の変容――プリクラからデジカメ付き携帯電話へ」『木野評論（特集：いま、カメラが見つめる先）』35, 138-146.
鳥原学（2016）．『写真のなかの「わたし」――ポートレイトの歴史を読む』筑摩書房
長谷正人（2014）．「映像文化の三つの位相――見ること、撮ること、撮られること」井上俊［編］『現代文化を学ぶ人のために［全訂新版］』世界思想社，pp. 114-128.
ばるぼら（2018）．「日本のインスタグラム観測記録――2010→2018」マノヴィッチ, L.［著］久保田晃弘・きりとりめでる［編訳］『インスタグラムと現代視覚文化論――レフ・マノヴィッチのカルチュラル・アナリティクスをめぐって』BNN 新社，pp. 38-49.
マノヴィッチ, L.（2018）久保田晃弘・きりとりめでる［編訳］（2018）．『インスタグラムと現代視角文化論――レフ・マノヴィッチのカルチュラル・アナリティクスをめぐって』BNN 新社
三浦展・天笠邦一（2019）．『露出する女子、覗き見る女子――SNS とアプリに現れる新階層』筑摩書房，pp. 19-120.
ラッシュ, S., & アーリ, J.（2018）．安達智史・中西眞知子・清水一彦・川崎賢一・藤間公太・笹島秀晃・鳥越信吾［訳］『フローと再帰性の社会学――記号と空間の経済』晃洋書房
渡辺明日香（2021）．「ファッションと Instagram」田中東子［編著］『ガールズ・メディア・スタディーズ』北樹出版，pp. 99-117.
Barthes, R.（1981）. Haward, R.（trans.）*Camera Lucida: Reflections on Photography*, Hill and Wang.
Dobson, A. S.（2015）. *Postfeminist Digital Cultures: Feminity, Social Media and Self-representation*, Palgrave Macmillan.

第 6 章

趣味は自己の安定性に影響を与えるか

自己の安定性・不確かさと好きな音楽ジャンルの関係を探る

木島由晶

1 再帰的ライフスタイルと趣味

1-1 趣味を偽装する時代

　バブル期のころに「レジャーランド」とからかわれた大学生活も今は昔、近年の大学生は資格に課題にインターンシップにと、余裕のない日々を送っている。とはいえ、社会人になると盆と正月を除けばまとまった休日を取りにくくなるから、それと比べれば大学生は今でも相対的に自由な時間を過ごしているだろう。

　その意味で大学時代というのは、何をしてもよい時期である。そこにはむろん何もしない選択も含まれるが、いわゆる「生活の重荷」や各種の社会的な拘束に縛られにくいぶん、興味をそそられる対象が見つかったなら、自発的にのめり込んでいきやすい。この点で大学の4年間は、人生のなかで趣味を深められる絶好の時期に違いない。

　しかしそうはいっても、実際に自分の趣味を持ち、育むことは意外とむずかしい。たとえば『AERA』の2017年7月31日号には、趣味をめぐる現代人の苦悩が特集されている。無趣味であることが恥ずかしく、趣味を持たねばならないプレッシャーを感じる「趣味圧」、好きでもないものを趣味であるかのようにふるまう「趣味偽装」、周囲に共感される「オモテ趣味」と人には言えない「ウラ趣味」の使い分けなど、E・ゴフマンが聞けば小躍りしそうな事例ばかりである（石田ほか2017：10-29）。

　しかし考えてみればおかしな話だ。趣味とは元来、自由な時間に行う余暇活動のことではなかったか。であれば、趣味の有無やセンスの良し悪しを気にする必要はないはずだ。それなのに、私的な活動の極みというべき趣味においても他人の目線が気になるのはなぜなのか。

1-2　不確かさに覆われた社会

　この疑問は近代化論、とくに A・ギデンズの理論的な洞察に引きつけると、次のように説明できる。

　ギデンズによると、現代の社会は再帰性が徹底している。序章でも見たように、再帰性とは「社会の実際の営みが、まさしくその営みに関して新たに得た情報によってつねに吟味、改善され、その結果、その営み自体の特質を本質的に変えていく」(ギデンズ 1993：55)ことを指す。たとえば、SNS で「忙しい」とつぶやいた自分に、「暇やん」と自分でツッコミを入れて遊びに行なってしまうような行動は、個人のレベルにおける再帰的なふるまいとみなせよう。

　そのため、再帰性を支える基本的な精神とは、本当かどうかを疑う態度、つまり懐疑(doubt)である(ギデンズ 2005：3)。それは科学のような、権威を付与された支配的な知ですらも例外ではなく、すべてが相対化され、単なる仮説以上のものではないとみなされていく。こうして私たちは、不確実性によって全体が覆われた社会を生きている。

　もちろん、あらゆるものに懐疑の目線が向けられるこの社会においては、自己のあり方を指示してくれる基準も存在しない。というより、絶対的な根拠がないからこそ、人は周囲から情報をそのつど収集して、たえず自分を更新していくことを余儀なくされる。「モダニティは個人を複雑多様な選択に直面させ、さらにそれは根拠づけられていないゆえに、どの選択肢を選ぶかについては、ほとんど助けてくれない」(ギデンズ 2005：89)のである。

　とすれば、趣味を「偽装」したり「ウラ」の趣味を隠したりするのも、趣味自体に懐疑的な視線が向けられるためと考えられる。再帰性の高い社会では、自分の趣味が他人にどう映るのかをモニタリングしがちになり、無邪気に趣味を楽しみにくいのかもしれない。

1-3　趣味は存在論的不安を緩和させるか

　さて、以上のように解釈すると、現代社会は何ものをも信じきることのできない、不安に満ちたディストピアのようにも思えてくる。けれどもギデンズの診断は楽観的であり(名部 2018：273-274)、過去と比べて現代社会に不安が増えたとは考えない(ギデンズ 2005：35)。

　なぜか。私たちはふだん、自己や世界の存在に疑問を抱かずにいられる心的状態、つまり存在論的安心(ontological security)の感覚を維持している。前近代社会におけ

る存在論的安心の主な供給源は、地域共同体や宗教によって制度的に支えられた伝統だった。近代化はそうした伝統の役割を奪うが、しかしかわりに台頭してきた各種のインフラや安定した人間関係がいつも通りに反復されることで、今日の社会でも存在論的安心は供給されるとギデンズはいう（澤井 2016：145-151）。

要は、再帰的なライフスタイルに翻弄される人とされない人がいるわけだ。そこで考えたいのが趣味の効能、つまり、どのような趣味が自己の安定性を高め、存在論的不安を和らげるのかという疑問である。ただし趣味といっても、本章で検討できるのは、コンテンツとして親しまれているポピュラー文化のそのまた一部、音楽ジャンルの好み（taste）にすぎない。これをH・J・ガンズにならい、あるタイプの音楽に対して好みを同じくする人びと、つまり趣味層（taste publics）の一員とみなして（Gans 1999：7）分析を試みたい。

[2] 若者の趣味をめぐる計量調査研究

2-1 フラット化して見える趣味

そこで本節では、音楽鑑賞のような趣味が日本でどのように研究されてきたのかを概観しよう。

まず、社会学的な近代化論の観点からみると、1990年代の半ば頃から目立ちはじめた文化変容の特徴は、趣味のフラット化と表現しうる。遠藤知巳によれば、検索エンジンの普及と精度の向上は、人びとの情報へのアクセスを容易にする一方、時間をかけて深い知識を獲得する価値を相対的におびやかす。同様に、手に入れたい情報をピンポイントで手に入れられる環境は、知識の体系性やジャンルの境界性への信頼にゆらぎを生む。このようにして、あらゆる情報に「いくらでも浅く触ることができるが、どこまでいっても浅くしかふれない［…］のっぺりした意味空間」が社会を覆うようになった状態を、遠藤は「フラット・カルチャー」と表現した（遠藤 2010：15-19）。

一方、小籔明生と山田真茂留は、趣味の序列や深みといった差異が見えにくくなったのは、文化の雑食化（オムニボア化）が進行しているからだと主張している。小籔・山田によると、今日の社会では、対抗文化であったはずのロックが制度化することでその装いを失い、ハイカルチャーであったはずのクラシックが社会に浸透するにつれて敷居を下げるといった「ハイ＝ポピュラー分節の希薄化」が進んでおり、このことがオーディエンスの側では文化的雑食化として表れている（小籔・山田

2013：541）。また文化的雑食化については、片岡栄美が複数の調査でその傾向を確認しているが、片岡は「ジャンプ漫画」のような大衆文化が誰もが楽しむ共通文化となることによって、（東大生が漫画を読むといったかたちで）文化の象徴的境界の存在を隠ぺいする機能を果たしている点に注意をうながしている（片岡 2000：215）。

2-2　全体集約的／自律的な趣味

　以上の研究は、趣味の違いがなくなったのではなく、見えにくくなったと主張している。その意味ではむしろ、趣味の違いは依然として存在しているわけだが、その違いを浮き彫りにしたのが北田暁大らの共同研究である（北田・解体研 2017）。北田らは、練馬区の若者を対象に行なった調査をもとに、P・ブルデューのいう卓越化のメカニズムが働きやすい趣味と、働きにくい趣味があることを明らかにした。前者を象徴するのが音楽鑑賞、後者を象徴するのがアニメの視聴である（北田 2017：91–116）。

　まず音楽鑑賞は、他の趣味と比べると、特徴がない点で特徴的とされる。つまりそれは男女の差がなく、全体の 3/4 以上の人が選択している点で、きわめてありふれた趣味である。また、とくに趣味がない人でも趣味にしやすい気軽さを持つ一方で、最も大切な趣味として選ぶ人も 1 割以上いる点で、「浅い人」から「深い人」までを丸ごと包括する趣味といえる。こうした特徴を北田は「全体性集約型趣味」と呼び、趣味の文化を総体的に把握しやすく、卓越化の論理が当てはまりやすいと解釈する。

　反対にアニメの視聴は、漫画やゲームと合わせて選ばれやすく、インドア派の傾向を持つなど、それ自体が個性的な特徴を持つ「自律的趣味」であるため、「音楽が好き」と口にするよりは趣味の参入障壁が高く、友人関係の形成に役立ちやすいと考えられる。しかし他方で、今日のアニメ鑑賞には知識を競うような教養主義的な兆候は確認されない。むしろ物語や世界観からキャラクターが切り離されて消費される「データベース消費」（東 2001：78）の傾向を持つため、卓越化のゲームが働きにくいと考えられる（北田 2017：113）。

2-3　フラット化と卓越化のはざまで

　北田らの研究が示した傾向は、別の経験的なデータからも確認されている。南田勝也は、「音楽に関わりの強い若者ほど、(1) 音楽の情報を資源としていることが再確認され、(2) 音楽に直接的な意味づけをしながら、(3)「聴く人を選ぶ」音楽（マ

イナー、洋楽、ロックやDJ系やクラシックなどのジャンル）を好む傾向にある」ことを2002年の調査から明らかにした（南田 2006：66-67）。また木島由晶は、2002年と2012年の調査の比較を通じて、若者がこの10年で自分の感情を管理するツールとして音楽を活用する傾向を強めるとともに、音楽への関心の有無で好まれるジャンルに明確な違いがみられることを明らかにした（木島 2016：63-65）。

他方で辻泉は、「自分にはオタクっぽいところがあると思う」という質問に「そう思う」と回答する人の割合は、1990年には1割強に留まっていたが、2005年以降は急増し、調査を行なった杉並区・松山市のいずれにおいても5割を超えていることを示した（辻ほか 2017：129）。また大倉韻は全国調査のデータをもとに、アニメ・コミック・ゲームを趣味とする人の割合や消費行動に地域差がみられないこと、つまり今日のオタク系文化が都市部を中心とせず、全国に点在していることを明らかにした（大倉 2021：28）。こうした傾向を指して浅野智彦は、1980年代には「コミュニケーション不全で孤独」とみなされていたオタクのイメージが、今日では「ごく普通の人びと」に変化したと指摘している（浅野 2019：67）。

以上の研究から推察できるのは次のことである。すなわち、オタク系の趣味と比べると、音楽の場合は特定のジャンルを好むことが卓越化の感覚につながりやすい。ならば、自己の安定性や肯定感を高めやすいジャンルがあると予想できる。また、音楽が「全体集約型」の趣味である一因は、いつでもどこでも気軽に聴けるからだろう。移動中はもとより、風呂やトイレ、または仕事や勉強、家事といった日常のさまざまな局面で「ながら」視聴が可能であり[1]、「習慣に組み込まれているルーティーン」（ギデンズ 2005：90）としての性質が強いぶん、音楽聴取は自己の安定性を高め、存在論的不安を緩和するライフスタイルとなりうる。しかし、この予想が今日の大学生にとってどのくらい当てはまるのかは判然としない。そこでこの予想を検討するために、次節では分析で用いる変数について説明を加えたい。

3 音楽の好みと自己の安定性

3-1 大学生の音楽の好み

先に独立変数から説明しよう。これに用いるのは、好きな音楽ジャンルである。

---

[1] 小川博司は音楽が日常の多彩な活動と並行して聴取される特徴について考察している（小川 1988：107）。

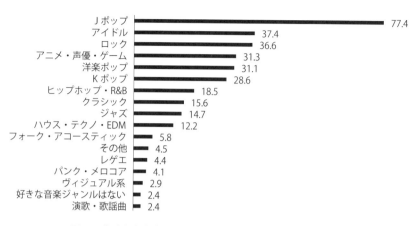

図 6-1　好きな音楽ジャンルについての単純集計結果（複数回答）

　今回の調査では、15 のジャンルから好きなものをいくつでも選んでもらう形式を採用した。図 6-1 には単純集計の結果を示している（以下、断りのない限りすべての図表の単位は％）。J ポップ（77.4％）を好む割合が飛び抜けているのは、これが日本の流行歌を包括する概念として機能しているからだろう（南田 2019：55）。

　この回答分布は、私たちが 2012 年に行なった若者調査（15-29 歳を対象）と基本的に似た結果を示している。ただし 1 点、異なる傾向も確認される。それはアイドルと K ポップの割合が高いことだ。つまり大学生調査では、アイドルは J ポップに次いで多くの人に好まれている（37.4％）。またロック（36.6％）、アニメ・声優・ゲーム（31.3％）、洋楽ポップ（31.1％）と並んで、K ポップ（28.6％）の人気も相対的に高い。だが 2012 年の調査では、アイドルと K ポップが好まれる割合は 10％台後半にすぎず、目立つ傾向を示していなかった（木島 2016：52）。

　では、この差をどう解釈すべきか。むろんそこには 2020 年という調査時点の影響も考えられる[2]。しかしそれでも、若者全般と比較した場合、大学生（というより 10 代の女子）がアイドル的なグループを好みやすいことに疑いを差しはさむ必要はないだろう。なお、性別とのクロス集計を行うと、男女の差が最も大きく表れたのもアイドルと K ポップであり、男性のなかでアイドルを好む割合が 23.8％であるのに対し、女性のなかでそれを好む割合は 45.7％、男性のなかで K ポップを好む

---

[2] 大学生調査が行われた 2020 年秋は、国民的人気を誇るジャニーズグループの嵐が年末の解散を間近に控えており、また K ポップを代表するグループである BTS が初の全編英語詞の楽曲「Dynamite」を発表して、翌 2021 年にはグラミー賞にノミネートされるほどの勢いをみせていた。

割合が11.9%であるのに対し、女性のなかでそれを好む割合は37.8%だった[3]。

ともあれ、近年興味深いのは、特定の音楽を好むというより「推し」が好きといった感覚、つまり属作品的ではない属人的な好みが目立っていることだ。これが大学生に特有の傾向か、広い年齢層にも当てはまるのかについては、今後の詳細な分析を必要とするだろう。

3-2 自己の安定性と不確かさ

従属変数は自己意識である。今回の分析には、自己の安定性や存在論的不安に関する質問項目を用いる。

表6-1に示したように、「自己肯定感」「自己受容感」「自分らしさ意識」と名づけた三つは、自分が自分であることに安心感をいだくかどうかを確認する項目に位置づけられる。対して「自己喪失感」「判断不能感」「能力不安」と名づけた三つは、自己の判断や能力に不安をいだくかどうかを確認する項目に位置づけられる。

図6-2には、六つの質問の回答結果を示している（左から順に、積極肯定＞肯定＞否定＞積極否定の割合を表す）。これを見ると、大学生に特有なのは自己肯定感と能力不安の割合がともに高い点にある。すなわち、「今の自分が好きですか。それとも嫌いですか」という質問に「大好き」「おおむね好き」と回答する割合が63.5%と半数を超える点で、今の大学生は高い自己肯定感を持つ。しかし他方で、

表6-1 自己意識に関する類型と質問項目

類型	ラベル	質問文	選択肢
自己の安定性	自己肯定感	「あなたは今の自分が好きですか。それとも嫌いですか」	「1. 大嫌い」「2. やや嫌い」「3. おおむね好き」「4. 大好き」
	自己受容感	「今のままの自分でいいと思う」	「1. そう思わない」「2. あまりそう思わない」「3. ややそう思う」「4. そう思う」
	自分らしさ意識	「自分には自分らしさがあると思う」	「1. そう思わない」「2. あまりそう思わない」「3. ややそう思う」「4. そう思う」
自己の不確かさ	自己喪失感	「自分がどんな人間かわからなくなることがある」	「1. そう思わない」「2. あまりそう思わない」「3. ややそう思う」「4. そう思う」
	判断不能感	「大切なことを決めるときに、自分の中に複数の基準があって困ることがある」	「1. まったくない」「2. あまりない」「3. ときどきある」「4. よくある」
	能力不安	「これからの社会で生きていくために必要とされる力が、自分にあるかどうか不安になる」	「1. まったくない」「2. あまりない」「3. ときどきある」「4. よくある」

---

[3] 大学生を対象にしたものではないが、同時期に行なった別の調査でも、性差と音楽ジャンルの関係は顕著に表れていて、男性がロック系を、女性がアイドル系を好む傾向が確認できる（木島 2021：96）。

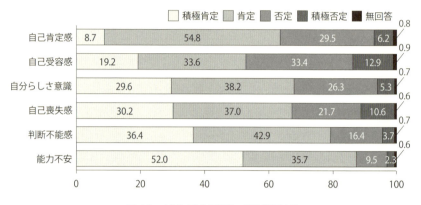

図 6-2　自己に関する意識の単純集計結果

「自分がどんな人間かわからなくなる」「大切なことを決めるときに、自分の中に複数の基準があって困ることがある」という質問に「そう思う」と回答した割合も 3 割を超えており、「これからの社会で生きていくために必要とされる力が、自分にあるかどうか不安になる」にいたっては、「よくある」と回答した割合が半数を超える（52.0％）。ここには、社会的な責任を免除されている状況で、自分に何ができるかわからないという大学生の不安定な立場が表れているように思われる。

3-3　その他の変数と結果の予想について

次節では、15 の音楽ジャンルを独立変数、六つの自己意識を従属変数とした重回帰分析の結果を示す[4]。その際、その他の統制変数として、性別（男子学生ダミー）、年齢、暮らし向き[5]、父学歴（父大卒ダミー）、母学歴（母大卒ダミー）、文化資本得点[6]、大学所在地（所在地都市ダミー）、入学難易度を分析に投入する。表 6-2 にはすべての記述統計量をまとめている。

4）変数ごとに算出した VIF はすべて 1.5 未満であり、多重共線性の問題は発生していないと思われる。

5）「1. 苦しい」「2. やや苦しい」「3. ふつう」「4. やや余裕がある」「5. 余裕がある」の 5 件法で尋ねている。

6）「子どもの頃、家族の誰かがあなたに本を読んでくれた」「子どもの頃、家でクラシック音楽のレコードをきいたり、家族とクラシック音楽のコンサートに行った」「子どもの頃、家族につれられて美術展や博物館に行った」「子どもの頃、家族と歌舞伎や能などの伝統芸能を見に行った」の四つの項目について主成分分析を行い、その第一成分を文化資本得点として用いる（寄与率は 49.0％）。なお、この四つの項目について因子分析を行なった結果、抽出された因子は一つで、クロンバックの α 係数は .651 であった。

表 6-2 記述統計量

		平均	標準偏差	最小値	最大値
従属変数	自己に関する意識				
	自己肯定感	2.33	.724	1	4
	自己受容感	2.41	.943	1	4
	自分らしさ意識	2.07	.878	1	4
	自己喪失感	2.13	.965	1	4
	判断不能感	3.38	.752	1	4
	能力不安	3.21	.786	1	4
独立変数	音楽ジャンル				
	ロック	0.37	.483	0	1
	パンク・メロコア	0.04	.198	0	1
	ヴィジュアル系	0.03	.169	0	1
	Jポップ	0.77	.419	0	1
	洋楽ポップ	0.31	.463	0	1
	Kポップ	0.29	.452	0	1
	アイドル	0.37	.484	0	1
	ヒップホップ・R&B	0.19	.388	0	1
	レゲエ	0.04	.204	0	1
	ハウス・テクノ・EDM	0.12	.328	0	1
	演歌・歌謡曲	0.02	.152	0	1
	フォーク・アコースティック	0.06	.234	0	1
	クラシック	0.16	.364	0	1
	ジャズ	0.15	.354	0	1
	アニメ・声優・ゲーム	0.31	.464	0	1
その他の変数	性別	0.358	.479	0	1
	年齢	19.96	1.133	18	25
	暮らし向き	3.53	1.023	1	5
	父学歴	0.56	.496	0	1
	母学歴	0.27	.446	0	1
	文化資本得点	0.00	.997	-2.05	2.58
	大学所在地	0.798	.401	0	1
	入学難易度	53.88	7.371	30	65

n = 1059

　結果については、洋楽ポップ、Kポップ、ヒップホップ・R&B、ジャズ、ハウス・テクノ・EDM、レゲエ、パンク・メロコアが自己の安定性に影響を与えることが予想される。一口に言えば、洋楽の影響の強いジャンルということだが、これらは2012年に青少年研究会が行なった若者調査のなかで、音楽に関心のある人が有意に好むジャンル（木島2016：65）を、大学生調査のジャンル概念に当てはめて推察したものである。

4 趣味はどのような効果を持つのか

4-1 自己の安定性への影響

表 6-3 には、音楽の好みが自己の安定性に与える影響を分析した重回帰分析の結果を示している。統制変数のほうから検討しよう。すぐに確認できるのは、暮らし向きと文化資本が自己肯定感、自己受容感、自分らしさ意識のすべてに正の効果を与えていることだ。つまり経済的に余裕があり、親から文化的に豊かな経験を味わった人ほど自己の安定性が高い。また、父の学歴が自己肯定感、自己受容感に負の効果を与えている。これは解釈が難しいが、父の学歴が低いほど、子の学力についてうるさいことを言わず、自尊心を傷つけにくいと考えられるだろうか。さらに、

表 6-3　自己の安定性をめぐる意識の規定要因

変数	自己肯定感 B	β		自己受容感 B	β		自分らしさ意識 B	β	
(定数)	2.404			2.359			3.302		
年齢	-.008	-.013		.022	.027		.003	.004	
性別	.026	.017		.132	.068	†	.085	.047	
暮らし向き	.080	.114	**	.101	.111	**	.048	.056	†
父学歴	-.115	-.079	*	-.150	-.079	*	-.111	-.062	
母学歴	-.041	-.026		-.123	-.059		-.013	-.007	
文化資本	.046	.063	†	.101	.107	**	.147	.165	***
大学所在地	.016	.009		.072	.031		.015	.007	
入学難易度	.000	.003		-.004	-.030		-.010	-.084	
音楽ジャンル（基準：Jポップ）									
ロック	-.086	-.058	†	-.049	-.025		-.137	-.075	*
パンク・メロコア	.400	.111	**	.380	.080	*	.336	.076	
ヴィジュアル系	.178	.041		.145	.025		.297	.055	
洋楽ポップ	.050	.032		.058	.028		.129	.067	*
Kポップ	-.032	-.020		.000	.000		-.097	-.050	
アイドル	-.009	-.006		-.039	-.020		-.041	-.023	
ヒップホップ・R&B	.211	.113	**	.134	.055		.143	.062	†
レゲエ	.264	.075	*	.150	.033		.190	.044	
ハウス・テクノ・EDM	-.185	-.085	*	-.074	-.026		-.048	-.018	
演歌・歌謡曲	-.040	-.008		.052	.008		.003	.000	
フォーク・アコースティック	-.064	-.020		-.256	-.061	†	.127	.032	
クラシック	-.049	-.025		-.145	-.056		-.129	-.053	
ジャズ	.149	.073	*	.248	.093	*	.177	.071	†
アニメ・声優・ゲーム	.004	.003		.009	.004		-.062	-.033	
調整済み R^2	.050***			.049***			.064***		
N	976			975			978		

†：p < 0.1、*：p < 0.05、**：p < 0.01、***：p < 0.001

性別が自己受容感に負の効果をもたらしている。女性のほうが、ありのままの自分を受け入れやすいということである。

つづいて、音楽ジャンルの影響を確認しよう。ここで注目に値するのがパンク・メロコアとジャズであり、自己肯定感、自己受容感、自分らしさ意識のすべてに正の効果を与えている。おおまかに判断して、これらは自己の安定性を支える好みといえそうだ。また、ヒップホップ・R&B が自己肯定感と自分らしさ意識に正の効果を、レゲエが自己肯定感に正の効果を与えている。これらが大学生にとってポジティブなメッセージ性を持つジャンルと認識されていることがわかる。さらに、洋楽ポップが自分らしさ意識に正の効果を持っており、邦楽を中心に聴かれやすい大学生の音楽聴取のなかで、洋楽を聴くことが少数派の個性として認識されていることをうかがわせる。

負の効果を示すジャンルにも注目しよう。まず、ハウス・テクノ・EDM が自己肯定感に、フォーク・アコースティックが自己受容感に負の効果を与えている。つまり、クラブ系の音楽を好む人ほど自己愛の感覚に乏しく、フォーク系の音楽を好む人ほど今の自分に疑問を感じやすい。興味深いのは、ロックが自己肯定感と自分らしさ意識に負の効果を与えていることだ。つまり、今日の大学生にとってロックを好むことは、自己愛や自分らしさの感覚につながってはいないのである。これはロックの歴史を知る人間にとっては驚くべきことではないだろうか。

4-2 自己の不確かさへの影響

そのことについて考察する前に、もう一つの分析結果も確認しておこう。表 6-4 には、音楽の好みが自己の不確かさに与える影響を分析した重回帰分析の結果を示している。

統制変数から確認すると、性別が自己喪失感、判断不能感、能力不安のすべてに負の効果を与えていることがわかる。つまり女性のほうが、自分がどんな人間か、大切なことをどう判断すべきか、今後の社会生活をやっていけるかで悩みやすい。また、暮らし向きが能力不安に負の効果を与えている。経済的に余裕のない家庭で育った人のほうが、自分の能力に自信を持ちにくいことがわかる。さらに、文化資本が判断不能感に正の効果を与えている。親から受け継いだ豊かな文化経験が、かえって選択肢を増やし、判断を鈍らせるのだろうか。だとすればそれは、優柔不断というよりは思慮の深さを表しているだろう。

つづいて、音楽ジャンルの影響について、負の効果をもたらしている部分から確

表6-4 自己の不確かさをめぐる意識の規定要因

変数	自己喪失感 B	自己喪失感 β		判断不能感 B	判断不能感 β		能力不安 B	能力不安 β	
(定数)	2.893			3.373			3.505		
年齢	-.008	-.010		-.022	-.030		-.014	-.021	
性別	-.291	-.146	***	-.217	-.129	***	-.145	-.093	**
暮らし向き	-.048	-.051		.002	.003		-.048	-.066	*
父学歴	-.013	-.007		-.007	-.004		-.033	-.022	
母学歴	.013	.006		.032	.018		.072	.043	
文化資本	-.002	-.002		.047	.057	†	.007	.009	
大学所在地	-.055	-.023		-.057	-.028		-.056	-.030	
入学難易度	.005	.042		-.002	-.016		.003	.034	
音楽ジャンル(基準:Jポップ)									
ロック	.135	.068	*	.063	.037		-.010	-.006	
パンク・メロコア	-.300	-.062	†	-.047	-.011		-.234	-.062	†
ヴィジュアル系	.135	.023		.018	.004		-.159	-.035	
洋楽ポップ	.034	.016		.017	.010		-.026	-.016	
Kポップ	.032	.015		-.083	-.046		-.014	-.008	
アイドル	.113	.057	†	.008	.005		.041	.026	
ヒップホップ・R&B	-.179	-.072	*	-.174	-.082	*	-.216	-.111	**
レゲエ	-.011	-.002		.165	.042		.118	.032	
ハウス・テクノ・EDM	-.069	-.024		.059	.024		.085	.037	
演歌・歌謡曲	-.105	-.015		-.065	-.011		-.027	-.005	
フォーク・アコースティック	-.012	-.003		.297	0.82	*	.248	.074	*
クラシック	-.142	-.053		-.034	-.015		-.010	-.005	
ジャズ	.002	.001		.178	.077	*	.006	.003	
アニメ・声優・ゲーム	.018	.009		.000	.000		.058	.036	
調整済み R^2	.035***			.023**			.022		
N	979			977			978		

† : $p < 0.1$、* : $p < 0.05$、** : $p < 0.01$、*** : $p < 0.001$

認する。目立つのは、ヒップホップ・R&Bが自己喪失感、判断不能感、能力不安のすべてに負の効果を与えていることだ。つまり、この種の音楽を好む人は、うじうじと自分自身について思い悩む機会が少ない。また、似た傾向として、パンク・メロコアが自己喪失感と能力不安に負の効果をもたらしている。これらの音楽を好むことは、自己の意識に楽観的な効果を生むとみなしうる。

注意したいのは、正の効果をもたらしている部分である。ここでもフォーク・アコースティックが特徴的である。つまり、判断不能感と能力不安に正の効果を与えており、フォーク系の音楽は内省をうながすことがわかる。さらに興味深いのは、ロックとアイドルが自己喪失感に正の効果を与えている点である。ロックとアイド

表 6-5　分析結果のまとめ

	自己の安定性			自己の不確かさ		
	自己肯定感	自己受容感	自分らしさ意識	自己喪失感	判断不能感	能力不安
ロック	▲		●	○		
パンク・メロコア	○○	○	○	▲		▲
ヴィジュアル系						
洋楽ポップ			○			
Kポップ						
アイドル				△		
ヒップホップ・R&B	○○		△	●	●	●●
レゲエ	○					
ハウス・テクノ・EDM	●					
演歌・歌謡曲						
フォーク・アコースティック		▲			○	○
クラシック						
ジャズ	○	○	△		○	

※ ○は正の効果を、●は負の効果を表す（二つは1%有意、一つは5%有意）。△と▲は10%有意。

ルは「現場」、つまりライブハウスやコンサート会場で聴衆に元気を与えるジャンルの筆頭だろうが、これらを好む人ほど自分がどういう人間なのかを見失いやすいというのは、逆説的な結果であるようにも思われる。

　以上、本節では音楽の好みと自己の安定性の関連について検討した。これらの結果をまとめたものが表6-5である。次節では、今日の大学生にとってどうしてロックが自己の安定性を高めてくれないのか、その意味を中心に考えつつ、得られた知見の全体について考察を試みたい。

5　現代日本の大学生と音楽

5-1　分析結果から考えられること

　前節の結果を要約すると、自己の安定性につながる音楽の好みとして、ヒップホップ・R&B、パンク・メロコア、ジャズがあり、不確かさにつながる好みとして、フォーク・アコースティック、ロックがあることがわかった。これらは第3節で示した仮説をそれなりに支持していると思われるが、同時にいくつかの疑問も感じさ

せる。とくに大きな疑問は、同じロック系でも、パンク・メロコアが自己の安定性を高めるのに対して、ロックはなぜ高めないのかという点だろう[7]。

これについては、意味内容の変化が考えられる。すなわち、1980年代には「ロック／ポップス」にはそれぞれ「反抗的／大衆迎合的」という意味付与がなされており、2002年調査でも「ロックが今もなお"人を選ぶ音楽"であり、ポップスが"万人向け"であるというシンボリックな意味が機能してい」(南田 2006：66)た。ところが2012年調査では、Jポップと同様に「邦楽ロックも、今日の若者にとってはもはや「若者の反抗の象徴」といった意味合いを付与しにくくなっており、とくにコミットの浅い層には「バンドを組んでさえいれば何でもロック」といった包括的なジャンル概念として認識されてい」(木島 2016：66)る可能性が示唆された。つまり、ロックの意味内容がポップスに接近したことで、それを好むことによる卓越化の感覚も失われ[8]、自己の安定性にも貢献しなくなったのだが、パンクやメロコアにはそれがまだ残っているという解釈である。

仮にこの解釈が成り立つとすれば、かつてのロックが有していたはずの先鋭的で反抗的な印象は、今ではヒップホップやR&Bに移行しているという解釈も成り立つだろう。NHK放送世論研究所は、1981年に実施した調査の分析において、世代で異なる音楽の流行を氷山にたとえている(NHK放送世論研究所 1982)。それでいうと、1980年代の初頭に氷山の一番上で日にあたる最新の流行音楽はロックとニューミュージックだった。当時はこの氷山の下にフォークソング、映画音楽、演歌、日本民謡、浪曲などが沈殿していたが、今日では日本民謡や浪曲は伝統音楽の位置に移行している。ならば2020年代の音楽文化を氷山にたとえるとどうなるか。もはやロックは最も日のあたる流行音楽とは言いがたい。各種のチャートを見ればわかるように、代わりに先鋭的な流行音楽として台頭したのがヒップホップやR&Bであり、それらを好むことが自己の安定性につながると解釈しうる[9]。

---

[7] ロックとパンクは同じようなものだと思われるかもしれないが、社会的な機能は異なる。たとえば永井純一は、邦楽ロックを好むよりもパンク、ヴィジュアル系、ヘヴィメタルを好むほうが若者の友だちづくりに役立つことを明らかにしている(永井 2019：102)。なお、ジャンルごとの特性の違いについては、同じデータを用いた別の論稿でも検討しているので参照されたい(木島 2023)。

[8] これと同様の意味で、今回の大学生調査ではKポップも「ヒップホップの影響を受けた洋楽」といった意味よりは、「アイドル的なポップス」という意味で受容されている傾向が強いと推察される。

[9] むろん、この種の音楽が提供するメッセージ性が個人の内省をこばむ(自己の内面を問わない)という、より素直な解釈もありうるだろう。

さらに意味内容の変化という観点でいえば、クラシックが自己の安定性に影響しないのに対して、ジャズが効果をもたらすことの意味は次のように解釈できる。すなわち、小藪・山田（2013）が指摘したように、今日の大学生にとってクラシックはハイカルチャーの役割を果たしておらず、車の CM で流れる BGM 程度の認識なのかもしれないが、代わりに卓越化の感覚を与えているのがジャズであり、その傾向は音楽の定額配信サービスの浸透によって（つまり手軽に聴取されることで）、さらに加速する可能性があると考えられる。

5-2　残された課題

　最後に、今後の課題についてふれたい。課題の一つは、今回の結果が大学生に限ったものか、若者全般に当てはまるのかを明らかにすることである。

　そもそもライフコースの観点から見た場合、大学生は特異な存在である。吉川徹と狭間諒多朗が述べるように、高校までの日常生活というのは、「同じ制服を着て、定時に登校し、定められたカリキュラムで教育を受け、余暇活動や友人関係も同じ学校内にとどまりがち」な性質を持つため、「かれらを対象とした調査では、意識や行動のあり方を左右する社会的な要因（独立変数）は、大人を対象とした場合よりも大幅に少なくなってしまう」（吉川・狭間 2019：10-11）。

　しかしそれと比べれば、各自が別々の服を着て、登校する日時もさまざま、履修している授業も学生ごとに異なる大学生活は、はるかに自由度が高い。そして片岡栄美も述べるように、「大学生というのは、出身階層から一時的に切り離された状態の時期であるとともに、所属階層も未定である」ため、「とくに都心部の大学では出身階層の制約を離れて現代的な文化を獲得する場になっている可能性が高い」（片岡 2019：91-92）。つまり階層的な制約に縛られないぶん、今回の調査は独特な傾向を示している可能性がある。ともあれ今後は、より年齢層を広げた調査を行い、結果の違いを検証していく必要があろう。

　もう一つの課題は、好みを詳細に分析することである。今回の分析では、ある音楽に対して好みを同じくする人びとを趣味層とみなす古典的な手法を用いた。それは T・ベネットらが指摘するように、従来の研究が基本的に「高尚な文化」を中心に組み立てられてきたためである（ベネットほか 2017：148）。だからこそ、今回の分析ではポピュラーな音楽ジャンルの違いに照準したわけだが、しかし個々のジャンルを分析するだけでは不十分であることもまた事実である。じっさい、計量的手法を用いた文化社会学の研究では、それ以外の意識や行動との関連を探るために多重対

応分析 (MCA) を用いたり、好みの雑食性を測定したりする方法が洗練されている。それらについてはまたあらためて検討したい。

【文　　献】

浅野智彦（2019）．「「オタク」は孤独か？」友枝敏雄・山田真茂留・平野孝典［編著］『社会学で描く現代社会のスケッチ』みらい，pp. 63-71.
東浩紀（2001）．『動物化するポストモダン──オタクから見た日本社会』講談社
石田かおる・福井洋平・熊澤志保ほか（2017）．「大特集「趣味圧」が苦しい」『朝日新聞ウィークリーAERA』2017年7月31日号, 10-29.
NHK放送世論調査所［編］（1982）．『現代人と音楽』NHK出版
遠藤知巳（2010）．「フラット・カルチャーを考える」遠藤知巳［編］『フラット・カルチャー──現代日本の社会学』せりか書房，pp. 8-49.
大倉韻（2021）．「オタク文化は、現在でも都市のものなのか」木村絵里子・轡田竜蔵・牧野智和［編著］『場所から問う若者文化──ポストアーバン化時代の若者論』晃洋書房，pp. 24-44.
小川博司（1988）．『音楽する社会』勁草書房，pp. 99-116.
片岡栄美（2000）．「文化的寛容性と象徴的境界──現代の文化資本と階層再生産」今田高俊［編］『社会階層のポストモダン』（日本の階層システム 5）東京大学出版会，pp. 181-220.
片岡栄美（2019）．『趣味の社会学──文化・階層・ジェンダー』青弓社，pp. 45-93.
木島由晶（2016）．「Jポップの20年──自己へのツール化と音楽へのコミットメント」藤村正之・浅野智彦・羽渕一代［編］『現代若者の幸福──不安感社会を生きる』恒星社厚生閣，pp. 45-69.
木島由晶（2021）．「アイドルファンはライブに行くか──性差とライブゴアーの関連をめぐって」南田勝也・木島由晶・永井純一・平石貴士『JASPM COVID-19 RESEARCH PROJECTS 2020-2021──コロナ禍のライブをめぐる調査レポート［聴衆・観客編］』日本ポピュラー音楽学会，pp. 89-100.
木島由晶（2023）．「現代日本の大学生と音楽の好み──「大学生の生活と意識に関する調査」をもとに」『桃山学院大学社会学論集』56(2), 41-62.
北田暁大（2017）．「社会にとって「テイスト」とは何か──ブルデューの遺産をめぐる一考察」北田暁大・解体研［編著］『社会にとって趣味とは何か──文化社会学の方法基準』河出書房新社，pp. 45-127.
吉川徹・狭間諒多朗（2019）．「分断社会を生きる若者たち」吉川徹・狭間諒多朗［編］『分断社会と若者の今』大阪大学出版会，pp. 2-25.
ギデンズ, A.（1993）．松尾精文・小幡正敏［訳］『近代とはいかなる時代か？──モダニティの帰結』而立書房（Giddens, A. (1990). *The Consequences of Modernity*, Polity Press.）
ギデンズ, A.（2005）．秋吉美都・安藤太郎・筒井淳也［訳］『モダニティと自己アイデンティティ──後期近代における自己と社会』ハーベスト社（Giddens, A. (1991). *Modernity and self-identity: Self and Society in the Late Modern Age*, Polity Press.）
小藪明生・山田真茂留（2013）．「文化的雑食性の実相──ハイ＝ポピュラー間分節の稀薄化」『社会学評論』63(4), 536-551.
澤井敦（2016）．「「存在論的不安」再考──アンソニー・ギデンズの「不安の社会学」をめぐって」『法學研究──法律・政治・社会』89(2), 137-162.
辻泉・大倉韻・野村勇人（2017）．「若者文化は25年間でどう変わったか──「遠隔＝社会、対人性、個人性」三領域の視点からの「計量的モノグラフ」」『紀要社会学・社会情報学』27(268), 107-137.

永井純一 (2019).「Communication——音楽を介した友人関係」南田勝也・木島由晶・永井純一・小川博司［編著］『音楽化社会の現在——統計データで読むポピュラー音楽』新曜社, pp. 89-107.

名部圭一 (2018).「構造化理論再考——モダニティ論との連続性／断絶」『桃山学院大学社会学論集』51(2), 269-280.

ベネット, T., サヴィジ, M., シルヴァ, E., ワード, A., ガヨ＝カル, M., & ライト, D. (2017). 磯直樹・香川めい・森田次朗・知念渉・相澤真一［訳］『文化・階級・卓越化』青弓社 (Bennett, T., Savage, M., Silva, E., Gayo-Cal, M., Warde, A., & Wright, D. (2009). *Culture, Class, Distinction*, Routledge.)

南田勝也 (2006).「若者の音楽生活の現在」浅野智彦［編］『検証・若者の変貌——失われた10年の後に』勁草書房, pp. 37-72.

南田勝也 (2019).「Taste——現代人の音楽の好み」南田勝也・木島由晶・永井純一・小川博司［編著］『音楽化社会の現在——統計データで読むポピュラー音楽』新曜社, pp. 47-67.

Gans, H. J. (1999). *Popular Culture and High Culture: An Analysis and Evaluation of Taste*, Revised and Updated Edition, Basic Books.〔原著：1974年〕

第 7 章

ソーシャルスキル涵養と親の影響・趣味の影響

モバイルメディア利用とその課題

羽渕一代

1 モバイルメディア利用と社会関係

　2010 年以降、従来の携帯電話（以下、ケータイ）やモバイル PC を代替するかのように、スマートフォンやタブレットといった、タッチパネルを用いインターネットを利用したアプリケーションをより直観的に操作・活用しやすく設計されたモバイルメディアが急速に普及してきた。これに対し、米国の社会心理学者であり、インターネット研究の第一人者である S. タークルが発表したスマートフォン利用に関する研究成果は衝撃的なものであった[1]。それは、人間の共感能力と創造性の涵養に対してスマートフォンの利用が重大な影響を及ぼしているというものであり、彼女によれば米国の若者のコミュニケーション能力が下がっている理由はこのメディア利用のあり方にあるということであった（タークル 2017）。この頃、米国では目の前にいる人との会話に集中できないことや対面的な会話をつまらなく感じるといった若者たちの状況が報告され、教育業界などで問題視されている。この要因の一つに大人たちの家庭内でのモバイルメディアの利用があるという仮説をタークルは提唱した。

　具体的には、親子の会話の場面、とくに家族の食事や団らんにおいて（「仕事の用事だから」という理由で）大人が電話をしていたり、メールやチャットに気を取られていたりすることは、子どもたちのコミュニケーション能力に重大な影響がある、という仮説である。また彼女は、コミュニケーション能力とそれに関わる共感能力が人間の創造性とも関連しているため、モバイルメディアへの過度な集中が創

---

[1] タークルはこのような研究を行うまで、ICT 利用のポジティブな効果を実証してきた研究者であった。TED 会議で登壇した際、インターネット研究に強い影響をもたらした 1990 年代のタークルの研究成果やその学術分野での評価を本人が否定し ICT 利用のポジティブな効果のみならずネガティブな効果を主張するにいたったと述べている。

造性の欠如を招くと警鐘を鳴らしている。もしそうであるならば、芸術のみならず社会・文化・科学に影響を与えうるイノベーションに関わる重大な問題である。

　この仮説は、米国における豊富な質的調査に基づいて導出されている。目の前で会話している相手が電話で別の相手としゃべったり、メールやチャットを始めたりすると、つまらない気持ちになったり楽しくなくなったりするという経験は誰にでもある。タークルの仮説では、このような経験が子どもをスマートフォン依存へと向かわせているという。子どもが親に話しかけても、親がモバイルメディアの利用に夢中になって子どもとのコミュニケーションをおざなりにすることにより、子どもは親との対面的なコミュニケーションをあきらめ、親が夢中になっているメディアのほうに関心が向くというのである。子どももメディアを利用するうちに、対面の会話がつまらなく感じられるようになり、ここではないどこかで起こっていると感じられるメディアの向こう側の社会をサーチする欲求を抑えられなくなるのだという。目の前の人間よりも、ここではないどこかで起こっているはずの刺激的な出来事や情報を探しまわることを優先する態度は、日本の大学生においても多く観察される。これは古くからあるメディア効果論の仮説の一種として把握でき、①親の態度が子どものスマートフォン依存に影響するというものである。メディア利用の環境によって、その影響は異なるという限定効果仮説として分類できる。

　次にタークルは、対面的な会話が共感能力を涵養するという仮説を提唱している。先の仮説が検証されるならば、スマートフォン依存におちいることによってモバイルメディア利用の増加に伴う対面的な会話の総量が減少する。結果として②スマートフォン依存状況は人間の共感能力の涵養を妨げるということである。そしてスマートフォン依存状態の若者が多ければ、全体として人びとの共感能力が低減していくことが予想される。

　あらためて、共感能力とはどのような能力を指すのだろうか。「共感とは、自分が同じ空間にずっといると相手に理解させることであり、相手の感じていることを知りたいという気持ちをもっていること、つまり相手のような境遇だったら自分がどうするかというような上から目線で教えたいというような意識をもっているわけではないことを信じてもらえるまでずっとそこにとどまっているということ」だという（タークル 2017）。加えて、共感するためには時間と精神修養が必要だとも指摘している。対面的な相互行為で生ずる沈黙やいさかい、退屈に対する忍耐が必要となるのだ。これらの内容を総合するならば、しっかりと時間を確保して忍耐強く対面的相互行為ができることそのものが共感能力ということになる。共感能力はコミュ

ニケーションに必要な資質と考えられているため、人間関係形成の基盤であるともいえる。

　他方、初期のモバイルメディアであるケータイ利用に関する研究を確認するならば、人間関係に関する影響について定まった結論は得られていないことがわかる。そもそもケータイやスマートフォンなどはパーソナル・コミュニケーションの利便性を追究したメディアである。ケータイ利用者の性格が社交的であるという仮説はさまざまに検証されてきた。日本の初期の研究では、社交性の高い人がケータイを利用していることが報告されたり（岡田ほか 2000, 中村 2001, 辻・三上 2001, 橋元 2005）、米国の調査において外交性などの性格的な要素とは関連しないという報告もあったり（Katz & Aspden 1998：309）といった具合であった。近年のスマートフォンに関わる研究でも、恋愛交際が利用を増大させるなどの報告（Pourrazavi et al. 2014）があったり、日本に限ってみてもスマートフォンやソーシャルメディアの利用と社会関係や社会関係資本との関連／無関連を指摘する研究成果も続々と報告されている（辻 2014, 岩田 2014, 河井 2014, 阪口 2016, 石黒 2018）。

　モバイルメディアと人間関係については、例に挙げた主張以外にも多くの研究があり、それぞれにさまざまな議論と方向性の異なる結果を報告している。さらにモバイルメディアのみならず、インターネットを含むデジタルメディア全般の利用に関しても、利用形態がさまざまにあり人間関係やコミュニケーションに対して一概に特定の影響や傾向を示すわけではないようである。したがって二方（2006）が日本の若者を対象に分析したように、メディア利用と一口に言っても多様な形態を呈しており、関連して利用者の人間関係のありようも多種多様だといえる。

　本章においても、二方の指摘にならい、モバイルメディアの弾丸効果仮説に対して慎重にならなくてはならないと考えている。モバイルメディアに限らず、メディア利用が弾丸効果のような直接的な効果を及ぼすということはありえない。ただし効果論全般が否定されるわけではない。初期の効果論検証研究として有名なカッツとラザースフェルド（1965）のコミュニケーションの二段階の流れモデルに基づけば、メディア利用の影響は周囲のオピニオンリーダーを通じて与えられる。このようなモバイルメディアに関する限定効果仮説についてはいまだ十分に検証されてきたとはいえない。そして、ここで親が子にとってのオピニオンリーダー的な存在であるという立論は可能である。

　タークルが提唱するような、親のモバイルメディアに対する態度が、子どものスマートフォン依存や共感能力、ソーシャルスキル、人間関係に影響を及ぼすという

仮説を検証することには一定の意味がある。またメディア利用のみならず親の活動が子どものソーシャルスキルに影響するのかという問いも興味深い。社会心理学などの研究によれば、学齢期における友人関係など家庭外の人間関係によって個々人の行為や意識などが方向づけられるという知見もみられる。子どもの社会関係は家庭内だけではなく、学校内の活動や趣味活動などの影響も見逃せないことは確かである。そしてこの活動への入り口も親であることは想定しやすい。つまり親が子どもに対して家庭外の活動を促すかどうかに関わっているのではないかと思われる。

　本章で扱うデータには共感能力そのものを測った質問項目がない。一方で「他者に心があることを認知・理解し、他者との相互行為におけるコミュニケーション技術」というメンタライズ能力に近いソーシャルスキルは測っている。共感能力とメンタライズ能力が異なるものとして扱われていることは承知であるが、タークルが提唱するような共感能力が涵養可能なのであれば、まずは他者に心があることを認知・理解しなければならないだろうし、コミュニケーションの技術がなければならないだろう。メンタライズ能力のような人間関係の技術は共感能力の重要な部分を支えているという可能性もまだ捨てきれない。そこでここでは、ソーシャルスキル項目を分析していきたい。とくに現代大学生のスマートフォン依存が子どもの頃の親の態度と関連するといえるのかどうか検証し、子どものソーシャルスキルの涵養／阻害に何が影響しているのか議論してみたい。扱うデータは2020年に青少年研究会が行なった大学生調査による（序章参照）。

2　メディア依存とは

　次に依存症とは何か確認しておきたい。厚生労働省は、「日々の生活や健康、大切な人間関係や仕事などに悪影響を及ぼしているにも関わらず、特定の物質や行動をやめたくてもやめられない（コントロールできない）状態」と定義している。さらに依存症にはアルコールやニコチン、薬物などに関連する物質依存症とギャンブルなどの行動や習慣に関連する行動嗜癖があるとしている。

　メディア依存症というのは、メディア利用――ゲームやSNS、スマートフォンの利用――や習慣に関連した行動嗜癖ということになる。ゲームで疲労困ぱいするほど遊んでしまうことや、勉強や仕事を二の次にしてSNSのやりとりなどに没頭してしまうといった状態が依存症であるならば、多くの若者たちは日常生活に悪影響を及ぼすほど、SNSやスマートフォンなどを利用しているようにはみえない。しか

しそれらの利用について自身がコントロールできていない、と感じる若者はそれなりにいるのではないだろうか。

　行動経済学者のA. オルターは、仕事や遊び、基本的な衛生観念や人との交流など、生活するうえで欠かせない要素を後まわしにさせることが依存症テクノロジーの問題であると述べている（オルター 2019）。本章では、日常生活が成り立たなくなるほどではなくとも「SNSやスマートフォンの利用についてコントロールできていない」と感じるような状態をスマートフォン依存として分析を行う。

③ モバイルメディア利用の実態

　本章で扱う従属変数は二つある。

　一つはモバイルメディアへの依存や熱中度であり、もう一つはソーシャルスキルについての自己評価である。モバイルメディアへの依存や熱中度については、日ごろスマートフォンを使っていて、次の六つの項目のようなことに経験があるかどうか4件法で尋ねている（表7-1）。①時間を忘れて、夢中になってしまうことがあるかどうか（「時間忘れて夢中」）、②ほかにやらなければいけないことがあっても、つい使ってしまうことがあるかどうか（「つい使用」）、③使ったあと、時間をむだにしてしまったと思うことがあるかどうか（「時間をむだにした」）、④使う場所や時間をわきまえて、上手に使いこなせているかどうか（「上手に使用」）、⑤SNSのメッセージのやり取りをやめたいのにやめられないことがあるかどうか（「やめられないやり取り」）、⑥SNSをチェックできないと不安になることがあるかどうか（「SNS確認不安」）である。

　その結果、スマートフォンを「つい使用」という大学生は87.4%、「時間忘れて夢

表7-1　スマートフォン利用の意識

日ごろスマートフォンを使っていて感じること	よくある	ときどきある	あまりない	全くない	n
①時間を忘れて、夢中になってしまう	40.2	40.4	16.7	2.6	1057
②ほかにやらなければいけないことがあっても、つい使ってしまう	50.5	37.4	10.2	1.9	1058
③使ったあと時間をむだにしてしまったと思う	39.8	35.4	19.7	5.1	1057
④使う場所や時間をわきまえて、上手に使いこなせている	14.7	44.1	34.2	7.0	1058
⑤SNSのメッセージのやり取りをやめたいのにやめられないことがある	7.3	19.7	37.4	35.7	1057
⑥SNSをチェックできないと不安になる	9.5	24.1	35.7	30.7	1057

中」という大学生が80.6%、利用後に「時間をむだにした」と感じる大学生が75.2%とスマートフォンに夢中になってしまう大学生が多いことがわかる。また「上手に使用」できていない大学生が41.2%、「SNS確認不安」のある大学生が33.6%、SNSの「やめられないやりとり」をしている大学生が27.0%と3割から4割程度、スマートフォンへの依存やネガティブな利用状況にあることもわかる。

　二つ目のソーシャルスキルについては4項目で測定する（表7-2）。①誰とでもすぐ仲良くなれるかどうか（「誰でも仲良く」）、②表情やしぐさで相手の思っていることがわかるかどうか（「表情やしぐさでわかる」）、③周りの人たちとの間でトラブルが起きても上手に処理できるかどうか（「トラブル処理能力」）、④感情を素直にあらわせるかどうか（「感情表現能力」）である。すべての項目において、大学生の半数以上は「あてはまる」「ややあてはまる」と回答している。とくに、他者の表情やしぐさで相手の思っていることがわかると考える大学生は76.8%である。多くの大学生は、コミュニケーションをする相手の気持ちをくんだり、考えを察する能力に一定の自信を持っているといえる。

　これらの変数は共感能力を直接測ったものではないにしろ、それを参考に推論することは可能である。ソーシャルスキルを持っており、コミュニケーション能力のある大学生がそうではない大学生より多いということはいえるだろう。

　上記の変数との関連を分析する際にもっとも重要な独立変数は、ケータイに夢中になっている親に話しかけて無視された経験の有無という変数である。大学生のうち、ケータイに夢中になっている親に話しかけて無視された経験がある大学生は14.2%であった。この経験とスマートフォン依存変数とソーシャルスキルの自己評価との関連を分析することが主要な分析となる。また子どもの頃に家族で活動した経験や回答者の社会的属性との関連も確認しつつ分析を進めていく。

表7-2　ソーシャルスキル

	あてはまる	ややあてはまる	あまりあてはまらない	あてはまらない	n
①誰とでもすぐ仲良くなれる	15.8	34.5	36.7	13.0	1057
②表情やしぐさで相手の思っていることがわかる	24.1	52.7	18.6	4.5	1058
③まわりの人たちとの間でトラブルが起きても上手に処理できる	10.6	49.4	33.1	6.9	1058
④感情を素直にあらわせる	25.7	36.7	29.7	7.9	1058

4 親子とメディア利用

4-1 親のメディア利用行動による子どもへの影響

親のメディア利用行動は、子のスマートフォンへの熱中や依存と相関することがわかった（表7-3）。スマートフォンへの熱中と依存を測定する項目すべてとケータイに夢中になっている親に話しかけて無視された経験とは相関していた。ここでは①「時間忘れて夢中」から⑥「SNS確認不安」までの6項目について、「よくある」を4点、「ときどきある」を3点、「あまりない」を2点、「ない」を1点として加算し、依存得点を作成した。なお④「上手に使用」については、「よくある」に1点を与え、順番に「ない」の4点まで反転値を使用した。

大学生全体の平均依存得点は 16.09 であった。親に無視された経験のある大学生の平均依存得点は 17.47、経験がない場合には 15.87 であった（t 検定：$p < 0.001$）。全体の平均依存得点より大きいもの（小さいもの）をスマートフォン依存が強い（弱い）としている。依存の強い大学生のうち 12.5% が「1日あたり10時間以上スマートフォンを触っている」と回答しているが依存の弱い大学生では 10% に満たない。また依存の強い大学生は、5時間以上から6時間未満となっているのに対して、依存が弱い大学生は、1日あたりスマートフォンを触っている時間が3時間以上から4時間未満のあたりに最頻値がある。スマートフォン利用について、依存の強い者と弱い者のあいだには1日あたり2時間程度の差があることがわかる。

ケータイに夢中になっている親に話しかけて無視された経験のある大学生はスマートフォンへの依存が強い者の割合が 67.1% と多く、経験のない大学生は依存の強い者の割合が 43.9% と少ない。

親のメディア利用行動と子のスマートフォンへの依存傾向に関連がみられたのに対して、ソーシャルスキル項目の①「誰でも仲良く」する能力（相関係数：.038）や②「表情しぐさでわかる」能力（相関係数：-.055）、そして③「トラブル処理能力」（相関係数：.015）や④「感情表現能力」（相関係数：.008）との相関はみられなかった。親の

表7-3 ケータイに夢中になっている親に話しかけて無視された経験とスマートフォン依存

%	依存度が弱い	依存度が強い	n
経験あり	32.9	67.1	146
経験なし	56.1	43.9	893
合計	52.8	47.2	1039

χ^2 検定：$p < 0.001$

表7-4 スマートフォンを上手に使用する能力とソーシャルスキルとの相関分析

	使う場所や時間をわきまえて，上手に使いこなせている	
	相関係数	n
①誰とでもすぐ仲良くなれる	.094**	1054
②表情やしぐさで相手の思っていることがわかる	.119**	1055
③まわりの人たちとの間でトラブルが起きても上手に処理できる	.154**	1055
④感情を素直にあらわせる	.065*	1055

*：$p < 0.01$、**：$p < 0.005$、***：$p < 0.001$

メディア利用行動が子どものソーシャルスキルに対して直接的に影響を与えるということはいえないようである。

4-2 スマートフォン依存・対面的会話・ソーシャルスキルの涵養

次にスマートフォン依存が対面的な会話に影響を与え、その結果、ソーシャルスキルの涵養に負の影響を及ぼすという仮説についても検証を行なった。

おおむね大学生のスマートフォン依存傾向とソーシャルスキルには関連がなかった（相関係数の絶対値：.060未満）。ただしスマートフォンを「上手に使用」している大学生は、総じてソーシャルスキルが高いという結果が得られた（表7-4）。つまり、親のメディア利用行動は子どものスマートフォン依存に影響を与えるが、ソーシャルスキルに影響を与えるとはいえない。相関分析では因果の方向はわからないが、理屈からいえばソーシャルスキルが高い大学生はスマートフォンというコミュニケーションメディアも上手に利用できるのだという結論が妥当である。

5 スマートフォン依存と環境

親のメディア利用行動がソーシャルスキルに影響を与えるという仮説は棄却されたが、子どものスマートフォン依存に影響があるのであれば、さらに環境からの影響も検討しておく必要があるだろう。スマートフォンは、日常的に意識することなく滑らかに利用されている。もし手元になければ、誰とも連絡を取れず、どこにも行けない。もっといえば、1日のスケジュールもわからなくなり、時間もわからなくなるかもしれない。したがってスマートフォン利用の環境は、日常生活のすべての活動に関わっている。そのため、本節で示すのは大学生の日常生活において想定される典型的な行為に関する変数を検討した結果となる（表7-5）。

第7章　ソーシャルスキル涵養と親の影響・趣味の影響　151

まず年齢による効果はなかったが男性よりも女性に依存傾向がみられる。メディアへの依存という観点からいうならば、LINE や旧 Twitter（現 X）などの利用と関連を示して当然であるように思えるが、弱い関連しかなかった。いっぽうでテレビ視聴時間とは関連している。テレビ視聴時間が長ければ長いほどスマートフォン依存度は低い。テレビの「ながら視聴」についても注目されてきたところではあるが、テレビ視聴時間とスマートフォン依存度とが逆相関するのであれば、テレビ愛好者はスマートフォンを長時間にわたって同時使用しない可能性がある。テレビ愛好者はテレビに集中し、スマートフォンを使用する際にはスマートフォンに集中してい

表7-5　スマートフォン依存（重回帰分析）

	B	S.E.	β		VIF
年齢	0.118	0.078	0.042		1.038
男性ダミー	-0.742	0.197	-0.110	***	1.175
恋愛交際経験	-0.053	0.192	-0.008		1.128
テレビ視聴時間	-0.137	0.046	-0.082	**	1.043
LINE 送信数	0.098	0.066	0.042		1.083
Twitter 利用	0.648	0.263	0.071	*	1.133
Instagram 利用	0.485	0.271	0.053		1.213
スマートフォンのゲーム利用	0.223	0.184	0.035		1.131
スマートフォンで動画視聴	0.515	0.260	0.056	*	1.079
テレビ・舞台・SNS などで見かける有名人に恋する経験	0.795	0.231	0.099	**	1.125
自分の名前をインターネットの検索エンジンで検索する経験	0.535	0.191	0.081	**	1.131
自分なりの生き方を自分自身で選べていると感じる	-0.330	0.111	-0.087	**	1.167
自分が何かする時，SNS 上での反応を気にすることがある	0.891	0.198	0.140	***	1.316
SNS での反応を予想して，自分のふるまい方を変えることがある	0.528	0.100	0.164	***	1.313
大切なことを決めるときの判断材料としてインターネット上の評判・口コミをみる	0.627	0.188	0.093	**	1.069
就職不安	0.269	0.123	0.063	*	1.108
交際相手がいないことに焦りを覚えたことがある	0.599	0.182	0.094	**	1.107
現在の生活に満足している	-0.409	0.114	-0.104	***	1.141
「自分の意見と違っても多数派の人々の意見には従う方が無難である」と思う	0.255	0.089	0.081	**	1.091
ケータイに夢中になっている親に話しかけて無視される経験	0.622	0.258	0.068	*	1.083
(定数)	12.439	0.866		***	

＊：$p<0.05$、＊＊：$p<0.005$、＊＊＊：$p<0.001$　調整済み $R^2 = 0.297$

n = 958

るというメディア利用状況であると思われる。多くの人びとがテレビの「ながら視聴」をしているとしても、スマートフォンとの相性は悪いようである。

ここでもっとも強い連関を示しているのは、自己意識である。自己意識のなかでも、とくに自身がインターネット上で他者からどのように見られているのか気にしている。「自分の名前をインターネットで検索する」大学生は 35.8%、「自分が何かをする時、SNS での反応を気にすることがある」大学生は 47.8%、「SNS での反応を予想して、自分のふるまい方を変えることがある」大学生は 43.9% と、少なくない数の大学生がインターネット上での評価を気にしている。

そしてインターネット上やソーシャルメディア上での評価を意識する大学生がスマートフォン依存傾向にある。インターネット空間での自己への他者の反応を意識するだけでなく、そもそも反応を予測して自己の行動をコントロールしている大学生がスマートフォンに依存している。モバイルメディアの普及とともに再帰性が高まり、さらにそのスピードが高まっていることからスマートフォンから目を離せなくなっている大学生がいるのだろう。

このような状態がもたらされる背景には、リアルなオフラインの状況とも関連するだろう。恋人ができるかどうかといった不安、多数派の意見に従っておけば無難という不安の強い大学生が依存傾向にあるようだ。関連して、生活満足度が低い大学生が依存傾向にある。

不安が強く、生活満足度が低い大学生がスマートフォンの利用に拘泥していくという絵は想像しやすいものがある。そして、その結果、オフラインでの人間関係よりも、オンラインでの人間関係が重心をもつようになり、インターネット空間における自己への評価を意識して、スマートフォンから目が離せなくなっているという仮説をたてることができる。

6 趣味活動とソーシャルスキル

第 5 節で確認したとおり、オフラインでの状況がスマートフォン依存と関連する。そうであるならば不安が低減し生活満足度が高くなれば、スマートフォン依存という負の影響についても避けられるかもしれない。不安や生活満足度は人間関係のあり方と関連がある。良好な友人関係形成が不安を低減させ、生活満足度を高める（羽渕 2021）。そうであるならば、ソーシャルスキルが高い者は不安が少なく生活満足度が高いはずである。そこでソーシャルスキルの涵養について、ここでは分析

表 7-6　家族とおこなう趣味活動とソーシャルスキルとの相関（ピアソンの相関係数）

	誰でも仲良く	表情やしぐさでわかる	トラブル上手に処理	感情を素直に
①子どもの頃、家族の誰かがあなたに本を読んでくれた	.077*	.036	.042	.079*
②子どもの頃、家でクラシック音楽のレコードをきいたり、家族とクラシック音楽のコンサートに行った	.155**	.082**	.094**	.103**
③子どもの頃、家族につれられて美術展や博物館に行った	.109**	.038	.026	.125**
④子どもの頃、家族と歌舞伎や能などの伝統芸能を見に行った	.174**	.064*	.107**	.110**
n	1050	1051	1051	1051

＊：$p < 0.01$、＊＊：$p < 0.005$、＊＊＊：$p < 0.001$

してみたい。

　親のメディア利用行動は子どものソーシャルスキルに対して直接的な影響を与えていないが、ソーシャルスキル涵養に関して親からの影響が何もないわけではない（表7-6）。関連がみられたのは、一般に文化資本項目として使用される変数である。①子どもの頃、家族の誰かがあなたに本を読んでくれた経験や②子どもの頃、家でクラシック音楽のレコードをきいたり、家族とクラシック音楽のコンサートに行った経験、③子どもの頃、家族につれられて美術展や博物館に行った経験、④子どもの頃、家族と歌舞伎や能などの伝統芸能を見に行った経験はいくつかのソーシャルスキルとの相関がみられる。

　①「誰でも仲良く」する能力と④「感情を素直に」あらわす能力については、家族が読み聞かせをすること、家族と音楽活動をすること、家族と美術館や博物館に行くこと、家族と伝統芸能を見に行くことのすべての項目との関連がある。一方で、②「表情やしぐさでわかる」能力と③「トラブル処理能力」については、家族とクラシック音楽の活動をすることと家族と伝統芸能を見に行くことの二項目のみ関連している。先のタークルの仮説を思い出すならば、共感能力は忍耐との関連で説明されていた。他者とのコミュニケーションにおける忍耐力は親との関係によってのみ涵養されるわけではない。さらにいうなら、人間関係のみがその契機というわけでもないだろう。

　メディア芸術の特性から判断するならば、音楽や舞台作品は一定の時間的な流れを持つため、鑑賞には一定時間辛抱して鑑賞する必要がある。作品の途中でほかのオーディエンスの邪魔になるようなことはできない。一方で美術や読書は自身の判

表 7-7　部活動・サークルの参加とソーシャルスキルとの相関（ピアソンの相関係数）

	誰でも仲良く	表情やしぐさでわかる	トラブル上手に処理	感情を素直に
部活動・サークルの所属	.113**	.066*	.038	.029
文化系の部活動・サークルの所属	-.023	-.049	-.054	-.007
体育系の部活動・サークルの所属	.181**	.078*	.120**	.042
n	1047	1048	1048	1048

＊：p<.01, ＊＊：p<.005, ＊＊＊：p<.001

断のみで行為を停止することが可能である。音楽や舞台作品は鑑賞のために一定程度の時間的忍耐力が必要であり、ある意味でコミュニケーションにかかる共感能力涵養のための訓練の場となっているという解釈も可能である。もしくはクラシック音楽と伝統芸能を趣味とするある種の社会的属性があり、その疑似相関の可能性も考えられる。念のため、15歳時の親の経済状況について統制し分析を行なったが、結果は同じであった。これらの文化資本項目とソーシャルスキルの関係は文化社会学の重要なテーマであり、詳細な研究や繊細な解釈が必要である。

　さらにいえば、この分析では家族との活動が影響しているのか、趣味活動そのものが影響しているのか不明である。質問項目がダブルバーレルであるために解釈ができない。そこで趣味活動である部活動・サークル活動について分析を加えて解釈してみたい（表7-7）。ここで有意ではないものの、文化系の活動は逆相関を示している。クラシック音楽や伝統芸能、読書や美術館や博物館といった趣味は文化系趣味であるため、文化系の部活動やサークル活動がソーシャルスキルと相関しないという結果から、家族との経験がソーシャルスキルに影響を及ぼしていると推論できる。これをまとめるならば、子どもにとって我慢が強いられるタイプの活動を家族とともに行うことに意味がありそうである。大学における活動としては、体育系の活動に参加している大学生のソーシャルスキルが高い。体育系の活動も忍耐を必要とすることは想像に難くない。つまり、子どもの頃に家族とともに忍耐を要する趣味活動や、学校などでの体育系の趣味活動を行うことがソーシャルスキルに影響するといえる。

7 ソーシャルスキルの涵養：趣味の力

　大学生調査の結果から、スマートフォンに依存していると感じる大学生は三人に一人程度と少なくなかった。そしてタークルの仮説である親のメディア利用行動

が子のスマートフォン依存と関連し、スマートフォン依存とソーシャルスキルとが関連するだろうという限定効果仮説は、前半部分は支持されるが後半部分は棄却されるという結果であった。親のメディア利用行動は子のスマートフォン依存を促す。しかし親のメディア利用行動が子のソーシャルスキルの涵養を阻害するわけではない。またスマートフォン依存であるからといってソーシャルスキルが低いわけでもない。むしろ因果の向きが反対であり、ソーシャルスキルの高い大学生はスマートフォンを上手に使えるという理解が正しそうである。

　スマートフォン依存とインターネット利用における自己意識との関連があったことはとても興味深い。一般に槍玉にあがる LINE や旧 twitter（現X）など、大学生が主として利用するソーシャルメディアは、スマートフォン依存に関してそこまで強い影響力を持っているとはいえない。ソーシャルメディアを利用しているからといって、弾丸効果があり、スマートフォン依存になるとはいえない。むしろ生活上の不安や自己意識のあり方がスマートフォンの利用に反映されると解釈するほうが妥当だと思われる。これは 20 年以上前のケータイの普及初期に行われた調査研究で提出されたものから変わらない説明モデルである。

　モバイルメディアには自己が映しだされる（羽渕 2002）。その映しだされた【わたし】を観察したわたしは、社会とうまくつきあうために自己を作り替え、編集した【わたし】をインターネット上で表現し、社会の反応をモバイルメディアで確かめる。そして、またその情報をもとに自己を作り替え、編集し、表現し、確認するというサイクルを繰り返していく。このような再帰性を通じてモバイルメディア依存が次第に深みにはまっていくことを 1990 年代のケータイ利用行動調査から明らかにしてきた。20 年以上が経過し、このケータイ普及初期の頃と比較するならば、ソーシャルメディア機能などが追加されモバイルメディアのユーザビリティ（利便性）は急激に向上した。スマートフォンなどの利用を通して自己再帰性のスピードがさらに加速し、深化している。

　もう一つの従属変数、ソーシャルスキルについても興味深い知見が得られた。自身にソーシャルスキルがあると自己評価する大学生の割合は半数を超えている。一般的にいって、大学生はソーシャルスキルに自信を持っているようである。そして子どもの頃に親と一緒に行なった趣味的活動がその能力に影響を与えている。親と活動することに決定因があるのか、趣味の活動に決定因があるのかといえば、親と忍耐を要する活動をすることに意味があるという結果も得られた。大学での部活動・サークル活動における文化系活動がソーシャルスキルの有無と有意な相関がな

かったからである。音楽や観劇、美術や読書といった文化系趣味が機能するというよりも忍耐を涵養することが重要なのである。

ただし大学での趣味的活動がソーシャルスキルの涵養と関連がないわけではない。体育系部活動・サークル活動とソーシャルスキルとのあいだには関連があった。体育系部活動・サークル活動を行なっている大学生は、活動していない大学生よりも「誰とでも仲良く」でき、「表情やしぐさでわか」り、「トラブルを上手に処理」できるようである。この結果は、人口に膾炙される「体育系部活動の経験者は社会や組織に適応しやすい」という実感と近いものがある。そしてこのスポーツの特性も忍耐と連関があると推測可能である。

さらにいえば、趣味と社会関係に関する議論として、趣味縁そのものの重要性に関する指摘がある（浅野 2011）。趣味縁は直接的に社会参加や公共性とつながるものでないにしろ、社会関係を開く入口になる可能性があるという。また若者の友人関係の趣味的同類結合の増大も指摘されている（赤枝 2018）。友人形成の際に趣味の重要性が高まっていることは間違いない。同時にインターネット利用の普及が趣味的同類結合を促進し、選択縁の増大をもたらすことも指摘されている。

本調査の結果を鑑みるならば、趣味の内容についても親密性に影響をもたらすのではないかという新たな仮説を導出できる。文化系趣味なのか体育系趣味なのか、といった趣味の内容も社会関係や社会関係資本に影響を及ぼす可能性があることがわかった。北田（2017）は東京の若者を対象として趣味空間に関する分析を行なっている。都市の若者の趣味空間が「文化系／体育系」や「外向性／内向性」という軸で解釈できそうであると直感的にみえるような結果を提示している。しかしこのような出来合いのカテゴリーによって対応分析を解釈するほど怖いことはないとして、そのようなあてはめを行なっていない。ただ、示された趣味空間の図をみる限り、「身体的表現の文化要素／肉体的要素」や「趣味外他者との人的関係資本／趣味内他者との人的関係資本」と分析枠組みを名づけたとしても、それが「文化系／体育系」を示していると凡夫である筆者には見えてしまう。そしてその解釈から立論しても、彼の結論には同意できる。ファッションや読書といった趣味とスポーツや音楽鑑賞が同じ共通性をもつホビー（hobby）と言えるのかどうかは、丁寧に分析する必要がある。彼の言葉でいうならば、文化的オムニボアが進行する現代社会において、趣味を通して社会を語ること、趣味を介して社会をみていくこと、そのためには、個別の趣味が可能とする社会空間の個別性を経験的なかたちで明確化する必要がある。

第7章　ソーシャルスキル涵養と親の影響・趣味の影響　　*157*

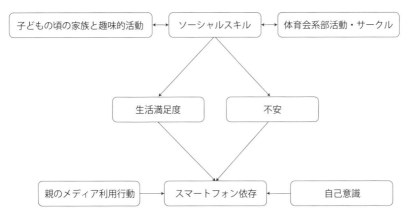

図7-1　大学生のスマートフォン依存とソーシャルスキル

　また趣味研究の重要性については別にもある。石黒 (2018) は社会関係に関する時系列調査をもとに日本人の人間関係の娯楽化について、サポート関係を形成できるかどうかの点で疑義を呈している。趣味や娯楽で結ばれた人間関係においては、負担の重いサポートを頼むことができないため潜在的なリスクを抱えていると指摘している。本章ではサポートにかかる分析まで手を広げられなかったが、結果から推論するならば、サポートをあてにできるような社会関係を結ぶことのできる可能性がある趣味とそうでない趣味があるかもしれない。趣味的活動の有無、趣味関連の友人の有無や趣味からはじまる社会関係の同質性のみならず、どのような趣味なのかといった内実まで踏み込んだ文化社会学的な分析が今後重要となるだろう。

【文　献】

赤枝尚樹 (2018)．「親密な友人関係における同類結合とその変化——時系列比較の観点から」石黒格 [編著]『変わりゆく日本人のネットワーク——ICT 普及期における社会関係の変化』勁草書房，pp. 99–120.

浅野智彦 (2011)．『若者の気分——趣味縁からはじまる社会参加』岩波書店

石黒格 [編著] (2018)．『変わりゆく日本人のネットワーク——ICT 普及期における社会関係の変化』勁草書房

岩田考 (2014)．「ケータイは友人関係を変えたのか——震災による関係の〈縮小〉と〈柔軟な関係〉の広がり」松田美佐・土橋臣吾・辻泉 [編]『ケータイの 2000 年代——成熟するモバイル社会』東京大学出版会，pp. 149–178.

岡田朋之・松田美佐・羽渕一代 (2000)．「移動電話利用におけるメディア特性と対人関係——大学生を対象とした調査事例より」『平成 11 年度　情報通信学会年報』43-60.

オルター, A.（2019）．上原裕美子［訳］『僕らはそれに抵抗できない——「依存症ビジネス」のつくられかた』 ダイヤモンド社（Alter, A.（2017）．*Irresistible: The Rise of Addictive Technology and the Business of Keeping Us Hooked*, Penguin.）

カッツ, E., & ラザースフェルド, P. F.（1965）．竹内郁郎［訳］『パーソナル・インフルエンス——オピニオン・リーダーと人びとの意思決定』培風館（Katz, E., & Lazarsfeld, P. F.（1955）．*Personal Influence: The Part Played by People in the Flow of Mass Communications*, Free Press.）

河井大介（2014）．「ソーシャルメディア・パラドクス——ソーシャルメディア利用は友人関係を抑制し精神的健康を悪化させるか」『社会情報学』3(1), 31-46.

北田暁大・解体研［編著］（2017）．『社会にとって趣味とは何か——文化社会学の方法基準』河出書房新社

阪口祐介（2016）．「若者におけるメディアと生活の相互関係の変容——2002 年と 2012 年の時点間比較」藤村正之・浅野智彦・羽渕一代［編］『現代若者の幸福——不安感社会を生きる』恒星社厚生閣，pp. 169-190.

総務省情報通信政策研究所（2020）．『令和元年度情報通信メディアの利用時間と情報行動に関する調査報告書』217〈https://www.soumu.go.jp/main_content/000708016.pdf（最終確認日：2024 年 8 月 11 日）〉

タークル, S.（2017）．日暮雅通［訳］『一緒にいてもスマホ——SNS と FTF』青土社（Turkle, S.（2016）．*Reclaiming Conversation: The Power of Talk in a Digital Age*, Penguin.）

辻泉（2014）．「ケータイは社会関係資本たりうるか」松田美佐・土橋臣吾・辻泉［編］『ケータイの 2000 年代——成熟するモバイル社会』東京大学出版会, pp. 225-254.

辻大介・三上俊治（2001）．「大学生における携帯メール利用と友人関係——大学生アンケート調査の結果から」第 18 回情報通信学会大会個人研究発表配付資料

中村功（2001）．「携帯メールの人間関係」東京大学社会情報研究所［編］『日本人の情報行動 2000』東京大学出版会, pp. 285-303.

橋元良明（2005）．「パーソナル・メディアの普及とコミュニケーション行動—青少年にみる影響を中心に」竹内郁郎・児島和人・橋本良明［編著］『新版 メディア・コミュニケーション論Ⅱ』北樹出版, pp. 326-345.

羽渕一代（2002）．「ケータイに映る「わたし」」岡田朋之・松田美佐［編］『ケータイ学入門——メディア・コミュニケーションから読み解く現代社会』有斐閣, pp. 101-121.

羽渕一代（2021）．「ソーシャルメディアの利用と友人関係満足度——コミュニケーションメディアは遠距離にある親密な関係を維持するのか」『人文社会科学論叢』10, 201-217.

二方龍紀（2006）．「メディアと若者の今日的つきあい方」浅野智彦［編］『検証・若者の変貌——失われた 10 年の後に』勁草書房, pp. 75-112.

藤村正之・浅野智彦・羽渕一代［編］（2016）．『現代若者の幸福——不安感社会を生きる』恒星社厚生閣

Katz, J., & Aspden, P.（1998）．Internet Dropouts in the USA: The Invisible Group, *Telecommunications Policy*, 22（4-5）, 327-339.

Pourrazavi, S., Allahverdipour, H., Jafarabadi, M. A., & Matlabi, H.（2014）．A Socio-Cognitive Inquiry of Excessive Mobile Phone Use, *Asian Journal of Psychiatry*, 10, 84–89.

第3部

親密性

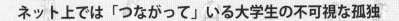

第 8 章

ネット上では「つながって」いる大学生の不可視な孤独

脱埋め込み化した友人関係のなかの主観的孤独感を探る

小川豊武

1 問題設定：つながっているのに孤独？

　2020年4月の第1回緊急事態宣言の発令を受けて、全国の大学は新学期の授業を対面で実施することを中止し、オンラインでの授業を開始した。学生たちはキャンパスに立ち入ることを禁じられ、自宅のPCやスマートフォンでオンライン授業を受けることになった。授業を受けたりレポートや論文を書いたりといった、大学における最低限の学びの機会は何とか維持されたように思える。しかし、ほどなくして、キャンパスライフを奪われてしまった大学生の孤独の問題が指摘されるようになった。大学のキャンパスはもちろん学習のための空間なのだが、授業の合間の休み時間、サークルや部活動、放課後における友人や知人との交流の機会を提供する空間でもある。そのような機会がコロナ禍によって根こそぎ奪われることになってしまったのである。

　この時期の報道をみると、大学の授業期間の前期にあたる2020年5月2日の『朝日新聞』夕刊には、「(#ニュース4U) 誰かと話したい、学生孤独　新型コロナで外出自粛」という記事が掲載されていた。この記事では「大学は休み、アルバイトも就職活動もできない。新型コロナウイルスの感染が広がる渦中で、一人暮らしの学生が不安と闘っている」として、「外出自粛に努めながらも、経験のない孤独と向き合う若者たちの姿」が4名紹介されている。授業期間の後期にあたる11月13日の『読売新聞』朝刊には「[最前線] 友達作り　大学が支援　遅れた対面　イベントで仲良く」という記事が掲載されていた。この記事では「新型コロナウイルスの影響が続くなか、多くの大学が後期から、教室などでの対面授業を一部再開させた。新入生は、実際に同級生に初めて会うというケースも多く、大学は大幅に遅れた友達作りの支援に乗り出している」として、大学の友だち作り支援の取り組みについて紹介している。

コロナ禍において孤独を感じている大学生が増えている——こうした見方には次のような疑問を呈することも可能であろう。2020年代の大学生は、もはや耳にする機会も少なくなってきたが、いわゆるデジタルネイティブ世代である。生まれたときにはすでにインターネットや携帯電話が普及していたことはもちろん、2010年代のスマートフォン普及期に中学・高校時代を過ごし、SNSによるコミュニケーションが生活の中心を占めている世代である。近年の大学生は、4月に入学する以前からすでにSNS上で大学名のハッシュタグなどでつながり、「友だち」になっているということも少なくない。そのようなSNS世代の大学生にとって、たとえコロナ禍でキャンパスに立ち入ることができなくても、いくらでもネット上で友人と交流することができるのではないか。

若者はネット上で多くの友人とつながっているのだから孤独ではない——このような見方はコロナ禍以前から見られた。それを覆すような象徴的な事例が、2018年7月25日にNHKの「クローズアップ現代＋」で放送された「"つながり孤独"若者の心を探って…」という番組回である。この番組回は、SNS上で多くのフォロワーとつながっていながら孤独を感じているという20〜30代の若者たちを中心に、当事者や専門家へのインタビューで構成されている。番組ホームページの紹介文にはこのような「つながり孤独」について次のように書かれている。

> ツイッターやFacebookなどのSNSが急速に普及するなか、"多くの人とで〔原文ママ〕つながっているのに孤独"という、"つながり孤独"を感じる若者が増えている。「SNSで友だちの暮らしを見て劣等感を抱く」「SNSでのつながりの薄さに孤独を感じる」。番組には"つながり孤独"を訴える声が200通近く寄せられた。SNSがなぜ孤独を生み出すのか？番組では、寄せられた声をもとに、オープンジャーナリズムの手法で若者たちを悩ませる"つながり孤独"の実態を探っていく。(番組HP[1]より)

引用の冒頭で「つながっているのに」と述べられているように、ここには《ネット上で友人とつながっていれば孤独ではない》という想定がある。しかしながら、当の若者においては、決して少なくない人が孤独を感じている。この「つながり孤独」とコロナ禍における大学生の孤独の事例が示していることは、ネットにおける友人とのつながりが必ずしも若者の孤独感を払拭するような強固なものではないという

---

[1] https://www.nhk.or.jp/gendai/articles/4164/ (最終確認日：2024年8月1日)

第8章　ネット上では「つながって」いる大学生の不可視な孤独

ことである。このことは、コロナ禍以降、人と対面で会うことが制限され、ネットにおけるつながりの重要度が増したことにより、より可視化されるようになってきたといえるだろう。そうであるならば、現代の若者におけるメディアを介した友人関係と彼・彼女らの孤独感はどのような関係にあるのだろうか。

　本章ではこうした問題関心について、本書の大学生調査データを元に明らかにしていく。第2節でまず若者のメディアを介した友人関係と孤独感の関連について扱った議論を検討する。第3節では本章の仮説と分析方法を提示する。第4節では調査データを用いて大学生の孤独感と友人関係の傾向を確認する。第5節では大学生の孤独感の規定要因について分析する。最後の第6節では流動化した社会における「不可視な孤独」について考察を加える。

2 先行研究の検討：メディアを介した友人関係と孤独感

2-1 「孤独」と「孤立」

　若者の孤独の問題について検討するにあたり、はじめに用語の整理をしておきたい。「孤独」に類似した言葉としては「孤立」が挙げられる。両者はあまり区別せずに用いられることもあるが、孤独・孤立対策の実践家である大空幸星によれば、これまで孤独・孤立は高齢者の問題と見なされる傾向があり、若年層の孤独についての調査・対策はほとんど講じられてこなかったという。その原因には、孤独・孤立が混同されて用いられてきたことも関係しているという。一般的に「孤立」は家族やコミュニティとの接触がほとんどない状態を指すが、若年層は家庭と学校が身近にあるため、孤立状態にあるとは見なされにくい。その一方で、自殺者数の増加などに象徴されるように、若年層の「孤独」の問題は深刻さを増している。「彼ら彼女らは、孤立していなくても周りに頼ることができずに一人で悩み苦しむような「孤独」を感じている可能性が高い」のである（大空 2023：17-19）。

　このような「孤独」と「孤立」の概念的な区別については、小田中悠らの研究が参考になる（小田中ほか 2020）。彼らは現代社会における「人間関係の希薄さ」に関する問題を検討した先駆的研究としてE. デュルケムの『自殺論』を挙げている。デュルケムの議論は人間関係を「社会的な統合の強弱」という観点から捉えることで、何が人間関係を希薄なものとするのか、人間関係が希薄になるとどのような困難が生じるのかについての研究であると解釈することができる。そして、小田中らはデュルケムが自殺の原因にもなりうるとした「社会的統合の弱さ」という事態を捉えよう

とした概念として、J. タンストールの「独存（aloneness）」「社会的孤立（social isolation）」「孤独（loneliness）」という三つの概念（タンストール 1978：53-57）を位置づけている。

小田中らの整理によれば、「独存」とは「ひとりでいる状態」を表しており、デュルケムのいう「社会的統合の弱さ」が生じている状態といえる。この下位概念として「社会的孤立」と「孤独」が提起され、前者は「近隣に住む人、友人、親族、同僚といった、一般に身近な人として想起されるような人々との接触頻度が少ない状態」を、後者は「寂しさや心細さといった情緒的な感情を抱いている状態」を指している。ここでは「人間関係が希薄な状態」が「独存」と捉えられ、その客観的な側面が「社会的孤立」、主観的な側面が「孤独」として区別されている（小田中ほか 2020：3）。本章もこの区別に即し、大学生の孤独の問題について、客観的な関係の状態としての「孤立」と主観的な感情としての「孤独」に分けて検討していくことにする。この区別に基づくならば、冒頭で見た「つながり孤独」は「孤立していないのに生じている孤独感」と捉えることができるだろう。

2-2　友人関係の希薄化に照準した研究

それでは、若者の主観的な孤独感は何によって引き起こされているのだろうか。まず考えられるのは、彼・彼女らの日常生活のなかで大きなウェイトを占めていると思われる友人関係の在り方であろう。先述した社会的孤立の概念を用いるならば、友人の数が少なかったり友人との接触頻度が少なかったりする状態が孤独感の一因になりうる。マスメディアではとりわけ1990年代以降、携帯電話の普及にともなう若者の「友人関係の希薄化」がさかんに議論されてきた。それらの主張の大枠は次のようなものである。すなわち、携帯電話が普及することによって、現代の若者は友人と対面状況で語り合うことよりも、電話やメールを介してコミュニケーションをするようになった。このようなコミュニケーションは対面状況と比べて希薄なものであり、その結果、孤独な若者が増えているというものである。

このようなメディアによる友人関係の希薄化論は社会学やその関連分野を中心に、実証研究の観点から批判的に検討されてきた（橋元 2005, 辻 1999, 北田 2012 など）。また、本書が基づいている大学生調査の実施主体である青少年研究会の調査データを用いた研究も蓄積されてきた（富田・藤村 1999, 浅野 2006, 岩田ほか 2006 など）。これらは友人の数や友人との連絡頻度が減少していないことや友人関係全体への満足度の高さなどから、メディアを介した友人関係は希薄化していないと主張してきた[2]。さらに、単に希薄化を反証することにとどまらず、「フリッパー志向」（辻 1999）、「状

況志向」（浅野 1999）、「自由市場化」（辻 2006）、「濃密化」（浅野 2011）、「多元化」（浅野 2015）、「同質化」（辻 2016）、「マネジメント」志向（福重 2016）といった友人関係の新たな側面を指摘する研究も蓄積されてきた。それぞれの研究内容についてはすでに優れたレビューがなされているためここでは繰り返さないが（松田 2000, 北田・大多和 2007 など）、現在の社会学的研究では若者の友人関係は希薄化しているとはいえないという見方が大勢となっているといえるだろう。

　こうした希薄化論批判に端を発する一連の研究は主として、若者の友人関係の構造や特徴といった客観的な性質を明らかにすることに照準してきた。その過程において、彼・彼女らの主観的な孤独感には必ずしも焦点が当てられてこなかったように思われる。そこには《友人関係が希薄化していないのであれば孤独感も生じていない》という社会的孤立と孤独を同一視してしまう前提があったのではないか。しかしながら、そのような前提では、冒頭で見た「つながっているのに孤独」のような、一見、ネット上で多くの友人とつながっているように見える若者においても抱かれている「不可視な孤独」を捉えそこねてしまう可能性がある。

2-3　主観的孤独感に照準した研究

　それでは次に、若者の主観的孤独感に照準した研究を検討しよう。中村功（2003）は、携帯メール利用頻度と孤独感の関連について、心理学の分野で用いられている「改訂版 UCLA 孤独感尺度」を使用して分析し、携帯メールの利用頻度が多い人の方が孤独感が有意に低いという結果を報告している。その一方で、孤独に対する不安や恐怖を測定する項目については 14 項目中 7 項目において関連が見られ、いずれも携帯メールの利用頻度が多い人の方が、孤独恐怖が高いという結果であったという。鈴木謙介と辻大介（2005）は、ケータイによる監視の先は、友人の「行動」というよりもむしろ友人との「繋がり」に向けられており、友人とつながれなくなっていないかどうかを実際につながってみることによってチェックする「繋がりの再帰的モニタリング」が行われているとした。また、土井隆義（2014）は、今日の子どもたちの間で、「人間関係の自由化とネット環境の発達が相まって、既存の制度や組織に縛られない人間関係づくり」が広まってきているとし、そのような自由な人間関係においては「自分が相手に選んでもらえないかもしれないリスク」が生じてい

2）藤村（1999）は、若者の友人関係の特徴を「みんなぼっち」と呼び、その関係の内部に「親しさと稀薄さ」の二面性があることを指摘していた。しかし、その後の若者の友人関係に関する一連の研究は全体として希薄化を相対化する方向にシフトしていったといえる。

ると主張している（土井 2014：8-10）。

　これらの議論に共通するのは、メディアを介した友人関係が「孤独」というよりも「孤独に対する不安」を生み出していると主張している点である。本章の問題関心もこれらの研究に重なる点があるが、孤独と孤独不安の厳密な区別は企図していない。友人との関係について、それがいつ失われてしまうのかわからないようなもろいもので、そうならないようにたえずモニタリングし続けなければならないような関係なのであれば、その時に若者が抱いている感情も「不安を抱いている自分はひとりぼっちである」という孤独感なのではないか。石田光規は SNS などの情報通信機器の普及にともなう「選択的関係」の主流化は人びとに、「関係を解消されるかもしれない、もしくは、関係を構築できないかもしれない恐怖感」を植えつけたと主張している。そして、そのような「承認不安」が「人びとの孤独感をあおり立ててゆく」と述べている（石田 2018：6-7）。孤独不安を感じている時、人はやはり孤独を感じているのである。

　メディアを介した友人関係と主観的孤独感の関連についてより直接的に扱った海外の研究もある。代表的なものとしてシェリー・タークルは、現代の若者たちがネットで常時接続しているにもかかわらず孤独感を抱いている事態を「一緒にいても孤独（Alone Together）」と表現し、膨大なフィールドワークデータに基づいてその実態を詳細に明らかにしている（タークル 2018）。タークルが一貫して強調するのは、対面状況とは異なるオンライン上でのコミュニケーションの特殊性である。彼女によれば、オンライン上でのコミュニケーションでは「本当の自分」を出せないこと、お互いに相手に意識を集中させることができないこと、平板なやり取りに終始してしまいがちなこと、などから孤独感が生じているのだという（タークル 2018：485）。

　本章の問題関心にとって、こうした若者の主観的孤独感の要因として必ずしも友人関係の希薄化に回収されない視点は重要である。鈴木・辻や土井の議論で共通して指摘されていたことは、メディアを介した友人関係における「再帰性」という特徴である。序章などでもふれられていたように、再帰性は、既存の伝統や制度が相対化され流動化が進行しつつあるとされる現代社会を理解するためのキー概念の一つである。タークルも直接、再帰性について言及はしていないが、常時接続社会における流動化・多面化した自己が上記のような孤独感をもたらしている側面について指摘しており（タークル 2018：304-329）、再帰性との関連が示唆されている。以上のことをふまえて、次節ではメディアを介した友人関係における再帰性という観点から、主観的な孤独感を捉えるための仮説を検討する。

第8章　ネット上では「つながって」いる大学生の不可視な孤独　　*167*

3 分析方法：「つながり孤独」をどのように捉えるか

3-1　従属変数：主観的孤独感をどのように捉えるか

　本項では現代の若者における《孤立していないにもかかわらず抱かれている孤独感》について検討するために、社会心理学における青年期の孤独感に関する代表的な研究である落合良行（1989, 1999）による孤独の類型を参照する。落合によれば、青年期の孤独感には、二つの重要な規定要因があるという。一つは「対他的次元」における「現実に関わっている人と理解・共感できると考えているかという要因」、もう一つは「対自的次元」における「個別性（人とは代わることができない）に気づいているかどうかという要因」である（落合 1999：63）。落合はこの二つの規定要因の軸を交差させて孤独感の 4 類型を提起しているが、本章は若者の感情の詳細な類型化をするというよりも、友人関係やメディア利用といった社会的変数との関連を探ることを目的としている。そのため、この二つの規定要因を若年層の孤独感を構成する二つの要素として検討を進めていくことにする。

　この二つの要素は若年層の主観的孤独感と次のように関わっていると考えられる。一つ目の要素は「現実に関わっている人と理解・共感できないと考えている時」に抱く孤独感と捉えられる。このような孤独感を本章では「理解欠如型孤独感」と呼ぶことにする。二つ目の要素は「自分と他人が同じではないという個別性を受け入れられていない時」に抱く孤独感と捉えられる。落合によれば、自分と他人が同じではないという個別性に気がつき始めた段階においては、「自分を出してしまうと、相手の中に取り込まれ、自分自身が崩れてしまうような感じを抱いている青年」がよく見られるという。そのような青年は自分自身を守るために他人に対して「表面的にはうまく付き合っている」ように見せる傾向があるという（落合 1999：67）。このように自分と他人の個別性に気がつきつつも受け入れられずに自分を取り繕っているような時の孤独感を本章では「表層演技型孤独感」と呼ぶことにする。

　この二つの孤独感に共通することは、物理的な孤立状態の時に抱かれるのではなく、他人との関係のなかで抱かれる感情であるという点である。このことをふまえると、「つながっているのに孤独」という認識も、希薄化論の議論と同様に、孤独とは社会的孤立状態の時に抱かれるものであるという前提に基づいたものだと思われる。しかしながら、青年期の孤独感とはむしろ他人との関係によって生じるものなのであれば、他人と接する機会が増加すればするほど、より孤独を感じる機会も増加するという事態が考えられる。さらに、現代社会では他人と接する機会が対面

状況に留まらずにSNSなどのメディアに媒介されてより多元化・流動化している。そのような状況下において、「本来」であれば「理解しあえるべき」あるいは「同じであるべき」といった規範が根強く存在しているであろう友人関係において、お互いの差異の認識はより際立ったものになりうる。

3-2　独立変数：メディアを介した友人関係をどう捉えるか

次に主観的孤独感の要因の一つと考えられるメディアを介した友人関係のあり方について検討しよう。これには本書全体のテーマでもあるA. ギデンズの「再帰的近代化」の議論が参考になる。ギデンズは後期近代の社会においては、固定された場所からの時間・空間の「脱埋め込み化」によって、人間関係の流動化が生じ、それらのなかで「純粋な関係性」の重要度が増すと述べている。純粋な関係性とは地縁や血縁といった外的基準によってではなく、内的基準によって、すなわち「関係そのものが与える満足や見返りに根本的に依拠する関係」とされる。純粋な関係性は「開かれたかたちで、途切れることなく、再帰的に形成される」（ギデンズ 2021：156）。この関係性には恋愛関係、友人関係などが含まれる。

土井（2019）はこのような純粋な関係性の議論を現代の若者の友人関係に適用して考察している。土井は1980〜90年代以降、GDPが横ばいにもかかわらず若者の生活満足度が上昇していることに注目し、その背景としてギデンズのいう「脱埋め込み化」を指摘している。従来の伝統的な社会では、価値観の同質性を保つために、人びとの日常は血縁や地縁に「埋め込まれて」いた。しかしながら、1970年代以降の経済成長と人口拡大により、固定的な人間関係からの「脱埋め込み」が進行して共同体の拘束力が弱まり、人間関係の自由化が生じた。そして、鬱屈とした共同体からの抑圧が弱まったがゆえに、若者の人間関係に対する満足度が上昇したのだという（土井 2019：22-24）。

しかしながら、土井によれば、人間関係における自由度の高まりには二面性もあるという。すなわち、「社会制度や組織によって人間関係が縛られていた往年とは違い、今日のように社会の流動化が進んで関係作りも自由になると、たしかに一方では、場面ごとに関係を切り替えることも自由になって、風通しのよい人間関係を享受しやすく」なる。その一方で、「組織や制度が人間関係を保障する基盤としての役割をはたさなくなった」ことにより、「社交的なふるまいが得意な人と苦手な人との間で、その違いが露わになって人間関係の格差が広がりやすく」なるのだという（土井 2019：92）。

重要なことはこのような純粋な関係性の浮上の背景に、メディアの普及が関連していると考えられる点である。ギデンズは固定された場所からの時間と空間の脱埋め込み化プロセスにおいてメディアが中心的な役割を果たしていると述べている（ギデンズ 2021：15）。その効果の一つとして指摘できることが、「友人との差異の顕在化」である。土井は「人間関係の流動化は、お互いの相違をかつて以上に顕在化させる」とし、その背景としてインターネットの普及を挙げている（土井 2019：96）。本章が対象とする「つながり孤独」を例にするならば、SNS においては日常的に友人の投稿が参照される。それらの投稿のなかには自分が一緒に経験した内容も含まれているだろうが、多くの場合はそうではない内容であろう。SNS には自分と時間と空間を共有していない他人の投稿を見るメディアという側面があるのである。そうであるがゆえに、SNS で友人の投稿を参照することは、必然的に自分と友人との差異を再帰的にモニタリングする機会になりうるのである。

　以上のことから、メディアを介した友人関係と主観的孤独感の関連について次のような仮説を導き出すことができる。SNS を介した友人関係におけるコミュニケーションは、特定の時間や空間から「脱埋め込み」されているために、お互いの差異を認識する機会になりうる。このことから、SNS を介した友人関係における再帰性の上昇は、お互いに理解・共感できないという「理解欠如型孤独感」を高めているのではないか。さらに、このお互いの差異の認識は、お互いの個別性を受け入れられないという「表層演技型孤独感」も高めているのではないか。友人関係の希薄化論では友人数や友人との接触頻度の減少が希薄化と捉えられ、孤独感が生じると想定されていた。このような「希薄性仮説」に対して本章の仮説は、メディアを介した友人関係の再帰性が主観的孤独感を高める可能性に着目した「再帰性仮説」として位置づけられる。このような仮説に基づいて、次節から実際のデータ分析を行なっていこう。

4 分析Ⅰ：大学生の主観的孤独感と友人数の傾向

4-1　主観的孤独感の傾向

　本節ではまず、本章の分析における従属変数に位置づけられる主観的孤独感の傾向について確認する。主観的孤独感を尋ねる質問としては、「あなたは SNS を利用している時に孤独を感じますか」といった直接的な尋ね方が考えられるが、これには問題がある。「孤独」にはネガティブなニュアンスが含まれているため、実際より

も少ない回答結果になってしまうことが想定されるからである。先述した中村の研究でも参照されていた UCLA 孤独感尺度の第三版においても全 20 項目の尺度のなかには、「自分はひとりぼっちだと感じることがありますか」や「自分は他の人たちから孤立していると感じることはありますか」といった直接的な質問の他に、「自分を本当に理解している人がいると感じますか」や「周りの人たちと一体感がもてないと感じることがありますか」といった間接的な質問が含まれている（舛田ほか 2012：27）。本章でもこのような主観的な孤独感の構成要素と捉えられる間接的な表現を用いた質問項目を用いて分析を試みる。

　前節で述べた落合（1989, 1999）の議論をふまえて本章で定式化した二つの主観的孤独感に対応するものとして以下の質問項目を用いる。一つ目の「現実に関わっている人と理解・共感できないと考えている時」に抱く「理解欠如型孤独感」については、「仲のよい友だちでも私のことをわかっていない」に「そう思う」「ややそう思う」「あまりそう思わない」「そう思わない」で回答してもらう 4 件法項目を用いる。これは上記の UCLA 孤独感尺度における「自分を本当に理解している人がいると感じますか」に類似する項目として位置づけられる。

　二つ目の「自分と他人が同じではないという個別性を受け入れられていない時」に抱く「表層演技型孤独感」については、「自分の中には、うわべだけの演技をしているような部分がある」に同様に回答してもらう 4 件法項目を用いる。これは UCLA 孤独感尺度の「周りの人たちと一体感がもてないと感じることがありますか」に類似する項目として位置づけられる。自分が他人と同じではないという個別性を受け入れられていない段階では、他人になるべく同調しようとして「表面的にはうまく付き合っている」ようにするふるまいが見られる。そのため、「うわべだけの演技」をするということは、自分が他人と同じではないという個別性を受け入れられずに抱いている孤独感と捉えられる。さらに、「うわべだけの演技」という表現から、回答者の若者自身が関係性を「表層的」あるいは「希薄」であると評価しているかどうかについても測定することができる。

　本章が基づいている大学生調査は主として社会学的な問題関心から設計されており、UCLA 孤独感尺度のような豊富な質問項目は設けていない。主観的な孤独感の多様な側面をこの 2 項目のみで測定することには限界があるが、ここでは本章の問題関心と関連する側面のみに絞った分析を行い、それ以外の側面の分析については今後の課題としたい。

　二つの主観的孤独感の回答の分布は図 8-1 のようになっている。一つ目の「理解

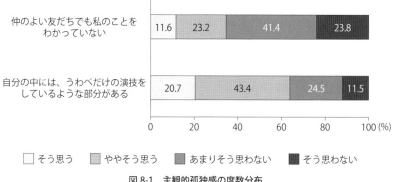

図 8-1　主観的孤独感の度数分布

欠如型孤独感」(「仲のよい友だちでも私のことをわかっていない」)については、「あてはまる」が11.6％、「ややあてはまる」が23.2％で合わせて34.8％となっている。現代の大学生において、友人のなかでも仲のよい人でさえも「私のことをわかっていない」と感じている人が3割以上いるというのは決して少ない数字とはいえないだろう。二つ目の「表層演技型孤独感」(「自分の中には、うわべだけの演技をしているような部分がある」)については、「あてはまる」が20.7％、「ややあてはまる」が43.4％で合わせて64.1％となっている。多元化した友人関係に演技性がともなうことはある程度は当然のことといえるだろうが、学生たちの半数以上がそれを「うわべだけ」という表層的なものと捉えている点は注目に値する。この点については後に考察する。

4-2　友人関係の傾向

次に、独立変数として投入する友人関係関連項目の傾向について確認する。この点について、本章では友人数それ自体を希薄化＝孤独感の傾向として分析するのではなく、あくまで若者の主観的孤独感との関連を見るために用いる。青少年研究会の友人関係に関する質問項目の特徴として、友人を「親友（恋人を除く）」「仲のよい友だち（親友を除く）」「知り合い程度の友だち」の三つに分けて、それぞれの人数を尋ねている点が挙げられる。これらの基礎統計量をまとめたものが表8-1である。

これを見ると、「親友（恋人を除く）」の平均値は4.04人、「仲のよい友だち（親友を除く）」は18.73人、「知り合い程度の友だち」は74.05人となっている。調査形式が異なるため単純な比較はできないが、青少年研究会が実施した2010年の大学生調査では、「親友（恋人を除く）」の平均値は4.60人、「仲のよい友だち（親友を

表 8-1　友人数の基礎統計量

	度数	最小値	最大値	平均値	標準偏差
親友（恋人を除く）	1043	0	100	4.04	4.56
親友（恋人を除く）／同性	968	0	50	3.60	3.45
親友（恋人を除く）／異性	968	0	50	0.45	1.87
仲のよい友だち（親友を除く）	1034	0	1241	18.73	46.83
仲のよい友だち（親友を除く）／同性	917	0	350	13.42	17.48
仲のよい友だち（親友を除く）／異性	917	0	150	3.84	7.80
知り合い程度の友だち	1015	0	1241	74.05	120.49

除く）」は17.86人、「知り合い程度の友だち」は54.37人となっており、「知り合い程度の友だち」が増加傾向にあることがわかる。この背景としてはSNSの普及によって「友だち」の外延が広がっていることが指摘できるだろう。サービスにもよるが、SNSは他人を気軽に「友だち」として登録することができるため、そのように気軽に登録された人たちが「知り合い程度の友だち」に含められている可能性が考えられる。

　このほか友人関係の質的な特徴として、先行研究でも指摘されていた「関係の同質性」と呼べる傾向を指摘できる。表8-1の親友の数と仲のよい友だちの数では同性か異性かについても尋ねている。親友の数の平均値は同性が3.60人、異性が0.45人となっている。仲のよい友だちの平均値は同性が13.42人、異性が3.84人となっている。いずれも同性の方が大幅に多く同性志向であることがわかる。

　さらに本調査ではとくに親しくしている友だち3名（A、B、Cさん）について親しい順に思い浮かべてもらい、その関係性を尋ねる質問項目を設けている。紙幅の都合で詳細な集計結果は示せないが、とくに親しくしている友だち3名と同年齢かどうかについて尋ねた質問では、A～Cさんともに9割以上が「同年齢」という結果になっており同年齢志向を指摘できる。また知り合った場所を尋ねた質問では、A～Cさんともに、最も多いのが「幼稚園・保育園・小中学校」で、2番目が「高校（委員会や部活なども含む）」、3番目が「大学で（部活やサークル活動なども含む）」となっており、幼なじみ志向と呼べるような傾向が見て取れる。

　以上、限定的ではあるが、現代の大学生における友人関係の傾向について確認した。友人関係の量的な特徴として友人数をみると、親友の数のみ微減しているとはいえ、仲のよい友人の数は微増、知り合い程度の友人の数は増加しており、先行研究が指摘してきたように、現代の大学生もそれなりに活発な友人関係を形成してい

第8章　ネット上では「つながって」いる大学生の不可視な孤独　　*173*

るように見える。また、友人関係の質的な特徴として、同性志向、同年齢志向、幼なじみ志向といった傾向が見られたが、これらについても先行研究が指摘してきた「同質性」が再確認できたといえる。しかしながら、だからといって、当の若者が孤独感を抱いていないとは限らないということは前項でみたとおりである。次節では、現代の大学生の主観的孤独感の規定要因について分析する。

5 分析Ⅱ：大学生の主観的孤独感の規定要因

5-1　投入変数の説明

　本章では主観的孤独感の規定要因を明らかにするために、従属変数に先述した二つの主観的孤独感、独立変数にメディアを介した友人関係に関する変数を投入する重回帰分析を行う。現代の若者において友人関係とメディア利用は不可分なものになっている。分析の際は両者を組み合わせて用いることにする。その際、「つながっているのに孤独」という批判や先行研究が前提としていた社会的孤立、すなわち人間関係が希薄な状態が孤独感を生じさせているとする「希薄性仮説」と、脱埋め込み化した友人関係における再帰性の高まりが孤独感を生じさせているとする「再帰性仮説」の二つを検証する。

　モデル1では希薄性仮説に関する項目を投入する。まず友人関係項目として、「親友の数」「仲のよい友だちの数」「知り合い程度の友だちの数」を用いる。次にメディア利用項目として、まず「1日あたりのスマートフォン利用時間（平日・休日平均）」「1日のLINEメッセージ送信数（スタンプも含む）」「LINEで登録している「友だち」の数」を用いる。これらを用いることによって、メディアを介した友人関係の多寡や接触頻度といった希薄性に関する項目が主観的孤独感に与える効果について検証する。

　モデル2では再帰性に関する項目を投入する。まず友人関係の脱埋め込み化にともなう再帰性の上昇を測定する項目として次の二つを投入する。一つ目に、「遊ぶ内容によって一緒に遊ぶ友だちを使い分けている」を用いる。これは、友人関係を対象化し操作可能なものとして捉えているという点で再帰的な友人関係の態度といえる。二つ目に、「周囲の人たちから「イタいやつ」と思われないようにしている」を用いる。これは、周囲の状況をモニタリングして自己のふるまいを修正するという点でやはり再帰的な友人関係の態度として捉えることができる。

　次にメディア利用における再帰性の上昇を測定する項目として次の二つを投入す

る。一つ目に、「SNSの友人リストから、連絡を取ってない相手を削除する」を用いる。これは、メディアを用いて友人関係を対象化して操作可能なものとしているという点で、再帰的なメディア利用と捉えられる。二つ目に、「SNSでの反応を予想して、自分のふるまい方を変えることがある」を用いる。これは、SNS上での他人の反応をモニタリングして自分のふるまいを修正しているという点でやはり再帰的なメディア利用と捉えることができる。

これらに加えて統制変数として、大学生の基礎的な社会的属性項目と考えられる「性別」「学年」「親と同居しているかどうか」「家の暮らし向き」「入学難易度」を投入する。

5-2 「理解欠如型孤独感」の規定要因

それでは、二つの主観的孤独変数について、それぞれ分析結果を見ていこう。表8-2は「理解欠如型孤独感」として「仲のよい友だちでも私のことをわかっていない」を従属変数として投入した重回帰分析の結果である。モデル1には統制変数に加えて、友人関係とメディア利用の希薄性に関する項目を投入している。モデル2にはさらに、友人関係とメディア利用の再帰性に関する項目を投入している。独立変数間の多重共線性を診断するVIFはいずれも2.0以下で問題はなかった。まず統制変数では、男性であることと入学難易度が高いことが孤独感を高めている。男性の方が友人とのコミュニケーションに支障を感じやすく、高学歴の方がさまざまな地域からの多様な学生が集まりやすいといった背景が考えられる。一方で、「親との同居」は孤独感を低めている。SNS世代ともいわれる現代の大学生においても、やはり血縁関係のある親と物理的に居合わせることが孤独感の低減に役立っていることがわかる。しかしながら、いずれも標準化係数ベータの値が小さく、影響力は大きくない。

希薄性仮説に関する項目として、まず友人数を見ると一貫して効果が出ているのは「親友の数」のみで、それ以外の「仲のよい友だちの数」と「知り合い程度の友だちの数」は関連がなかった。そして、「親友の数」の多さが孤独感を弱めているという結果であった。前項で見たとくに親しくしている3名の分析結果から、親友は他の友人と比べて相対的に同質性が高く相手のことをよく知っていると思われる。そのため、お互いにある程度理解しあえているという感覚から、「理解欠如型孤独感」を低減させる効果があると考えられる。次にメディア利用に関する項目では、「LINEで登録している友だちの数」がわずかに孤独感を弱めているが、他の「1日

第8章　ネット上では「つながって」いる大学生の不可視な孤独

表 8-2　「理解欠如型孤独感」を従属変数にした重回帰分析

	モデル1 B	モデル1 β		モデル2 B	モデル2 β	
F2　性別（男性ダミー）	0.114	0.058	†	0.171	0.087	**
F3　あなたの学年は，次のうちどれにあてはまりますか。	0.034	0.033		0.033	0.032	
F7　親同居ダミー	−0.146	−0.072	*	−0.132	−0.065	*
F17　現在，あなたの家の暮らし向きは，いかがですか。（逆転）	−0.032	−0.035		−0.021	−0.023	
入学難易度	0.013	0.102	**	0.011	0.090	**
Q26_1_1 a)　親友（恋人を除く）	−0.031	−0.151	***	−0.028	−0.138	***
Q26_2_1 b)　仲のよい友だち（親友を除く）	0.001	0.053		0.001	0.058	†
Q26_3_1 c)　知り合い程度の友だち	0.000	0.015		0.000	−0.002	
Q17　あなたは，日ごろどのくらいスマートフォンを触っていますか。平日・休日を平均して1日あたりの時間でお答えください。	−0.009	−0.030		−0.014	−0.045	
Q18_1　あなたは，LINEで一日に何通くらいメッセージ（スタンプも含む）を送信しますか。	0.012	0.017		−0.006	−0.009	
Q18_2_1　LINEで登録している「友だち」の数は何人ですか，人数をご記入ください。	−0.001	−0.079	*	−0.001	−0.071	†
Q25_8　遊ぶ内容によって一緒に遊ぶ友だちを使い分けている（逆転）				−0.030	−0.028	
q25_9　周囲の人たちから「イタいやつ」と思われないようにしている				0.044	0.041	
Q22 e) SNSの友人リストから，連絡を取ってない相手を削除する（逆転）				0.095	0.101	**
Q40_6 f) SNSでの反応を予想して，自分のふるまい方を変えることがある（逆転）				0.184	0.194	***
調整済みR2乗		0.035	***		0.083	***
n		986			986	

†：p < 0.1，*：p < 0.05，**：p < 0.01，***：p < 0.001

あたりのスマートフォン利用時間」や「LINEでの1日のメッセージ送信数」については関連が見られなかった。このことから、メディアの利用時間や友人との連絡頻度が多いほど、友人との差異を認識する機会が増大し、孤独感が増すといった単純な関連ではないことがわかる。

　次に再帰性仮説に関する項目を投入したモデル2では、全体としてモデル1でみられた効果は残りつつ、調整済みR2乗が増加しており、説明力が若干上がっている。まず友人関係に関する項目として投入した「遊ぶ内容によって一緒に遊ぶ友だ

ちを使い分けている」と「周囲の人たちから「イタいやつ」と思われないようにしている」の二つでは統計的に有意な関連が見られなかった。これらの項目は多元化・濃密化した友人関係を前提としたうえで意識的に対処していくための戦略としての側面があり、このようなスタンスを取っている大学生にとっては、たとえ仲のよい友人に自分が理解されなくても、あたりまえのこととして問題視されていない可能性が考えられる。

　メディア利用に関する項目では、「SNS の友人リストから，連絡を取ってない相手を削除する」と「SNS での反応を予想して，自分のふるまい方を変えることがある」の両方が孤独感を高めており、とくに後者の方がより強い効果を持っていることがわかる。これらの項目は、SNS を用いて友人関係を操作したり、自分のふるまいを修正したりするような行為であり、いずれもことさら友人に表明するような行為ではない。むしろ SNS でつながっている仲のよい友人であるほど知られないようにすることの方が一般的であろう。このような友人関係と自己を操作化する再帰的な態度が、「仲のよい友だちでも私のことをわかっていない」という「理解欠如型孤独感」につながっていると考えられる。

5-3　「表層演技型孤独感」の規定要因

　続いて、「表層演技型孤独感」の規定要因について検討する。表 8-3 は「自分の中には，うわべだけの演技をしているような部分がある」を従属変数として投入した重回帰分析の結果である。モデル 1 と 2 に投入している独立変数は表 8-2 の「理解欠如型孤独感」の分析と同様である。モデル 1 の調整済み R2 乗が低いが、モデル 2 で多少改善されている。VIF はこちらもすべて 2.0 以下となっている。統制変数では、表 8-2 と同様に男性であることが孤独感を高めており、モデル 1 のみで「親との同居」が孤独感を低めているが、その他の項目は関連が見られなかった。

　希薄化仮説に関する項目として、まず友人関係の項目の友人数では、表 8-2 と同様に「親友の数」が孤独感に対してマイナスの効果を持っているが、モデル 1 と 2 ともに標準化係数ベータは低い値となっている。「親友の数」の孤独感低減効果は、「表層演技型孤独感」よりも「理解欠如型孤独感」の方に強く働いていることがわかる。親友の同質性は相互理解を高める効果に加えて、うわべを取り繕う必要性を低減させる効果があるといえる。メディア利用に関する項目では、「1 日あたりのスマートフォン利用時間」のみ孤独感にプラスの効果を持っている。よく指摘されるように、これについては孤独感を抱いている人ほど孤独感を紛らわせるためにス

第8章　ネット上では「つながって」いる大学生の不可視な孤独

表8-3　「表層演技型孤独感」を従属変数にした重回帰分析

	モデル1 B	モデル1 β		モデル2 B	モデル2 β	
F2　性別（男性ダミー）	0.110	0.057	†	0.166	0.087	**
F3　あなたの学年は，次のうちどれにあてはまりますか。	-0.029	-0.029		-0.020	-0.020	
F7　親同居ダミー	-0.105	-0.054	†	-0.091	-0.046	
F17　現在，あなたの家の暮らし向きは，いかがですか。（逆転）	0.030	0.033		0.039	0.044	
入学難易度	0.002	0.020		0.000	0.003	
Q26_1_1 a)　親友（恋人を除く）	-0.014	-0.070	*	-0.013	-0.064	*
Q26_2_1 b)　仲のよい友だち（親友を除く）	0.000	0.005		0.000	0.007	
Q26_3_1 c)　知り合い程度の友だち	0.000	-0.003		0.000	-0.016	
Q17 あなたは，日ごろどのくらいスマートフォンを触っていますか。平日・休日を平均して1日あたりの時間でお答えください。	0.025	0.085	**	0.018	0.062	†
Q18_1 あなたは，LINEで一日に何通くらいメッセージ（スタンプも含む）を送信しますか。	-0.022	-0.032		-0.037	-0.053	
Q18_2_1 LINEで登録している「友だち」の数は何人ですか，人数をご記入ください。	0.000	-0.018		0.000	-0.043	
Q25_8　遊ぶ内容によって一緒に遊ぶ友だちを使い分けている（逆転）				0.076	0.072	*
q25_9　周囲の人たちから「イタいやつ」と思われないようにしている				0.115	0.112	**
Q22 e) SNSの友人リストから，連絡を取ってない相手を削除する（逆転）				0.037	0.040	
Q40_6 f) SNSでの反応を予想して，自分のふるまい方を変えることがある（逆転）				0.153	0.166	***
調整済み R2 乗		0.009	*		0.066	***
n		986			986	

†：p<0.1　*：p＜0.05　**：p＜0.01　***：p＜0.001

マートフォンを利用する時間が増えるという逆の因果も考えられる。いずれにしても「理解欠如型孤独感」と同様に、「表層演技型孤独感」も単にメディアの利用時間や友人との連絡の頻度が増加すれば孤独感も高まるといった単純な関係ではないことがわかる。

　次に再帰性仮説に関する項目を投入したモデル2では、モデル1で関連のみられた項目のうち、「親との同居」の効果が消えている。友人関係に関する項目では、「遊ぶ内容によって一緒に遊ぶ友だちを使い分けている」と「周囲の人たちから

「イタいやつ」と思われないようにしている」の両方が孤独感を高めている。友人関係の多元化はそれぞれの関係に対する自己呈示をともなうため、必然的に演技性が求められる。また、周囲の人たちの視線を気にして自己のふるまいを修正する態度はそれ自体やはり演技的といえる。こうしたことから「表層演技型孤独感」を高める効果を持っていると考えられる。メディア利用の項目においても「SNSでの反応を予想して、自分のふるまい方を変えることがある」のみ孤独感にプラスの効果を持っているが、これもふるまい方を変えるといった演技性が影響していると考えられるだろう。

重要なことは、再帰的な友人関係やメディア利用には演技性がともなうということだけではなく、そのような演技性が当の若者たちから「うわべだけ」と捉えられている可能性である。希薄化論批判の先行研究では、若者の友人関係を「深い」「浅い」という基準から希薄化しているとみなす年長者の図式が問題とされていたが、当然のことながら同様の図式は若者にも採用されうる。分析結果から示されることは、友人関係やメディア利用の再帰性の高い若者の方が友人関係を「深い」「浅い」という図式で捉えて孤独感を抱いている可能性である。「深い」「浅い」図式は年長者による希薄化論とともに破棄されてよいものではなく、当の若者にも採用されうるものとして、今後も調査・分析していく必要があるだろう。

6 再帰的な友人関係における不可視な孤独

本章ではSNSで多くの人と「つながっているのに孤独」という現象に注目し、メディアを介した友人関係と主観的孤独感の関連について検討してきた。先行研究は携帯電話によって若者の友人関係が希薄化したとする言説を検証し、選択化、濃密化、多元化、同質化といった数々の知見を提出してきた。それらの研究は、希薄化論を反証して新しい友人関係の捉え方を提示したという点できわめて意義深いものではあるが、その過程で当の若者たち自身の孤独感は見過ごされてきたのではないか。このような問題関心のもと、友人関係の客観的な性質と若者たちの主観的孤独感を区別したうえで、両者の関連について分析してきた。

分析の結果から見えてくるのは、流動化社会における脱埋め込み化した友人関係のなかで、再帰的に産出される不可視な孤独のありようである。現代の大学生は決して少なくない数の友人とつながっており、SNSを通してある程度活発にやり取りをしていることから、外的な観察では孤立状態にあるようには見えない。客観的に

は孤立していないという外部観察は容易に、そうであるならば若者は孤独を感じていないという内面の推論をともなってしまう。しかしながら、他者のモニタリングと自己の振り返りという再帰性の中で、「お互いに分かり合えない」「自分と他人は同じではない」という孤独感を抱いている学生が一定数確かに存在していた。彼・彼女らにはSNSでの反応を気にする者ほど孤独感を抱いているという特徴が見られた。SNSで「つながっているのに孤独」なのではない。「つながっているから孤独」なのである。

　最後に、本章の分析結果では、「親との同居」や「親友の数」に部分的に孤独感を低減させる効果があることもわかった。親友については同性、同年齢、幼なじみといった同質性志向が見られた。このような親子関係や友人関係は、ギデンズの述べる脱埋め込み化以前の固定された場所に埋め込まれた親密性といえる。ここに再帰的に産出される孤独感からの退避ともいえる「再埋め込み化」(ギデンズ 2021) の兆候を見て取ることも可能だろう。そして、確実性の高い（あるいは予測可能性の高い）親密性という点では、第9章で言及されるバーチャル恋愛なども含めることができるだろう。現代の大学生に見られるこのような傾向を「内向化」や「保守化」といって批判することはたやすい。しかしながら、確実性の高い親密な関係への回帰が、脱埋め込み化した友人関係において再帰的に産出され続ける孤独感に対処するための一つの戦略なのであれば、私たちはその戦略の特徴や帰結について、冷静に観察していく必要がある。

【文　献】

浅野智彦 (1999).「親密性の新しい形へ」富田英典・藤村正之［編］『みんなぼっちの世界——若者たちの東京・神戸 90's　展開編』恒星社厚生閣, pp. 41-57.

浅野智彦［編］(2006).『検証・若者の変貌——失われた10年の後に』勁草書房

浅野智彦 (2011).『若者の気分　趣味縁からはじまる社会参加』岩波書店

浅野智彦 (2015).『「若者」とは誰か——アイデンティティの30年【増補新版】』河出書房新社〔原著：2013年〕

石田光規 (2018).『孤立不安社会——つながりの格差、承認の追求、ぼっちの恐怖』勁草書房

岩田考・羽渕一代・菊池裕生・苫米地伸［編］(2006).『若者たちのコミュニケーション・サバイバル——親密さのゆくえ』恒星社厚生閣

大空幸星 (2023).「「望まない孤独」に必要な予防型の孤独対策」松本俊彦［編］／國分功一郎・大空幸星・吉川徹・松本俊彦・横山美江『孤独と孤立——自分らしさと人とのつながり』日本看護協会出版会, pp. 17-27.

小田中悠・牛膓政孝・山下智弘・吉川侑輝・鳥越信吾 (2020).「人間関係の希薄さに関する研究のレビュー——社会的孤立、孤独、SNSに注目して」『IPSS Discussion Paper Series No.2020-J01』国

立社会保障・人口問題研究所

落合良行（1989）．『青年期における孤独感の構造』風間書房

落合良行（1999）．『孤独な心——淋しい孤独感から明るい孤独感へ』サイエンス社

北田暁大（2012）．「若者論の理由——若者文化論はなぜ繰り返され続けるのか」小谷敏・土井隆義・芳賀学・浅野智彦［編］『若者の現在 文化』日本図書センター，pp. 33-62．

北田暁大・大多和直樹［編著］（2007）．『子どもとニューメディア』日本図書センター

ギデンズ, A.（1993）．松尾精文・小幡正敏［訳］『近代とはいかなる時代か？——モダニティの帰結』而立書房（Giddens, A.（1990）．*The Consequences of Modernity*, Stanford University Press.）

ギデンズ, A.（2021）．秋吉美都・安藤太郎・筒井淳也［訳］『モダニティと自己アイデンティティ——後期近代における自己と社会』筑摩書房（Giddens, A.（1991）．*Modernity and Self-Identity: Self and Society in the Late Modern Age*, Stanford University Press.）

鈴木謙介・辻大介（2005）．「ケータイは"反社会的存在"か？——断片化する関係性」『Intercommunication』55, 64-69．

タークル, S.（2018）．渡会圭子［訳］『つながっているのに孤独——人生を豊かにするはずのインターネットの正体』ダイヤモンド社（Turkle, S.（2011）．*Alone Together: Why We Expect More from Technology and Less from Each Other,* Basic Books.）

タンストール, J.（1978）．光信隆夫［訳］『老いと孤独——老年者の社会学的研究』垣内出版（Tunstall, J.（1966）．*Old and Alone: A Sociological Study of Old People*, Routledge & K. Paul.）

辻泉（2006）．「「自由市場化」する友人関係——友人関係の総合的アプローチに向けて」岩田考・菊池裕生・羽渕一代・苫米地伸［編］『若者たちのコミュニケーション・サバイバル——親密さのゆくえ』恒星社厚生閣，pp. 17-29．

辻泉（2016）．「友人関係の変容——流動化社会の「理想と現実」」藤村正之・浅野智彦・羽渕一代［編］『現代若者の幸福——不安感社会を生きる』恒星社厚生閣, pp. 71-96．

辻大介（1999）．「若者のコミュニケーションの変容と新しいメディア」橋元良明・船津衛［編］『シリーズ・情報環境と社会心理3 子ども・青少年とコミュニケーション』北樹出版, pp. 11-27．

土井隆義（2014）．『つながりを煽られる子どもたち——ネット依存といじめ問題を考える』岩波書店

土井隆義（2019）．『「宿命」を生きる若者たち——格差と幸福をつなぐもの』岩波書店

富田英典・藤村正之［編］（1999）．『みんなぼっちの世界——若者たちの東京・神戸90's 展開編』恒星社厚生閣

中村功（2003）．「携帯メールと孤独」『松山大学論集』14(6), 85-99．

橋元良明（2005）．「パーソナル・メディアの普及とコミュニケーション行動——青少年にみる影響を中心に」竹内郁郎・児島和人・橋元良明［編著］『新版 メディア・コミュニケーション論II』北樹出版，pp. 326-345．

福重清（2016）．「2000年代の都市青年の人間関係——友人関係をめぐる10年間の変化」『専修人間科学論集 社会学篇』6, 113-120．

藤村正之（1999）．「〈みんなぼっち〉の世界」富田英典・藤村正之［編］『みんなぼっちの世界——若者たちの東京・神戸90's 展開編』恒星社厚生閣，pp. 3-14．

舛田ゆづり・田髙悦子・臺有桂（2012）．「高齢者における日本語版UCLA孤独感尺度（第3版）の開発とその信頼性・妥当性の検討」『日本地域看護学会誌』15(1), 25-32．

松田美佐（2000）．「若者の友人関係と携帯電話利用——関係希薄化論から選択的関係論へ」『社会情報学研究』4, 111-122．

第 9 章

再帰的自己と恋愛の現在

大学生の「草食化」を両極化論とリスク化論から考察する

浅野智彦

1 再帰性と恋愛：問題設定とその背景

　本章の目的は、自己についての再帰的な意識が恋愛行動に与える影響を検討することである。

　再帰性という概念が社会学において注目を集めるようになった最初の時期から、再帰性と恋愛との関係は特段の関心を持って扱われてきた。実際、「再帰性」あるいはそれと密接に関連する諸概念を鍵として用いてきた著名な社会学者たちは、それぞれ現代社会について彼らなりの原理論を提示したあとに、恋愛（あるいは結婚）についてのモノグラフ的な研究を発表している。たとえば、アンソニー・ギデンズは、『近代とはいかなる時代か？』のあとに『親密性の変容』を発表している（ギデンズ 1993, 1995）。同じように、ウルリヒ・ベックは『危険社会』のあとに『愛は遠く離れて』を（ベック 1998, 2014）、ジグムント・バウマンは『リキッド・モダニティ』のあとに『リキッド・ラブ』を刊行している（バウマン 2001, Bauman 2003）。これは、再帰性の増大が恋愛において（あるいはもう少し広くいえば親密な関係において）もっとも明瞭にその影響を表すと考えられたからであろう。

　もちろんここで名前を挙げた三人の議論は、それぞれ異なった方向性や異なった力点を持っている。本章も、そのような議論の多様性を認めた上で、彼らの問題意識を踏襲し、日本の大学生において再帰的な自己意識が恋愛をどのように変化させうるのかという問いを立てることにする[1]。

---

1) ヨーロッパを中心に展開されてきた議論における一つの軸は、親密性がより純化されたものになるのか、むしろ商品交換のようなものに変質してしまうのか、という対立にある。石田光規の婚活についての分析は日本においても後者の傾向が強く現れていることを示唆している（石田 2018）。他方、中森弘樹は、日本では恋愛が十分に共同体から切り離されておらず、そのために商品化に歯止めがかかっているのではないかと論じている（中森 2021）。

2 草食化と再帰性

　今日、日本の大学生（あるいは若者全般）の恋愛行動について、最も注目されているのは「草食化」の進行であろう。つまり、恋愛あるいは性愛に対して消極的な、あるいは忌避する傾向が大学生の間で強まっているというのである。実際、日本性教育協会が継続的に行なってきた「青少年の性行動調査」の結果は、大学生たちの性愛行動が 2000 年代の半ばをピークとして、10 年以上にわたり低下を続けてきたことを示している（図 9-1）[2]。この調査は、青少年の性愛に関する調査としては最も信頼のおけるものであり、本章もこれを最初の手がかりとしたい。

　大学生（あるいは若者）はなぜ草食化したのか。この問いに対してはさまざまな回答が提案されてきた。日本性教育協会の調査に中心的に携わってきた研究者たちも、データ分析の結果としていくつかの仮説を提示している。ここではそのなかから以下の二つの論点に注目する。

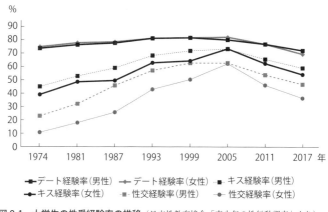

図 9-1　大学生の性愛経験率の推移（日本性教育協会「青少年の性行動調査」より）

---

2) このような消極化の傾向が次の調査（2023 年）においても継続するのかどうか、注目を要するところである。参考までに挙げておくと、青少年研究会が 2010 年に行なった大学生調査で「好きな人と性交渉をしたことがある」と回答した大学生は 36.5％ だったのに対して、2020 年の調査では 31.8％ であった。
　　また関西圏の大学に通う学生を対象として 30 年に渡り継続的な調査を行なってきた片桐新自は、最新の 2017 年調査データから性交への態度として「深く愛し合っているならよい」という回答が大きく減り、「結婚や愛は関係ない」という回答が大きく増えたと報告している（片桐 2019：63）。片桐はこの結果について「恋愛をしたいと思っていない人が性的関係について考える時には、「恋愛」を前提にしない考え方になるのは当然だろう」と解釈している（片桐 2019：64）。

第9章　再帰的自己と恋愛の現在　　183

　第一に、草食化と一口に言ってもじつは全体が草食化しているのではなく、性愛に対して消極化する層と、逆により活発になる層とに分化しているのではないか、という指摘がなされている（両極化論）。第二に、性愛に対して消極的である若者は、性をリスキーなものとみなすがゆえにそのようになるのではないかという指摘がなされている（リスク化論）。この二つはいずれも性行動に注目して論じられたものだが、恋愛関係を考える上でも重要な示唆を与える。
　両極化をデータに基づいて早くから指摘してきたのは林雄亮である（林 2013, 2018, 2019）。2005年調査から2011年調査にかけて大学生・高校生の性愛行動が目立って減少したのと同時に、一部では逆に性行動が活発化していると林は指摘した。すなわち「2000年代生まれのとくに女子において10代前半における性行動の経験率が高まって」おり（林 2019：44）、この傾向は2017年調査の結果においても同様であるという。全体としてみれば大学生・高校生全体において「草食化」が進んでいるようにみえるのだが、実際に進行しているのは「そう単純ではない青少年層の分極化」なのである（林 2019：45）。
　リスク化論は、まず高橋征仁によって提起され、それを片瀬一男が展開するかたちで論じられてきた。
　高橋は、高校生・大学生の性行動がそれまでの趨勢から反転して消極化した2011年調査の結果を受けて、それを欲望からリスクへという恋愛の意味づけの転換として解釈した（高橋 2013）。この転換の背景にあるのは、性愛の営みが個人化・私事化したことである。以前は友人たちとのコミュニケーションにおいて情報を得たり、相談に乗ってもらったり、心理的に支えてもらったりすることで、自らのうちに性的な関心を培養するとともに性のリスクへの免疫を獲得してきた。だが、2000年代に入って性愛がより個人化、私事化されたものになるにつれて、それは友人たちとのコミュニケーションから切り離されたものになっていく。その結果、友人たちから得ていた支援が失われ、性愛はより敷居の高いものへと変わっていくのである。
　高橋がリスクとして具体的に想定していたのは、友人から恋人への移行に際して必要となる空気を読む能力や告白そのもののハードルの高さのようなものであるが、データ分析の際にリスクの指標として用いたのは性を楽しいと感じるかどうかという項目である（高橋 2013：56-59）。この項目によって測られたリスク意識は、友人とのコミュニケーション（性についての会話の頻度および友人の性行動への関心）の度合いが高いほど低減されることが多変量解析の結果として確認された。他方、時系列でみてみると、性愛行動の消極化に先立って友人との性についての会話の減少

が進んでいた。ここから高橋は、恋愛のプライベート化がそのリスク化をもたらしたと論じた[3]。

　高橋の議論を受けてこれをさらに展開したのが片瀬一男である（片瀬 2018）。まず片瀬のみるところ、高橋が理論的な枠組みとして採用しているルーマンのリスク論と、彼が分析に用いている指標とはうまく対応していない。というのも、ルーマンのリスク概念は時間次元を軸として構成されているが、性が楽しいかどうかという質問項目は時間次元を含んでいないからである。ルーマンにおけるリスク概念は、現在の自己決定とそれがもたらしうる「未来の損害」との関係として把握される。他方、高橋が用いた「楽しい - 楽しくない」という性イメージはあくまでも現在に照準している。「ここには「未来」も「過去」もなく、「現在」の表象しかない。これでは「リスクとしての性行動」という性の位相をルーマン理論の枠組みでとらえ損なってしまう」（片瀬 2018：184）。

　片瀬は、性のイメージの代わりに性感染症への懸念に注目する。性感染症への懸念は、性の楽しさとは独立に、それがもたらす「未来の損害」をどの程度意識しているのかを示すものであり、その意味でルーマンのいうリスクの指標としてふさわしい。そこで性交経験の有無を従属変数とする多変量解析に、性感染症懸念を独立変数として投入し、その結果としてそれが性交経験を抑止するという知見を得ている。

　分極化論とリスク化論、この二つの論点を先に見た再帰性の文脈に置き直してみると次のような問が浮かび上がってくる。

　第一に、分極化は再帰性とどのような関係にあるのだろうか。分極化論が含意しているのは、草食化する大学生の対極に性愛に積極的な者たちが一定数存在しているということであった。彼らの存在は、再帰性の帰結として理解すべきであろうか、それとも再帰性の残余として理解すべきであろうか。以下にみるようにリスク化が再帰性の一つの現れであるとしたら、再帰性の作動は性愛を抑止するものであるということになり、性愛に積極的な人びとはいわば再帰性の作動の外部に、いわば残余としておかれていることになるだろう。だが逆の見方もありえる。たとえば、ギ

---

[3] 他方で、性のリスク化への新しい対処として高橋が注目するのは、いわゆるバーチャルな対象への愛である。すなわち若者はリスクを回避しながら性愛を充足する工夫を行なっており、「アニメやゲーム、アイドルなどのサブカルチャーを通じて、「萌え」や「癒やし」と呼ばれる一方向的な方法で性的関心を充足させるスタイルは、その典型であろう」という（高橋 2013：60）。性愛の機能的代替物としてのバーチャルな対象への愛、というこの議論は後に山田昌弘によってより詳細に展開された（Yamada 2017）。このような見方の妥当性については浅野（2024）を参照されたい。

デンズの再帰的近代化論を批判的に継承するアンソニー・エリオットは、再帰性が浸透する一局面である生活のモバイル化が性的な活動を活発化させると論じている。いわく、「多様なモビリティーズが機会を生み出す際に、「男性化する性」と「女性化する愛」によって、不貞が頻繁に起こり、それが ポータブルな人格の一部となりつつある」というのである（エリオット & アーリ 2016：137）。はたして性愛における積極性は再帰性の作動ゆえに生じているのだろうか、それとも再帰性の作動にもかかわらず残存しているのだろうか。そのように問うてみることができよう。

　第二に、リスク化は再帰性とどのような関係にあるのだろうか。片瀬は、ギデンズの親密性論に言及しながら、（ギデンズの）「予想に反して、21世紀に入って青少年の性行動が不活発化し、性交経験率が男女ともに低下し始めた」と論じている（片瀬 2018：194）。ここではリスク化は（ギデンズのいう）再帰性と異なるものとして捉えられているようにみえる。だが先にもふれたように、ここでいうリスクは、自己の現在の選択と未来にもたらされうる損害の可能性との関係として把握されているのであった。これは、現在の行為の偶有性（別様でありえること）と未来の結果の偶有性とを関連づけながら行為を選択するということを意味しており、まさに再帰性の作動であるというべきであろう。したがってリスク意識の高まりによる性愛への消極化は自己の再帰性の作動に相関しているのではないかと問うてみることもできる。

3　本章の問題：自己の再帰性は恋愛にどのような影響を与えるか

3-1　本章の問い

そこであらためて本章の問いを明示すると次のようになる。

問1　大学生の恋愛への積極化は再帰性増進の表れであるのか。
問2　大学生の恋愛への消極化は再帰性増進の表れであるのか。
問3　もし上の二つに対する回答がともにイエスだとしたら、再帰性は全体としてどのような構造を持っているのだろうか。

　大学生の恋愛を理解する上では最初の二つの問いが重要である。他方、再帰性のあり方について理解する上では三つ目の問いが重要である。「再帰性」という概念を用いて対象を記述するとき、人はしばしば「再帰性の増大により……となった」といった定形をなぞりやすい（「再帰性の増大により若者の草食化が進んだ」など）。

だが再帰性の効果が異なったベクトルを含む多元的なものであるとしたなら、その概念の用い方についてより慎重な態度が求められることになろう。

3-2 従属変数と独立変数

本節では恋愛行動を従属変数とし、再帰性を独立変数に投入する多変量解析を行う。これによって他の変数を統制したうえで再帰性がどのような効果あるいは関連性を持っているのかを明らかにすることができる。

従属変数として用いるのは以下の三つである。

- 恋愛交際経験の有無（経験ありに1を、経験なしに0を割り当てたダミー変数）
- 現在の恋愛交際相手の有無（相手ありに1を、相手なしに0を割り当てたダミー変数）
- これまでに交際した相手の数[4]

各変数の分布は以下のようになる（図9-2、図9-3）。

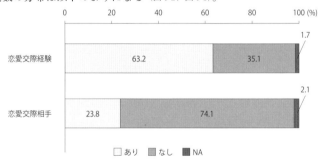

図9-2　恋愛交際経験・恋愛交際相手の有無

4）以下の分析では恋愛経験がないと回答した回答者については、交際経験人数0人とみなして分析に投入している。注意すべきは、交際経験人数0人のグループと一人以上のグループとの間に何らかの違いがあるかもしれないということだ。たとえば土田陽子は性教育協会の調査データを用いて恋愛意欲の度合いを分析した結果、大学生女子以外においては「これまで恋人がいなくて、今もいないが、特に恋人をほしいと思わないという、もっとも恋愛から距離のある人たちが多く増加していたことが明らかになった」としている（土田 2018：165）。ただし本書で用いている大学生調査のデータによると、「交際相手がいないことに焦りを覚えたことがある」人は、交際経験のない人の方で有意に多い。つまり恋愛交際の経験がない人はそのままでよいと思っているわけではなく、恋人を持つことへの焦りをより強く感じていることになり、土田による分析結果とは必ずしも一致しない。

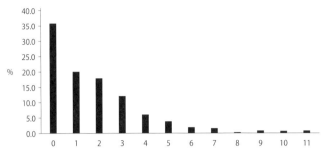

図 9-3　交際経験人数（人：横軸がつきあった人数）

　独立変数として用いるのは自己についての再帰的な意識を尋ねる以下の六つの項目である。

- 自分自身についてじっくり考えることがある（以下「内省的態度」）
- 今日は当たり前であることが、明日もそうだとは限らないと感じる（以下「脱慣習的態度」）
- 意識して自分を使い分けている（以下「操作的態度」）
- なりたい自分になるために努力することが大切だ（以下「先取的態度」）
- これからの社会で生きていくために必要とされる力が、自分にあるかどうか心配になる（以下「能力不安」）
- SNSでの反応を予想して、自分のふるまい方を変えることがある（以下「SNS上の反応の考慮」）

各変数の分布については第1章を参照されたい。
これらに加えて、統制変数として以下のものを分析に用いる。

個人の基本的な属性
- 年齢 [5]
- 性別（女性に1を、男性に0を割り当てたダミー変数）

---

[5] 年齢のかわりに学年を投入しても結果はかわらない。ただ、学年変数は、他の項目との間に多重共線性を引き起こす場合があったため、本章では年齢変数を投入したモデルを示した。

家庭の社会経済的な状況に関わる変数
- 暮らし向き（4段階、暮らし向きがよいほど数字が高くなるように調整）
- 奨学金受給ダミー（受給している場合に1、受給していない場合に0を割り当てたダミー変数）
- 両親の学歴
- 家財の数（4項目を総合して標準得点化）
- 文化資本（4項目を総合して標準得点化）

大学生活に関する変数[6]
- 大学の入学難易度（所属学部・学科の入学試験偏差値）
- 大学の所在地（大都市部に1を、非大都市部に0を割り当てたダミー変数）
- サークル加入の有無（サークル加入経験ありに1を、なしに0を割り当てたダミー変数）

[4] 基本線となるモデル

まず統制変数のみを投入した多変量解析を行う。これがこのあとの分析の基本線となる。

4-1　恋愛交際経験の有無

恋愛交際の経験を持つか持たないかを規定する要因をロジスティック回帰分析で検討する。結果を表9-1に示す。

文化資本、サークル加入経験が正の関連性を示し、父学歴が負の関連性を示す。これが意味しているのは、文化資本が高いほど、あるいはサークルに加入した経験のある大学生の方が恋愛交際を経験する傾向があり、逆に父親の学歴が高いほど恋愛交際を経験しない傾向があるということだ。

---

[6] なお、バイト経験の有無（バイト経験ありに1を、なしに0を割り当てたダミー変数）を投入した場合、以下の分析すべてにおいて効果を持つことが確認されている。ただ、モデルの単純さと解釈のしやすさを優先して、本章ではバイト経験ダミー変数を投入しないモデルを紹介する。バイト経験ダミーを投入したモデルにおいても本章で示した議論について変更の必要は生じない。

表 9-1 恋愛交際経験の有無を従属変数とし基本属性のみを独立変数とするロジスティック回帰分析

	B
(定数)	1.001
年齢	0.101
女性ダミー	−0.163
暮らし向き	−0.041
奨学金受給ダミー	−0.145
父学歴	−0.120*
母学歴	−0.036
家財	−0.132†
文化資本	0.242**
大学選抜度	−0.001
大都市ダミー	0.241
サークル加入ダミー	0.505**
−2LL	1168.900
疑似決定係数（Nagelkerke）	0.051
n	925

†：$p<0.01$、*：$p<0.05$、**：$p<0.01$、***：$p<0.001$

表 9-2 恋愛交際相手の有無を従属変数とし基本属性のみを独立変数とするロジスティック回帰分析

	B
(定数)	−2.518**
年齢	0.226**
女性ダミー	0.283†
暮らし向き	0.035
奨学金受給ダミー	−0.022
父学歴	−0.074
母学歴	0.121
家財	0.011
文化資本	0.269**
大学選抜度	0.001
大都市ダミー	−0.295
サークル加入ダミー	0.465*
−2LL	986.230
疑似決定係数（Nagelkerke）	0.069
n	923

†：$p<0.01$、*：$p<0.05$、**：$p<0.01$、***：$p<0.001$

4-2　現在の交際相手の有無

　現在、交際相手を持っているかどうかを規定する要因をロジスティック回帰分析で検討する。結果を表 9-2 に示す。

　年齢と文化資本およびサークル加入経験が正の関係を示している。つまり、年齢が高く、文化資本が高いほど、またサークルへの加入を経験している方が、交際相手がいる傾向が高まるということだ。

　ここで大学選抜度が恋人のいる・いないに関係を持っていないという点に注意しておこう。たとえば、社会保障人口問題研究所が定期的に行なっている出生動向基本調査（独身者調査）によれば、若者が恋人をもっているかどうかは学歴（中卒・高卒・大卒など）と明確な関係を持っている。すなわち、学歴が高い人ほど、恋人のいる率が高くなる。だが大学生のみを対象にしたここでの分析結果からは、大学内での選抜度の違いが影響を及ぼしていない様子がうかがわれる。

4-3 交際経験人数

最後に、これまでに交際した相手の数を規定する要因を重回帰分析によって検討する。結果を表9-3に示す。

年齢、文化資本、大都市ダミー、サークル加入経験が正の関連を、女性ダミー、家財数が負の関連を持っていることが読み取れる。つまり、年齢が高いほど、文化資本が高いほど、また大都市の大学であり、サークル加入経験のあるほうがかつて交際した人数が多くなる傾向にある。他方、女性であることや、家財数が多いことは交際経験人数を押し下げる。

全体を通してみると、経済的な条件よりも文化資本とサークル加入経験の正の影響が顕著であるといってよいだろう。さらにいえば、このあとにみる再帰性項目を投入したモデルも含めて、この二つの要因は本章で検討したモデルのすべてにおいて有意な正の効果を示した。その意味で安定した効果を持つ要因であるとみることができる。

文化資本は、恋愛交際において必要となるさまざまな資質が幼児期から培われた文化資本と何らかの関わりがあることを示唆している。ただし、その資質がどの

表9-3 交際経験人数を従属変数とし基本属性のみを独立変数とする重回帰分析

	B	β
(定数)	1.957	**
年齢	0.227	0.130 ***
女性ダミー	−0.300	−0.071 *
暮らし向き	0.054	0.028
奨学金受給ダミー	0.030	0.007
父学歴	−0.063	−0.042
母学歴	−0.047	−0.029
家財	−0.180	−0.089 **
文化資本	0.296	0.147 ***
大学選抜度	−0.018	−0.066 †
大都市ダミー	0.409	0.086 *
サークル加入ダミー	0.335	0.073 *
調整済みR2乗	0.054	***
n	922	

†: $p < 0.01$、*: $p < 0.05$、**: $p < 0.01$、***: $p < 0.001$

ようなものであるのかについては今後の検討を待つほかない。サークル加入経験は、恋愛交際の出発点である出会いの場の有無に関わっていると考えられる[7]。他の条件が整っていても、出会う機会がなければ恋愛交際には至りようがないからだ。

以上のモデルを基本線として、ここに再帰性に関する項目を投入してみよう。

5 再帰性項目を投入したモデル

5-1 恋愛交際経験の有無

以下では六つの再帰性項目を分析に投入することになるのだが、その前に六つの項目同士の関係について確認しておく（この点については第1章も参照されたい）。もしこれら六つが相互に密接に関連しており、高い共通性を持っているとしたら、何らかのかたちで一つにまとめてしまったほうが分析も解釈もしやすいはずだ。そこでこれらの変数相互の関連性を相関係数で確認してみると、ほとんどの変数間で有意な関係がみられるものの係数自体の値は大きくない。また、六つの変数がどのくらい同じものを測っているとみなしうるのかをクロンバックの α という指標でみてみると基準とされる水準を下回っている。つまり、これらの変数は、文言上は自己についての再帰的な態度や意識を尋ねているのだが、一まとめにしてしまえるほど同質的ではないということである。

これらをふまえて以下の分析では六つの変数をそのまますべて用いることにする（六つの変数の間に有意な相関がみられることから多重共線性が懸念されるが、以下の分析において VIF はすべて2未満であり、多重共線性は生じていないと判断される）。

まず恋愛交際経験の有無を従属変数としたロジスティック回帰分析の結果を表9-4に示す。

この結果から、父学歴が負の関係を持ち、文化資本、サークル加入経験および「SNS上の反応の考慮」が正の関係を持つことを見て取ることができる。つまり、

---

[7] 羽渕一代は、大学生の出会いの場について論じながら、サークルがその重要な一部であることを指摘している。大学生にとって「サークルや部活に入らないということは、恋愛交際に関心がないか、すでに相手がいるということを暗に意味するという」（羽渕 2022：204）。とくに、もう一つの出会いの場であった合コンが2000年代以降に衰退した結果、サークル・部活の重要性は増している。そして、そこでうまく行かなかった人びとにとっての受け皿としてマッチングアプリが利用されているのではないか、というのが羽渕の見立てである。

表 9-4 恋愛交際経験の有無を従属変数とし再帰性変数を独立変数とするロジスティック回帰分析

	B	
(定数)	0.909	
年齢	0.102	
女性ダミー	-0.171	
暮らし向き	-0.041	
奨学金受給ダミー	-0.172	
父学歴	-0.123	*
母学歴	-0.034	
家財	-0.126	
文化資本	0.218	**
大学選抜度	0.000	
大都市ダミー	0.204	
サークル加入ダミー	0.477	**
内省的態度	-0.006	
脱慣習的態度	0.026	
操作的態度	-0.024	
先取的態度	0.147	
能力不安	-0.206	†
SNS上の反応の考慮	0.162	*
-2LL	1156.000	
疑似決定係数（Nagelkerke）	0.063	
n	922	

†：p<0.01、*：p<0.05、**：p<0.01、***：p<0.001

表 9-5 現在の恋人の有無を従属変数とし再帰性変数を独立変数とするロジスティック回帰分析

	B	
(定数)	-2.861	**
年齢	0.226	**
女性ダミー	0.298	†
暮らし向き	0.039	
奨学金受給ダミー	-0.040	
父学歴	-0.077	
母学歴	0.126	†
家財	0.015	
文化資本	0.247	**
大学選抜度	0.000	
大都市ダミー	-0.299	
サークル加入ダミー	0.466	*
内省的態度	0.025	
脱慣習的態度	0.055	
操作的態度	0.089	
先取的態度	0.074	
能力不安	-0.108	
SNS上の反応の考慮	-0.004	
-2LL	980.1	
疑似決定係数（Nagelkerke）	0.071	
n	919	

†：p<0.01、*：p<0.05、**：p<0.01、***：p<0.001

　父親の学歴が高いほど交際を経験していない傾向があると同時に、文化資本が高くサークル加入経験があり「SNSでの反応を予想して、自分のふるまい方を変えることがある」場合に交際を経験している傾向がある、ということだ。他の変数を統制した上で、再帰性のうち「SNS上の反応の考慮」が正の影響を持つことを確認しておこう。

5-2　現在の交際相手の有無

　次に、現在の交際相手の有無を従属変数としたロジスティック回帰分析の結果を

示す（表9-5）。

　この結果から、年齢、文化資本、サークル加入経験が正の関係を持つことが読み取れる。つまり年齢が高く、文化資本が高く、サークル加入経験がある場合に現在恋人を持っている傾向がある。再帰性に関わる項目はいずれも現在の交際相手の有無に有意な関係を示していない。

　再帰性の効果をみる上では現時点での恋人の有無はあまり適切ではないのかもしれない。ことがらの性質上、再帰性の作動は一定の時間幅を持つものと考えられるが、恋人の有無はいわば現時点のありかたをスナップショットとして切り出したものであり、さまざまな偶発的な要因の介在によって再帰性の効果が見えづらくなる可能性がある[8]。したがって大学生の恋愛について考える際には、恋人の有無だけではなく、先に見た交際経験の有無や、次に見る交際経験人数をも合わせて考える必要がある。

5-3　交際人数

　最後にこれまでに交際した相手の数を従属変数とした重回帰分析の結果を表9-6に示す。

　この結果からは、年齢、文化資本、サークル加入経験、SNS上の反応の考慮が正の関連性を示し、家財数、能力不安が負の関連性を示していることが見て取れる。つまり、一方において年齢・家財数・文化資本が高く、サークル加入経験があり、「SNSでの反応を予想して、自分のふるまい方を変えることがある」場合にこれまで交際した人数が多くなる傾向がある。他方において「これからの社会で生きていくために必要とされる力が、自分にあるかどうか心配になる」と感じている場合には交際経験人数が少なくなる傾向がみられる。

　再帰性項目に注目すると、他の変数を統制した上で、「SNS上の反応の考慮」が正の影響を、「能力不安」が負の影響を持っている。つまり、どちらも再帰性を示すものと考えられるが、一方は交際経験人数を増やし、他方は減らす方向に関わっている。交際経験人数を恋愛の積極性・消極性の現れだとみるとするなら、再帰性は積極性を促進する方向にも、消極性を促進する方向にも関わっているということになる。

---

[8] 土田陽子は、恋愛に消極的な若者がほんとうに増えているのかを検討する過程で、「「恋人の有無」という点からは、恋愛に消極的な若者が増えたとも減ったとも断言することはできなかった」と報告している（土田 2018：169）。恋人の有無だけに照準してしまうと、若者の性愛行動の変化を捉え損なう可能性があるということだ。

表 9-6　交際経験人数を従属変数とし再帰性変数を独立変数とする重回帰分析

	B	β	
(定数)	1.991		*
年齢	0.225	0.129	***
女性ダミー	−0.275	−0.065	*
暮らし向き	0.052	0.027	
奨学金受給ダミー	0.004	0.001	
父学歴	−0.069	−0.046	
母学歴	−0.041	−0.025	
家財	−0.166	−0.082	*
文化資本	0.263	0.131	***
大学選抜度	−0.019	−0.067	†
大都市ダミー	0.360	0.076	†
サークル加入ダミー	0.310	0.067	†
内省的態度	−0.012	−0.005	
脱慣習的態度	0.053	0.021	
操作的態度	0.104	0.047	
先取的態度	0.132	0.044	
能力不安	−0.334	−0.120	***
SNS 上の反応の考慮	0.147	0.072	*
調整済み R 2 乗	0.068		***
n	919		

†：p＜0.01, *：p＜0.05, **：p＜0.01, ***：p＜0.001

5-4　分析のまとめ

　以上の分析をふまえると、最初の問いのうち二つには以下のように答えることができるだろう。

　まず、大学生の恋愛への消極化は再帰性増進の表れであるのかという問い（問2）に対しては、少なくとも「能力不安」というかたちをとった再帰性は交際経験人数によって示されるような消極性を促進している、と答えておくことができよう。そのうえで、ここで注意すべきはこの「能力不安」が一種のリスク意識でもあるということだ。現時点での自分の能力を省みて、それを未来における生活のあり方に結びつけて考えるというこの意識のあり方は、片瀬がルーマンをふまえながら定式化したリスクの意識と同型である。片瀬は性感染症懸念というリスク意識と性行動と

の間に負の関係を見出したが、ここでの分析は能力不安というリスク意識が恋愛行動（交際経験人数）と負の関係を持つことを示している[9]。

次に大学生の恋愛への積極化は再帰性増進の表れであるのかという問い（問1）に対しては、少なくとも「SNS 上の反応の考慮」という形をとった再帰性は、交際経験人数によって示されるような積極性を促進している。ここでは SNS に照準して尋ねているが、より一般的に他人の視線への敏感さとしてこれを捉えることもできるかもしれない[10]。

そのように一般的に捉えてみるなら、視線が交際を促進する効果を持つこと、そこにメディアが関与することはじつはそれほど新しいものではないことに気づかされる。

まず視線そのものの効果がある。たとえば針原素子は、性教育協会の調査データを用いて若者の性行動がお互いを評定するまなざしによって促進されたり抑止されたりするものであることを示している（針原 2019）。すなわち、若者はそもそも実際の性交経験率よりも周囲の性交経験率を高く見積もる傾向がある。「さらに、周囲の性交経験率を過大に見積もる傾向は、性行動の経験がないことを恥ずかしく思う心理、実際の性交経験の高さと結びついており」、性行動を促進する要因となるというのである（針原 2019：126）。

ここにメディアが関与し、まなざしを媒介することもある。たとえば、木村絵里子は、1980 年代の non-no の記事を分析しながら、雑誌記事（メディア）に媒介された視線の重要性を次のように指摘している。

> 「男性にどう見られるか」といいながら、それはテクニック論というよりもはるかに、「幸せな二人がまわりからどう見られるか」という「ルック」の問題なのである。（木村 2021：95）

---

[9] やや横道にそれるが、ここでの議論を若者のリスク意識の研究という文脈に位置づけることもできるかもしれない。たとえば友枝敏雄らが継続的に行なっている高校生の調査において、リスクは分析の重要な焦点の一つとなっている。たとえば、平松誠・久保田裕之は、非正規雇用のリスク認知を規定する要因として、学校タイプ、成績、進路希望、友人数、部活動などを見出した（平松・久保田 2015：159）。また阪口祐介は、原発のリスク認知の規定要因を分析し、「エリート校、理系、男子では原発リスク認知や脱原発志向が低く、東日本大震災による影響をあまり受けていない」と報告している（阪口 2015：180）。これらに対して本章の分析は、恋愛に関するリスク認知の由来を再帰性に求めたということになろう。

[10] 他の調査の結果からはこのような敏感さはこの 20 年ほどの間、上昇傾向にあることがうかがわれる（辻ほか 2022）。

ここにメディアを媒介にした他人の視線が恋愛を支えるというメカニズムをみてとることができよう。

このような構造は近年モバイルメディアとその上で展開されるソーシャルメディアのサービスによってより強度を増しているといえるかもしれない。たとえば大森美佐は、首都圏在住の大卒男女を対象としたインタビューデータを用いて、「つきあう」という事態が成立する上でICTがきわめて重要な役割を果たしている様子を描き出している（大森 2022）。見方によっては、スマホの画面は恋愛を営むためのコンソール画面のようにも思える。このコンソールに映し出されるさまざまな視線（SNSでの反応）を予想し、適切に対応する（自分のふるまい方を変える）性向や能力は恋愛行動を促進する要因・資源となっているのかもしれない。

では三つ目の問題はどうだろうか。これについては節を改めて検討してみる。

6 再帰性の構造

前節で確認されたのは、再帰性がある面では恋愛への積極性を推し進め、別の面では逆に消極性を推し進めるということであった。一見矛盾するこの傾向性をどのように理解すべきだろうか。

一つの考え方は、両者が端的に異なっているとするものだ。この考え方からすると、両者を包摂する「再帰性」などというものは存在せず、一方に積極性促進要因としての「SNS上の反応の考慮」意識が、他方に消極性促進要因としての「能力不安」があることになる。

もう一つの考え方は、「SNS上の反応の考慮」と「能力不安」はともに基盤となる「再帰性」の現れであるとみるものだ。この考え方からすると、基盤は同じであっても現れ方が異なるので、恋愛に対する影響は逆になることもありえるということになる。

考え方としてはどちらもありえるが、ここでは調査データとの関係でよりありそうなのはどちらなのかを検討してみたい。

そこで再帰性に関する質問項目をもう一度眺めてみると、用いられている文言の抽象度にやや違いがあることが見て取れる。たとえば、「自分自身についてじっくり考えることがある」（内省的態度）、「今日は当たり前であることが、明日もそうだとは限らないと感じる」（脱慣習的態度）の二つはより抽象的な水準に置かれており、前者は自己についての再帰性を、後者は自己を取り巻く現実の偶有性を一般的に問う

ものとなっている（ちなみに偶有性は再帰性の相関物であり、対象への関わり方において再帰性が作動するとき、その対象は別様でありえる相で現れる）。

この二つに対して以下の四つはより具体的な相での再帰性の表れが想定されている。

- 「意識して自分を使い分けている」（操作的態度）
- 「なりたい自分になるために努力することが大切だ」（先取的態度）
- 「これからの社会で生きていくために必要とされる力が、自分にあるかどうか心配になる」（能力不安）
- 「SNSでの反応を予想して、自分のふるまい方を変えることがある」（SNS上の反応の考慮）

この質問文の抽象度の違いに注目して、次のようなモデルを考えてみる。具体的な水準にある「能力不安」と「SNS上の反応の考慮」とは、他の諸変数を統制した上でもなお基盤的な水準にある再帰的な自己意識である「内省的態度」から正の効果を受け取る、というものだ。このモデルがデータによくあてはまるなら、「能力不安」と「SNS上の反応の考慮」を基盤的な再帰性の二つの異なった現れとみることができるであろう。逆にデータにうまく当てはまらなければ、二つはそもそも再帰性という一つの概念に包摂し難いと推測することができるであろう。

表9-7は、このモデルのデータによる検討結果である[11]。

この結果からは「能力不安」も「SNS上の反応を考慮」もともに「内省的態度」と正の関係にあることがみてとれる。つまりこれら二つの具体的な再帰性は、ともに基盤的な再帰性との関係を持つことにおいて共通しており、相互にまったく異なった二つの要因というわけではないと推測される。そして、同じ基盤に関係していながらも、両者は異なった効果を恋愛交際に及ぼしていたわけだ。

これをふまえて基盤的再帰性が具体的再帰性をへて恋愛行動に影響する様子を、交際経験人数を例にとってパス図で表現したのが図9-4である[12]。

---

11) ちなみに「内省的態度」のかわりに基盤的再帰性のもう一つの項目である「脱慣習的態度」を投入しても全体の傾向は変わらない。ただし、「内省的態度」と「脱慣習的態度」とを一緒に投入すると「SNS上の反応の考慮」に対する「脱慣習的態度」の効果が有意ではなくなる。つまり、「脱慣習的態度」が「SNS考慮」に対して持っていた効果は、実際には「内省的態度」に関連したものであったということである。以上のことから、二つの基盤的再帰性のうち、より基盤的なのは「内省的態度」であると判断し、それを投入したモデルのみをここでは示す。

表 9-7　再帰性の構造

	能力不安		SNS 考慮	
	B	β	B	β
（定数）	2.717	***	1.177	***
年齢	-0.025	-0.040	-0.004	-0.005
女性ダミー	0.150	0.098 **	0.225	0.108 ***
暮らし向き	-0.057	-0.080 *	-0.052	-0.054
奨学金受給ダミー	0.009	0.006	0.060	0.029
父学歴	-0.023	-0.043	-0.011	-0.015
母学歴	0.036	0.060 †	0.038	0.047
家財	0.029	0.039	0.008	0.008
文化資本	-0.017	-0.023	0.041	0.042
大学選抜度	0.000	0.000	0.001	0.005
大都市ダミー	-0.054	-0.031	0.140	0.060
内省的態度	0.260	0.276 ***	0.278	0.218 ***
調整済み R 2 乗	0.088	***	0.060	***
n	939		939	

†：p < 0.01、*：p < 0.05、**：p < 0.01、***：p < 0.001

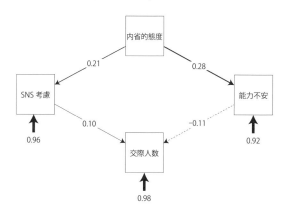

図 9-4　再帰性の構造についてのパス

12）矢印についている数値は、効果の向き（正負）と大きさとを示すものである。いくつかの指標から、モデルの適合度は基準をクリアしていると判断した。

図 9-4 からは以下のようなことが読み取れる。第一に、基盤的再帰性（内省的態度）は二つの具体的再帰性（能力不安、SNS 上の反応の考慮）のいずれにも正の関連性を持っている。第二に、二つの具体的再帰性は交際経験人数に対してそれぞれ正負の関連性を持つ。第三に、基盤的再帰性は交際経験人数に対して直接の関連性を持たない。それは具体的再帰性を経由した間接的な関係を持つのみである。再帰性の変数として内省的態度のみを投入すると、有意な関連性を示さない。これは二つの間接効果が相殺し合うためであると考えられる。

アンソニー・ギデンズは、再帰性をジャガノート（暴走する巨大な山車）にたとえた。なぜなら、ジャガノートがそうであるように、再帰性の増進は巨大なエネルギーによって駆動されながらも、不安定な形をしており、しかも人間による制御が難しいために、どちらに向かって走り出すかわからない不透明性を持っていると考えたからだ。すなわち、再帰性の増進は、社会をある特定の方向へと直線的に進めていくものというよりは、むしろどの方向に進むのかをよりわかりにくく、不透明にするものであるとギデンズはみていた。たとえば、20 世紀の初頭、社会全体の合理化の進展は宗教の影響力を縮小させていくだろうと考えられていたが、実際には、20 世紀終盤以降、政治に対する宗教の影響力はむしろ強まってさえいる。恋愛に対する再帰性の効果もまた、促進要因と抑止要因とのぶつかり合いのなかで、このような不透明性を生み出すであろう。

7 考察：「わかりやすさ」とは別の仕方で

ここまでの分析をふまえて最後に本章の問いに答えておく。

すでに確認したとおり一つ目の問「大学生の恋愛への積極化は再帰性増進の表れであるのか」および二つ目の問「大学生の恋愛への消極化は再帰性増進の表れであるのか」に対する答えはともに「イエス」である。その限りで再帰性の増大は恋愛に対して相反する影響を与えているということになる。

大学生の恋愛を全体で見た場合には消極化（草食化）が進んでいるということになるが、その成り立ちに注目すると促進要因と抑止要因とが同時に作用しており、それら二つがともに再帰性と関係を持つという点が重要である。再帰性はその限りで大学生の恋愛に影響を与えているといえるだろう。

三つ目の問「再帰性は全体としてどのような構造を持っているのだろうか」に対しては、基盤的再帰性と具体的再帰性とを区別した上で次のように答えることが

できそうである。恋愛に対する再帰性の影響は、基盤的な再帰性によって一義的には決定されない。基盤的再帰性を前提としながら作動するいくつかの具体的な再帰性の効果として、恋愛に影響を与えるものである。本章では二つの具体的な再帰性に注目したが、再帰性の具体的な表れはこの二つには限られないし、その効果も促進・抑止という単純なものには限定されないかもしれない。

このことは、再帰性という概念を用いて恋愛について語ろうとする際にはより慎重であるべきことを含意している。「再帰性」は、広く用いられるようになるにつれて、現象をわかりやすく語るための定型的な「語り口」となってきたように思われる。皮肉なことではあるが、「再帰性の増大によって現代社会は＊＊＊＊になっている」という語り口は、そのわかりやすさゆえに、むしろそれ以上の再帰的考察を抑止するものでさえありえる（古典的な近代社会にとって「個人化」、「道徳の衰退」、「連帯の衰弱」、「人間関係の希薄化」などがそうであったように（佐藤 1998））。

本章でみてきた分析結果が示唆しているのは、むしろそのような「わかりやすい」語り口を回避して、より具体的な相において再帰性の働きを観察することが必要であるということだろう。

【文　献】

浅野智彦（2024）．「バーチャルな愛の現在」『東京学芸大学紀要 人文社会科学系』75, 183-195.
石田光規（2018）．『孤立不安社会――つながりの格差、承認の追求、ぼっちの恐怖』勁草書房
エリオット, E., & アーリ, J.（2016）．遠藤英樹［監訳］『モバイル・ライブズ――「移動」が社会を変える』ミネルヴァ書房（Elliott, A., & Urry, J. (2010). *Mobile Lives*, Routledge.）
大森美佐（2022）．『現代日本の若者はいかに「恋愛」しているのか――愛・性・結婚の解体と結合をめぐる意味づけ』晃洋書房
片桐新自（2019）．『時代を生きる若者たち――大学生調査30年から見る日本社会』関西大学出版部
片瀬一男（2018）．「21世紀における親密性の変容――「リスク」としての性行動」林雄亮［編著］『青少年の性行動はどう変わってきたか――全国調査にみる40年間』ミネルヴァ書房, pp. 173-198.
ギデンズ, A.（1993）．松尾精文・小幡正敏［訳］『近代とはいかなる時代か？――モダニティの帰結』而立書房（Giddens, A. (1990). *The Consequences of Modernity*, Stanford University Press.）
ギデンズ, A.（1995）．松尾精文・松川昭子［訳］『親密性の変容――近代社会におけるセクシュアリティ、愛情、エロティシズム』而立書房（Giddens, A. (1992). *The Transformation of Intimacy: Sexuality, Love and Eroticism in Modern Societies*, Stanford University Press.）
木村絵里子（2021）．「1980年代、「non-no」の恋愛文化――現在を対象化するために」『現代思想』49(10), 91-100.
阪口祐介（2015）．「東日本大震災と原発事故以降のリスク認知」友枝敏雄［編］『リスク社会を生きる若者たち――高校生の意識調査から』大阪大学出版会, pp. 166-185.
佐藤俊樹（1998）．「近代を語る視線と文体――比較のなかの日本の近代化」高坂健次・厚東洋輔

［編］『講座社会学1　理論と方法』東京大学出版会, pp. 65-98.
高橋征仁（2013）．「欲望の時代からリスクの時代へ——性の自己決定をめぐるパラドクス」日本性教育協会［編］『「若者の性」白書 第7回 青少年の性行動全国調査報告』小学館, pp. 43-61.
辻泉・大倉韻・浅野智彦・松田美佐（2022）．「若者文化は30年間でどう変わったか——「遠隔＝社会, 対人性, 個人性」三領域の視点からの「計量的モノグラフ」（その2）」『中央大学文学部紀要　社会学・社会情報学』32, 79-142.
土田陽子（2018）．「性や恋愛に消極的な若者——その内実と友人関係の影響」林雄亮［編著］『青少年の性行動はどう変わってきたか——全国調査にみる40年間』ミネルヴァ書房, pp. 152-172.
中森弘樹（2021）．「ゴースティング試論——CMC空間の恋愛をめぐる一考察」『現代思想』49(10), 130-140.
バウマン, Z.（2001）．森田典正［訳］『リキッド・モダニティ——液状化する社会』大月書店（Bauman, Z.（2000）．*Liquid Modernity*, Polity Press.）
羽渕一代（2022）．「出会い文化の変遷——マッチングアプリの利用にいたる途」林雄亮・石川由香里・加藤秀一［編］『若者の性の現在地——青少年の性行動全国調査と複合的アプローチから考える』勁草書房, pp. 189-209.
林雄亮（2013）．「青少年の性行動の低年齢化・分極化と性に対する新たな態度」日本性教育協会［編］『「若者の性」白書——第7回 青少年の性行動全国調査報告』小学館, pp. 25-41.
林雄亮（2018）．「青少年の性行動・性意識の趨勢」林雄亮［編著］『青少年の性行動はどう変わってきたか——全国調査にみる40年間』ミネルヴァ書房, pp. 10-40.
林雄亮（2019）．「変化する性行動の発達プロセスと青少年層の分極化」日本性教育協会［編］『「若者の性」白書——第8回 青少年の性行動全国調査報告』小学館, pp. 29-46.
針原素子（2019）．「青少年の性行動と所属集団の性行動規範」日本性教育協会［編］『「若者の性」白書　第8回　青少年の性行動全国調査報告』小学館, pp. 111-128.
平松誠・久保田裕之（2015）．「高校生の非正規雇用リスク認知」友枝敏雄［編］『リスク社会を生きる若者たち——高校生の意識調査から』大阪大学出版会, pp. 147-165.
ベック, U.（1998）．東廉・伊藤美登里［訳］『危険社会——新しい近代への道』法政大学出版局（Beck, U.（1986）．*Risikogesellschaft: Auf dem Weg in eine andere Moderne*, Suhrkamp.）
ベック, U., & ベック＝ゲルンスハイム, E.（2014）．伊藤美登里［訳］『愛は遠く離れて——グローバル時代の「家族」のかたち』岩波書店（Beck, U., & Beck-Gernsheim, E.（2011）．*Fernliebe: Lebensformen im globalen Zeitalter*, Suhrkamp.）
Bauman, Z.（2003）．*Liquid Love: On the Frailty of Human Bonds*, Polity Press.
Yamada, M.（2017）．Decline of Real Love and Rise of Virtual Love: Love in Asia, *International Journal of Japanese Sociology*, 26(1), 6-12.

第 10 章

大学生の恋愛関係と友人関係

友だちが多いほど恋人ができやすい？

久保田裕之

1　はじめに：友人関係からも恋愛関係からも撤退する若者？

　2000年代以降、日本の若者の変化は、一つに「草食化」すなわち性・恋愛行動の消極化として問題化されてきた。具体的には、少子化とその原因としての未婚化・晩婚化への問題意識の高まり（佐藤ほか2010など）を背景として、結婚に至る若年期の恋愛・性行動の遅れや意欲の低下が焦点となってきた（林ほか2022）。もし「草食化」論がいうように日本の若者が恋愛や性に消極的になっているのだとすれば、それは晩婚化・未婚化と少子化を通じた日本社会の人口減少という点で問題含みかもしれない。のみならず、社会が個人化し孤立した末に人びとが家族「さえも」作らなくなるという点で、後期近代における行き過ぎた個人主義化に抗う防波堤としてかろうじて社会をつなぎとめていた恋愛・家族という他者への欲望さえも失われつつある前触れかもしれない。

　同時にこの時期、日本の若者の変化は、友人関係の希薄化や孤立化としても問題化されてきた。近代において、人びとは地縁・血縁から相対的に自由になり、教育達成と職業選択を通じたより選択的で再帰的な社会関係を生きるようになった。ただし、半ば地元や学校・職場に錨づけられながらも同時に私的な選択と献身を通じて維持されてきた友人関係は、個人主義的で契約的な近代社会において人びとを社会に結びつける社会関係の代表例として、重要な役割を期待されていた（チェンバース2015：2章）。にもかかわらず、もし若者がかつてのように友人関係を作れない／作らないようになっているとすれば、それは近代の高度化がもたらす病理であり、次世代における行き過ぎた個人主義の予兆かもしれない[1]。

　しかし、こうした恋愛関係と友人関係という二つの局面からの若者の撤退は、両者が同じ私的関係に属するよく似た問題構成でありながら、これまで関連して論じられることはほとんどなかった。若者は恋愛関係からも友人関係からも撤退して完

全な孤独（あるいは実家）に引きこもりつつあるのだろうか。それとも、恋愛関係にも友人関係にも満ち足りた充実層と、双方から隔絶した孤独な層に分断され、後者が存在感を増しているのだろうか。若者にとっての恋愛関係と友人関係はどのような関連があるのだろうか。ありていにいえば、友人が多いほど、恋人はできやすいのだろうか。それとも、逆なのだろうか。

そこで本章では、現代の若者において友人関係の持ち方と恋愛関係の持ち方がどのように関連しているのかについて（調査時点ではまさにコロナ禍の渦中であったという状況があるものの）、とりわけ大学生に対する調査を通じて明らかにしたい。一言でいえば、「友だちが多いほど恋人ができやすいか」という問いを設定し、友人関係と恋愛関係を共に規定するジェンダーの観点から検討していく。

2 先行研究：私的関係におけるリスクと再帰性

2-1　恋愛関係の変化と友人関係の意義に関する理論研究

近代は感情革命を通じて近代家族を成立させたが、なかでも恋愛は結婚制度との矛盾を克服することで恋愛結婚という制度を誕生させた。すなわち、近代化に伴い結婚がさまざまな慣習・制度から解放されたことを背景に、感情に基づく近代小家族は近代社会の基礎的な単位とみなされるようになった（ショーター 1987）。こうした過程において、政争の道具としての制度的結婚とは両立せざるものとして誕生したロマン主義的な宮廷愛は、近代化のなかで次第に結婚制度に馴致され、恋愛・結婚・生殖という三位一体としての恋愛結婚を結実することになる（加藤 2004：1章）。

しかし、現代における恋愛の価値の高騰は、恋愛を結婚制度から相対的に自立させ、恋愛関係をますます再帰的かつ不安定であり、かつ過酷なものにしている。たとえば、後期近代における恋愛の苦しさについての理論化を行うE・イルーズ（2024）によれば、前近代における結婚は、経済階層や階層的にジェンダー化された振る舞いと結びつけられ、階級的利害と親族共同体に埋め込まれていたために、配偶者選択やその失敗に際して自己が脅かされることはなかったという。これに対して、現代の恋愛は、科学による恋愛の脱呪術化と、男女平等の文脈による脱神秘化、

1）教育心理学者の岡田努（2010a）によれば、「現代の若者は互いの領分を侵さずに表面的だが円滑な関係を志向する（表面的関係）がゆえに、全人格的に他者とかかわろうとすること（内面的関係）を通じて経験するはずの孤独と、その孤独によって発達するはずの社会意識が十分に発達しないことになる」という。

情報テクノロジーによる恋愛市場の映像化などにより、経済的・象徴的資本を巡る闘争がますます激化するなかで、恋愛的出会いと恋愛関係の維持はこれまでになく過酷なものになっていると指摘する。たとえば、恋愛における自己開示は、愛の拒絶によって自己の承認を掘り崩すリスクと表裏にあり、恋愛・結婚市場における男女間と男女内の感情的不平等をもたらすことを指摘している（イルーズ 2024：2章）。

これに対して、恋愛の再帰化・不安定化と呼応するように、私的関係のなかでも友情・友人関係（friendship）が果たす役割が相対的に増大しており、象徴的・現実的に友人関係が不可欠な資源となっていることも指摘されている。たとえば、恋に破れた時の支えとして（とりわけ女性にとっての）友人関係は、若者のみならず離再婚があたりまえになった中年期においても不可欠な相談・支援のための資源でありうる。ときに現れては去っていく恋人や配偶者よりも、人生において重要なのは友人関係の方であるという状況も存在している（チェンバース 2015：74）。加えて、友情／友人関係は、現代社会において自由と対等性と選択性を象徴する関係の理想としての位置づけを与えられているという。たとえば、理想の夫婦関係は恋愛関係であると同時に「良き友人である」と評価できることや、夫婦関係のみならず兄弟関係や親子間関係、職場の関係も含めて、「友だちのよう」と形容できることは、その関係が自発的な選択と対等な相互尊重に基づくゆえに望ましいものであることを意味しているのである（チェンバース 2015：74-77）。

のみならず、とりわけ同性の親しい友人関係は、恋愛に関する相談や忠告を通じて、どのような恋愛や交際相手が望ましいかの基準を提供し、恋愛関係の再帰的モニタリングにとって重要な役割を果たしてもいる。たとえばイルーズも、恋愛に関する病理学、心理学、精神分析に関わる専門的知識と並んで、身近な（あるいはオンライン上の）友人関係が果たすケア役割にたびたび注意を促している（イルーズ 2024）。さらに、こうしたモニタリングの態様や強度にはジェンダー差があり、とりわけ女性にとって同性の友人は実際的・感情的に不可欠な資源であると同時に、過酷な監視装置ともなりうる両面的なものである。チェンバースは女性にとって「恋人は求めては失われるものであり、他方で、友人は裁判官であり陪審員でありカウンセラーでありもっとも信頼できる存在である」（チェンバース 2015：143）と述べている。こうした機能は、社会学において「準拠集団」や「ピア・プレッシャー」と呼ばれてきたものと大きく重なるが、ますます重要性を増す恋愛関係と友人関係の間の緊張関係の一端を示している。

これに加えて、恋愛関係と友人関係の接近、乗り入れ、補完、代替という視点は

イギリスを中心とした欧州では無視できないものになっている。たとえば欧州では、同性カップルの法的承認の動きと呼応するように、従来はもっぱら婚姻家族を頂点として特権化されてきた異性愛的な親密性を抽象化し拡張する形で、人びとの生や自己を支えるネットワークとして「私的関係 (personal relationships)」といった枠組みが採用されつつある (Smart 2007)。そこでは、家族関係を特権化することなく、恋愛関係・友人関係・その他のケア関係といった私的で顕名的で身体的な関係を、包括的に、一定の範囲で機能的に等価なものとして扱うことが企図されている[2]。たとえば、A・ギデンズは、こうした親密性の変容過程を議論するなかで、異性愛的結婚のように経済関係や親族関係に巻き込まれた関係性に対置される、もっぱら関係のためだけに構築・維持される関係のモデルを「関係のためだけの関係性＝純粋な関係性 (pure relationship)」と呼び、後期近代の来るべき親密性のモデルとして理論化している (ギデンズ 1995) が、これはもちろん恋愛関係に限ったことではない。

2-2　日本の若者の友人関係の「希薄化」をめぐる議論

しかし、日本における若者の友人関係の変化は、欧州のように恋愛関係と友人関係を含む私的関係・親密性の構造変容としてではなく、主に友人関係の「希薄化」を巡って議論されてきた。具体的には、2000年代に少年犯罪の凶悪化・低年齢化がメディアを通じて流布されると、小此木ら心理学・精神分析の立場から、若者のコミュニケーションの希薄化をもって若者の友人関係の希薄化が論じられ、こうした病理の一端として語られるようになる (小此木 2000)。これに対して、浅野智彦 (2015) は、内閣府による世界青年意識調査をもとに、若者にとっての友人関係の重要度は増大しており、若者の友人関係は明らかに濃密化していることを示唆している。にもかかわらず、「若者の友人関係が濃密化していくこの時期に大人の間で広がっていた認識は、しかし奇妙なことに、逆のものであった。すなわち、若者の人間関係が希薄化しているという危機感」(浅野 2015：144) が先行していたと振り返っている。

これに対して、友人関係の重要度が増してきたからこそ、若者が友人関係の否定的側面に敏感になっており、自分が友人からどのように見られるかという再帰的不

---

[2] 政治学・政治哲学の分野では、「親密圏 (intimate sphere)」や「親密性 (intimacy)」として議論されてきたものであるが、本章の議論の範囲では、こうした政治学的概念が包含するピアグループや社会運動体といった公式的な組織というよりは、非公式で私的な社会関係として、もっぱら恋愛交際と友人関係を扱う。

安が前景化していることも指摘されており、友人関係の「リスク化」と指摘する議論もある。たとえば、福重清（2006）は、若者を巡って議論されてきた友人関係の希薄化論とそれに対置される選択化論を批判的に検討するなかで、希薄化層と非希薄化層との分断の可能性を検討し、その原因をコミュニケーションに不可避に伴う「否定のリスク」に求めている（福重 2006：140-141）。また、辻泉（2016）は、友人数や満足度が増加傾向にあることをもって選択化を支持しつつも、同時に孤立志向（友達といるより、一人でいる方が気持ちが落ち着く）も増えていることから、「ホーム」と「アウェイ」を使い分けることで友人関係の同質化を帰結する「同質化説」を提唱している。たとえばまた、土井隆義は、友達を欲しつつ気分を損ねないように本音を隠す「優しい関係」の前景化を指摘し、こうした状況を「友だち地獄」と呼ぶ（土井 2008）。こうした友人関係のリスク化は、たとえば、「友だちがいないことの不安」ではなく、「友だちがいないと見られることの不安」の例として、一人で昼食をとることは苦ではないが一人で昼食を取っているところを人に見られるのが嫌でトイレの個室で食事をとる「便所飯」（和田 2013）と呼ばれる現象も注目された。この点、藏本知子（2013）は、大学生に対する調査ではあるが、交流が深く情報が開示できる親友でも赤の他人でもない、つながりが薄く印象の修正がきかない関係の薄い友人との「中間的な親密さ」がひとりぼっち恐怖に関連すると主張している。

2-3 日本の若者の「草食化」をめぐる議論

他方で、2000年代以降の日本における若者の恋愛関係の変化も、やはり私的関係や親密性全体の構造変容というよりも、結婚・恋愛意欲の減退としての「草食化」を巡って議論されてきた。具体的には、性革命との関連で若者の恋愛や性の早期化・活発化・低年齢化が問題化されてきた1990年代に対して、2000年代以降は旧来の男性性のイメージからは逸脱ともみえる「（もてないわけでもないのに）恋愛にもセックスにもがっつかない」という意味での「草食系男子」（深澤 2007：125）が注目されるようになる。こうした新たな男性性モデルの出現は、一部の例として紹介されたにもかかわらず、「昔に比べて男はだらしなくなった」という男性消極化論に組み込まれるかたちで、世代間対立と若者批判に油を注ぐかたちになった[3]。

ただし、友人関係希薄化の場合とは異なり、若者の性行動の消極化については一定の実証的データの蓄積から裏づけられている。この点、恋愛のなかでもとりわけ性行動に関するもっとも重要な継続調査である「青少年の性行動調査」に基づき、若者の性行動の経年変化を検討する高橋征仁は、根拠のない草食化論の一人歩きに

警鐘を鳴らしつつ、確かに若い世代で「草食化」の傾向が見出せるとしても、概ね男子のみの現象とはいえず、より大きな恋愛・性行動の「リスク化」として捉えるべきことを主張した（高橋 2013）。また、林雄亮も同調査にもとづき、全体として不活発化が進行するなかでも、逆に活発化している層が存在することを早くから指摘し、不活発化の背後にいっそう複雑な性行動の「分極化」があることを指摘している（林 2013：34-35）。さらに、片瀬一男は高橋の問題意識を批判的に引き継ぎつつ、同 2017 年度調査にもとづき、2000 年代半ばから徐々に低下してきた若者の性行動（デート・キス・性交経験率）がさらに低下しつつあること、および、とくに女性で性行動の不活発化が顕著にみられるようになったことを指摘し、その原因を性に対する否定的なイメージの広がり（リスク化）と、性意識の男女差が拡大したことに求めている（片瀬 2019：23）。たとえば、マーケッターの牛窪恵は、『恋愛しない若者たち』（牛窪 2015）のなかで、日本の若者たちの恋愛阻害要因を五つに整理して検討しており、①超情報化社会における性の脱幻想化とセルフ化・恋愛のヴァーチャル化と現実の恋愛とのギャップ・他の娯楽との比較劣位・SNS 監視の前景化、②男女平等社会と恋愛の男女不平等、③親世代とのギャップと親への過剰な配慮、④恋愛リスクの露呈と若者のリスク回避、⑤不況による正規／非正規の分断とジェンダー役割の矛盾を挙げている。もしそうだとすれば、確かに日本社会は相対的に結婚しないことや恋愛しないことが男女ともに一定程度可能になったものの、それゆえに、結婚ないし安定的関係を築きたい人びとにとって、それが恋愛を経なければたどり着けないことはリスクとして立ち現れることになる。

　こうした議論からは、若者にとっての恋愛や交際は、共に高く価値づけられながらも、同時に「リスク化」することで容易に得難いものになりつつあることがうかがえる。

---

3) こうした批判は、いわゆる「草食系男子」が、男性は常に性的に積極的であらねばならぬとする従来の男性性からの逸脱であり、恋愛的出会いにおける意味での二重の偶有性（自分の好意／欲望を表明するかどうかが、相手が自分に好意／欲望を持っているかどうかに依存する）に対応するための性役割（男は求めるもの／女は応じるもの）が期待されていたし今も期待されていることと表裏でもある。「草食化」概念の背後にある男性＝捕食者／女性＝獲物というステレオタイプに対して、「男性が草食化したのではない、女性が肉ではなくなったのだ」というオンラインで流行した応答は的確なものにみえる。この点、森岡は「草食系」男子の到来を歓迎しつつ、旧来の男らしさを手放すことの重要性を論じている（森岡 2008）。

2-4　若者の恋愛関係と友人関係の関連についての実証研究

　では、日本の若者研究のなかで、恋愛関係と友人関係の関連は、どのように議論されてきたのか。まずは結婚を含む恋愛意識・行動と友人関係についての研究を見たうえで、若者世代の恋愛と友人関係についての理論的・実証的研究を中心にその到達点と課題を検討していこう。

　第一に、未婚化・晩婚化という問題意識にとって友人関係の影響はそれほど中心的な関心ではなかったものの、友人関係が結婚希望や意欲に部分的な効果を持つことが示されている。たとえば、田中慶子は家計経済研究所のパネル調査を用いて、20代未婚者で結婚希望がある場合には友人の数の多さと異性の友人の比率の高さを含む「友人力」が結婚を後押しする可能性を示唆している（田中 2010：163）。また、野沢慎司は結婚意欲とパーソナル・ネットワークについて、①友人中心のネットワークは恋人のいない女性の結婚意欲を低める、②同僚中心のネットワークは男性の結婚意欲を低める、③恋人を含む密度の高いネットワークは恋人のいない女性の結婚意欲を高める、といった点を明らかにしている（野沢 2005：51）。

　第二に、友人関係が恋愛関係に与える影響に関する数少ない研究からは、友人関係とりわけ異性の友人の存在と交際経験との複雑な関係が明らかになっている。古くは教育心理学の分野では、青年期の同性との親しい友人関係は、異性との健全な恋愛関係を持つための前提条件とみなされていた（西平 1981）。これに対して、社会学的な実証研究として、小林盾は、ランダムサンプリングを用いた恋愛交際経験の規定要因を探るなかで、社会階層が交際人数に影響しない反面、子ども時代の友人経験や部活、中学高校での恋人の有無といった同性・異性との社会関係が恋愛交際人数に影響を及ぼすことを明らかにしている（小林 2012：161）。また、男性に限って友人との定期的なつき合いがある方が恋人がいやすいとする研究もある（中村・佐藤 2010：68）。加えて、木村絵里子（2016a）は、若者の恋愛行動の経年比較を通じて恋愛の標準化と不活発論を検証するなかで、①仲の良い友だちを含む量的な交際範囲の広さは恋愛行動と関係ないが、同性の親友がいる方が恋愛交際経験がある確率が高いこと、②異性の親友は恋愛交際経験の有無と関連することを指摘し、異性の親友数がここ20年で大きく減少している理由として、恋人以外の異性が後景化している可能性やモノガミー志向の進展によって（浮気の）誤解を与える可能性のある異性の親友が持ちにくくなったと解釈している（木村 2016a：157）。さらに、木村絵里子（2016b）では、都市と地方の恋愛行動を比較するなかで、友人数と恋愛交際の関連を検討し、①恋愛交際経験の有無と、親友・仲の良い友人数・知り合い程度の友人

数が関連するものの、②恋愛交際人数は、知り合い程度の友人数がごく弱い相関を示す以外は無相関であったことを指摘している（木村 2016b：68）。この点、高橋征仁（2013）は異性との接触機会の増加は、リスクを増加させ得ることを論じている。具体的には、1980年代までは、異性の友人の有無と、恋人の有無の間にはかなり強い結びつきがあったものの、1990年以降は異性の友人関係が拡大するにつれて、関連性は低下している。すなわち、「異性の友人がいるということと、恋人がいるということの間には大きな距離ができた」（高橋 2013：55）ことを示しており、親密な関係の中で友人モードから恋人モードへの切り替えにおける「さらに別のハードル」の出現を指摘している。

2-5　先行研究のまとめと課題：私的関係のリスク化

　以上のように、日本の若者の友人関係と恋愛関係を巡る議論は、明示的に対比されてきたわけではないものの、非常によく似た議論の構造をたどって、私的関係の「リスク化」を論じてきた。一方で、恋愛関係は、依然としてそれを手に入れることが規範的に要請されるにもかかわらず、結婚や役割から相対的に自律化することで不安定化し、相応のリスクを負わなければ手の届かない高価な商品になっている。他方で、不安定化する恋愛関係を補完するかにみえる友人関係もまた、近代における自由と選択に基づく自律的な関係であることが期待されるがゆえに、相応のリスクを負うことでしか維持できないものになっている。とりわけ、友人関係と恋愛関係の関連を扱った数少ない実証研究は、友人関係の量や多様性（とくに異性の友人を含むこと）が、恋愛関係にどのような影響を与えるかを議論してきた。すなわち、同性の友人関係は社交性を育む以上に、社交を通じて交友関係を広げ恋愛交際の相手を調達する紹介資源としても期待されてきた（媒介仮説）。反面、居心地のよい同質的な同性の友人関係の緊密さは、その充実を通じて恋愛関係への意欲を減退させる可能性も示されている（代替仮説）。その意味では、こうした友人関係の広さは、友人関係の凝集性や親しさの程度に応じて、結合型とそれに対する橋渡し型の社会関係資本（パットナム 2006）、ないし、ネットワーク密度における弱い紐帯の強さ（Granovetter 1973）として議論できるだろう。他方で、親しい異性の友人は異性との社交の訓練という恋愛に直結する実践的社交性の獲得に加えて、親友から恋人へスライドする可能性についても議論されてきた（スライド仮説）。反面、異性の親しい友人は、異性の恋人との間で嫉妬や資源の奪い合いといった競合を通じて両立しにくい（しにくくなっている）可能性も示唆されている（競合仮説）。

しかし、これまでの研究は、私的関係という枠組みのもとで恋愛関係と友人関係を包括的に捉えることなく、両者の関係を正面から扱ってこなかったという問題がある。たとえば、従来の研究は、「異性の親友」というカテゴリへの注目を除いて、友人の同性・異性の別や親しさの程度といったジェンダーの問題に十分踏み込んでこなかった。一方で、私的関係という包括的な枠組みのもとでは、異性の友人は異性愛的恋愛関係と隣接しており、こうした私的関係における性別と親しさの程度と親しさの種類を巡る相互関係は、恋愛関係と友人関係を連続的に捉えることでよりよく検討できる。加えて、恋愛関係の補完機能を期待されてきた友人関係もまたリスク化しているとすれば、両者を関連づけてみることはますます重要だといえる。

そこで本章では、私的関係という枠組みで恋愛関係と友人関係を包括的に捉え、両者の関係を明らかにしたい。具体的には、「友人関係構造（friendship structure）」と「恋愛交際経歴（romantic carrier）」との関連を検討する。その上で、友人関係の量的側面だけに着目するのではなく、親しさの程度による友人のカテゴリ（親友／仲のよい友人／知り合い程度の友人）と友人性別（同性／異性）といった質的側面も併せて検討していくことで、友人関係構造を全体とはいかないまでも立体的に見ていくことができる。さらに、恋愛交際についても、恋愛交際を一度でも経験したかという恋愛交際の有無だけでなく、恋愛交際人数についても併せて検討することで、恋愛関係の時間的な広がりを視野に入れることができる。その際、分析結果の解釈のために、友人関係と恋愛関係についての実証研究で議論されていた媒介仮説、代替仮説、スライド仮説、競合仮説に加えて、理論研究でも指摘されていたサポート仮説（友人関係が恋愛関係を維持・支援する）、および、モニタリング仮説（友人関係による恋愛関係の評価・監視）を手がかりとしたい。こうした作業を通じて、友人関係が持つ構造全体と恋愛関係が持つ時間的広がりの双方を視野に入れることで、たとえ統一的な説明ができないとしても、どのような説明がどのような側面に当てはまるのかを明らかにできると考える。

3 調査概要：青少年研大学生調査 2020

3-1 データセット

分析に用いるデータは、2020 年 9 月〜11 月に、青少年研究会が全国の 19 大学で実施した調査（オンラインアンケートフォーム／一部質問紙：有効回答数 1059）である。詳細は、序章でのデータ概要を参照してほしい。

3-2 変　数

①従属変数（恋愛経歴）として、恋愛交際経験の有無と、交際経験がある場合のみ恋愛交際人数の二つの変数を、②独立変数（友人関係構造）として、親密性の程度に応じた3カテゴリ（親友・仲の良い友人・知り合い程度の友人）の友人数に加えて、親友と仲の良い友人については性別（同性／異性）を割り振った友人数を、③統制変数として、属性・階層変数に加えて、経済環境変数、大学生であることを考慮して大学関連変数、また、恋愛経歴のみならず友人関係構造にも影響すると思われる社交変数を含む4系統の変数を用いた。

①従属変数
〔恋愛経歴〕恋愛交際経験（有＝1、無＝0）、（恋愛交際経験者のみ）恋愛交際人数
②独立変数
〔友人関係構造〕親友数（同性、異性）、親しい友人数（同性、異性）、知り合い程度の友人数（性なし：対数）
③統制変数
〔属性・階層変数〕性別（男性＝0、女性＝1）、年齢、父親大卒ダミー（大卒＝1、非大卒＝0）
〔経済環境変数〕暮らし向き（反転：苦しい＝1、やや苦しい＝2、ふつう＝3、やや余裕がある＝4、余裕がある＝5）、一人暮らしダミー（一人暮らし＝1、それ以外＝0）
〔大学関連変数〕入試難易度（反転：私立下位＝1、私立上位＝2、国立下位＝3、国立上位＝4）、一般入試ダミー（一般入試＝1、それ以外＝0）
〔社交変数〕地元継続居住ダミー（「ずっと同じ場所で暮らしている」＝1、その他＝0）、サークル参加（サークル所属＝1、所属なし＝0）、アルバイト経験（アルバイトの経験あり＝1、なし＝0）、ネット出会い経験（出会い系サイトやマッチングアプリを利用する＝1、なし＝0）

3-3 記述統計

記述統計から基本的な傾向を確認しておこう。まず、従属変数である恋愛交際経験と恋愛交際人数については、恋愛交際経験がある大学生は63.2%であり、他の調査ともおおむね同様の傾向がみられる。恋愛交際経験がある大学生のうち、平均交際人数は2.66人となっている（☞くわしくは9章（図9-2, 9-3）を参照）。次に、独立変数である友人関係構造に関しては、親友の平均値は同性で3.6人、異性で0.44人であり、同性の親友がいないと答えた人は1割程度、異性の親友が存在しないと答え

人は8割程度存在した。仲の良い友人は、同性で13人、異性で3.8人程度であった。最後に、知り合い程度の友人数は平均が74人程度で、0人と答えたのは25人であり、明らかな外れ値は除外している（☞くわしくは8章（表8-1）を参照）。

[4] 分析：恋愛と友人をめぐる複雑なジェンダー関係

以下では、多変量解析を用いて関連する変数を統制したうえで、まずは恋愛交際経験の有無と友人関係構造の間に、次に恋愛交際人数と友人関係構造にどのような関連があるかをみていこう。

4-1 大学生の恋愛交際経験と友人関係構造（ロジスティック回帰分析）

第一に、恋愛交際経験の有無を従属変数としたロジスティック回帰分析を行なった結果を、以下の三列の表に示した（表10-1）。具体的には、本人の性別も友人の性別も区別しないで分析を行なったあとで（左列）、男女の性別と親友・仲の良い友人を同性・異性に分けて投入した分析を行なっている（中列・右列）。なお、独立変数のうち有意差が出た部分に網掛けをしている。

まず、男女を区別せずに恋愛交際経験の有無と友人数の関係全体を概観してみると、知り合い程度の友人数のみが、恋愛交際経験に効果を持つことがわかる（表左列）。具体的には、親友数と仲の良い友人数は恋愛交際経験に効果を持たないが、知り合い程度の友人数が多いほど、恋愛交際経験の持ちやすさに正の効果を持っている。参考までに統制変数を見てみると、属性・階層変数では、交際における男女の規範的・平均的な年齢差から、女性の交際率が高いことも予想されたが、大学生の時点では男女差も見られない。また、時間の経過とともに機会が蓄積するにもかかわらず年齢が有意でないことは、大学生までに交際経験がない場合は大学時代に学年を重ねても交際経験は得られないことを示しているかもしれない。また、大学関連変数において、一般入試が負の効果を持つようにみえるのは、高校終盤の大学受験において推薦などで受験勉強が早期に終了する場合の時間的余裕が、恋愛交際経験を促す可能性を示している。これに対して、地元継続居住は効果を持たなかったものの、アルバイト経験、サークル参加、ネットでの出会い経験といった社交に関わる変数は、恋愛交際経験に正の効果をもっているように見える。

次に、恋愛交際経験の有無と友人関係の関連を男女別・友人性別ごとにみてみると、友人関係の構造がジェンダーによって大きく異なる効果を持つことがわかる

表 10-1　恋愛交際経験の有無のロジスティック回帰分析結果

	全体		男性		女性	
	B	Exp(B)	B	Exp(B)	B	Exp(B)
性別	-0.174	0.840				
年齢	0.030	1.030	-0.060	0.942	0.073	1.076
父親大卒ダミー	-0.094	0.911	-0.088	0.916	-0.148	0.862
暮らし向き（反転）	-0.030	0.970	-0.154	0.857	0.005	1.005
一人暮らしダミー	0.263	1.300	-0.042	0.959	0.417	1.517
入試難易度	-0.107	0.898	-0.233	0.792	-0.005	0.995
一般入試ダミー	-0.417	0.659 **	-0.967	0.380 **	-0.124	0.883
地元継続居住ダミー	-0.147	0.864	-0.587	0.556 †	0.040	1.041
アルバイト経験ダミー	0.890	2.434 **	0.930	2.534 *	0.778	2.178 *
サークル参加ダミー	0.390	1.477 *	0.599	1.821 †	0.381	1.464 †
ネット出会い経験ダミー	0.754	2.125 **	0.847	2.333 *	0.719	2.053 *
親友数	0.036	1.037				
親友数（同性）			-0.004	0.996	0.164	1.178 **
親友数（異性）			-0.033	0.968	0.206	1.229
仲の良い友人数	0.001	1.001				
仲の良い友人数（同性）			※		-0.045	0.956 **
仲の良い友人数（異性）			0.037	1.038	0.060	1.062 *
知り合い程度の友人数（対数）	0.740	2.097 **	0.627	1.871 *	0.828	2.289 **
（定数）	-0.943	0.390	0.659	1.932	-2.129	0.119 **
N	956		299		563	
Nagelkerke R2 乗	0.142		0.212		0.167	

†：p＜0.1、*：p＜0.05、**：p＜0.01

※多重共線性のため別に投入したところ有意差なし

（中列と右列）。なお、男性のみのデータを抽出した場合、「仲の良い友人数（同性）」と「仲の良い友人数（異性）」が強い相関を持ったため、「仲の良い友人数（異性）」のみを投入した結果を示しているが、「仲の良い友人数（同性）」のみを投入した場合でも有意差は出なかった。具体的な結果は、男性では、知り合い程度の友人数のみが恋愛交際経験に正の効果を持つが、より親しい友人カテゴリは効果を持たなかった（中列）のに対して、女性では、知り合い程度の友人数に加えて、仲の良い異性の友人もまた正の効果を持ったほか、同性の親友は同じく正の効果を持つものの、中間的な親しさの仲の良い同性の友人は負の効果を持つという複雑な関係にあった（右列）。この結果は、①相対的に親しくないカテゴリの友人数が多いと恋愛交際経験を持ちやすくなる傾向は男女に共通するものの、②より親しい友人カテゴリでは男女で恋愛交際経験との関わり方が大きく異なること、具体的には、③女性に関しては親しさの程度によって同性の友人数と恋愛交際経験の関連が逆転する（同性の親友数の多さは恋愛交際経験の持ちやすさと関わるが、仲の良い同性の友人数の多さは恋愛交際経験の持ちにくさと関わる）ことを示している。

では、こうした友人関係構造と恋愛交際経験の有無にみられるジェンダー差は、

第10章　大学生の恋愛関係と友人関係　215

どのように説明できるのだろうか。一方で、男女双方にとって知り合い程度の友人（女性にとっては仲の良い異性の友人も含む）が交際経験の有無と関連するメカニズムについては、おそらく相対的に親しくない友人カテゴリが「弱い紐帯」として、最初の恋人候補ないし恋人候補の紹介資源として機能している可能性が考えられる（媒介仮説）。もちろん、逆に、恋愛交際相手から友人を紹介されることで、相対的に親しくない友人カテゴリが広がっている可能性もある。

　他方で、恋愛交際経験の有無に対して、女性にとって同性の親友が多いことがプラスの、仲の良い同性の友人が多いことがマイナスの影響を持つメカニズムは説明が複雑になる。具体的には、相対的に親しくない友人カテゴリと同様、女性にとって同性の親友が、最初の恋愛交際のための候補を紹介したり、最初の恋愛交際に向けて実際的・情緒的な支援を提供したりしているために、恋愛交際経験を促している可能性がある（サポート仮説）。これに対して、女性にとっての仲の良い友人という中間的親しさの友人カテゴリが恋愛交際経験を抑制するようにみえる理由として、一つ目の可能性は、おそらく親友ほど確たるつながりを持たず、かといって知り合い程度の友人ほど疎遠でもない中間的な友人カテゴリが、（とくに女性にとって）もっとも親密性のメンテナンス・コストがかかり、同じくたった一人でも多くのメンテナンス・コストを必要とする恋愛交際と競合するせいで、その数の多さと恋愛交際経験の「無さ」とが関連するというものである（競合仮説）。これは、恋愛交際経験が無いために中間的カテゴリの友人が多く持てるとも、中間的カテゴリの友人が少ないから恋愛交際が持てるともいいうるものである。ここで「コスト（費用）」というと、まるで嫌々投入してるように響くかもしれないが、どの程度の「プロフィット（利益）」を得ているかはここでは問題にしていない。親友とはいわないまでも、こうした仲の良い同性の友人との趣味のつながりや余暇の共有を通じて、恋愛交際相手にコストをかけるよりも充実した時間を過ごしている可能性もあるからである（代替仮説）。むしろ、二つ目の可能性は、こうした中間的な友人カテゴリ特有の難しさに関わるものである。この点、交流が深く自己の情報開示が容易な親友でもよく知らない他人でもない、つながりが薄く印象の修正が難しい関係の薄い友人との「中間的な親密さ」こそがひとりぼっち恐怖と関連するとした研究（藏本 2013）を紹介した。この点をふまえると「強い紐帯」として相談支援を提供し得る親友と、「弱い紐帯」として外部から情報や資源を持ち込む知り合い程度の友人の間で、女性にとっての仲の良い（同性の）友人が「中間的な親密さ」として資源であると同時に、強力な自己モニタリングとして機能しているかもしれない[4]。すなわち、仲

の良い同性の友人が「少ない」ことは、自らの交際相手や交際のあり方についての詮索や評価を(言い訳や修正が困難なかたちで)受けることなしに安心して恋愛交際を続けることを可能にするのである(モニタリング仮説)。こうした解釈については、さらなる調査・分析を通じて絞り込んでいく必要があるだろう。

4-2 大学生の恋愛交際人数と友人関係構造(重回帰分析)

第二に、交際経験のある大学生にデータを絞り、恋愛交際人数を従属変数とした重回帰分析を行なった結果を、以下の三列の表に示している(表10-2)。先ほどの分析と同様、本人の性別も友人の性別も区別しないで分析を行なった後で(左列)、男女の性別と親友・仲の良い友人を同性・異性に分けて投入した分析を行なっている(中列・右列)。同じく、独立変数のうち有意差が出た部分に網掛けをしている。

まず、男女を区別せずに恋愛交際人数と友人数の関係全体を概観してみると、友人数がまったく効果を持たないことがわかる(左列)。参考までに統制変数をみてみると、年齢の正の効果があることから、恋愛交際経験がある学生のなかでは年齢と共に交際人数が増えること、一人暮らしとネットでの出会い経験が正の効果を持つことから交際人数を増やす効果を持っていることが推測されるが、それ以外の階層・属性変数、経済環境変数、大学関連変数は効果を持たないようにみえる。

次に、恋愛交際人数と友人関係の関連を男女別・友人性別ごとにみてみると、ここでもやはり、友人関係の構造がジェンダーによって大きく異なる効果を持つことがわかる(中列と右列)。なお、先の分析と同様、男性のみのデータを抽出した場合、「仲の良い友人数(同性)」と「仲の良い友人数(異性)」が強い相関を持ったため、「仲の良い友人数(異性)」のみを投入した結果を示しているが、「仲の良い友人数(同性)」のみを投入した場合でも5%水準で有意であった。具体的な結果は、男性では、異性の親友数と仲の良い異性の友人数(および、別に投入した仲の良い同性の友人数)が正の効果を持つこと(中列)、これに対して、女性では、知り合い程度の友人、仲の良い異性の友人、仲の良い異性の親友がそれぞれ正の効果を持ったものの、仲の良い同性の友人は効果を持たず、同性の親友は負の効果を持つこと(右列)が示された。この結果から、①男女とも、異性の親友や仲の良い異性の友人といっ

---

4) もっとも、藏本のいう「中間的な親密さ」と本章でいう中間的な友人カテゴリにはズレがあることは注意が必要である。友人関係の近しさの分類は対応が難しいが、藏本の定義する「中間的な親密さ」はむしろ本章でいう「仲の良い友人」の外側から「知り合い程度の友人」まで広く含むようにみえるため、この項目の持つ印象の「ズレ」に関してさらなる議論が必要である。

表 10-2　恋愛交際人数の重回帰分析結果

	全体		男性		女性	
	B	β	B	β	B	β
性別	-0.229	-0.057				
年齢	0.203	0.122 **	0.242	0.151 *	0.123	0.075
父親大卒ダミー	0.074	0.019	0.269	0.066	-0.160	-0.044
暮らし向き（反転）	0.068	0.036	0.135	0.068	0.024	0.014
一人暮らしダミー	0.577	0.138 **	0.200	0.047	0.427	0.107
入試難易度	0.139	0.067	0.134	0.067	0.159	0.078
一般入試ダミー	-0.176	-0.046	-0.525	-0.129 †	0.025	0.007
地元継続居住ダミー	0.138	0.035	-0.389	-0.094	0.135	0.037
アルバイト経験ダミー	-0.170	-0.019	-0.367	-0.041	0.168	0.019
サークル参加ダミー	0.057	0.012	0.133	0.026	0.010	0.002
ネット出会い経験ダミー	0.645	0.123 **	1.041	0.208 **	0.452	0.085
親友数	-0.010	-0.019				
親友数（同性）			-0.056	-0.110	-0.105	-0.147 **
親友数（異性）			0.289	0.220 **	0.277	0.122 *
仲の良い友人数	0.002	0.058				
仲の良い友人数（同性）			※		-0.016	-0.092
仲の良い友人数（異性）			0.046	0.276 **	0.071	0.232 **
知り合い程度の友人数（対数）	0.633	0.174	0.292	0.084	0.487	0.133 *
(定数)	0.535		0.682		0.673	
N	617		201		361	
調整済み R2 乗	0.082		0.272		0.090	

†：p < 0.1、*：p < 0.05、**：p < 0.01、VIF < 2
※多重共線性のため別に投入したところ **

た相対的に親しいカテゴリの異性の友人が多いと恋愛交際人数が増えるのに対して、②それ以外の友人カテゴリでは男女の結果は正反対であった。具体的には、③男性は同性でも異性でも仲の良い友人数が多いほど恋愛交際人数も多いのに対して、④女性は同性の親友数と異性の親友数が恋愛交際人数に対して逆向きの効果を持つこと、および、⑤女性のみ知り合い程度の友人が多いと恋愛交際人数も多いことがわかる。ただし、男性を除いてモデルの決定係数が低いことには注意が必要である。

では、こうした友人関係構造と恋愛交際人数の関係におけるジェンダー差は、どのように説明できるのだろうか。一方で、男女双方にとって異性の親友や仲の良い異性の友人（女性にとっては知り合い程度の友人も）が恋愛交際人数を増やすようにみえるメカニズムについては、いくつか推測が可能に思われる。一つ目は、恋愛の破綻に際して異性の（親しい）友人が新たな恋人候補の紹介資源／あるいは媒介として機能している可能性（媒介仮説）、二つ目は、恋愛の破綻に際して異性の（親しい）友人自身が新恋人へとスライドするという意味で友人自体が資源として機能する可能性（スライド仮説）である。いずれにせよ恋人候補供給ルートが現実的な場合に安心して（ときに抑圧的・暴力的な／新鮮味を失ってマンネリ化した／より良

い恋愛と比べて見劣りする）現在の恋愛関係の離脱を容易にしていることで、交際人数を増やしているかもしれない。逆に、恋愛交際人数が多いために、恋愛交際相手を通じて次々と知り合う友人の範囲が拡大していくという可能性もあるが、日本の文脈では別れた恋人の「親しい」友人との関係を続けることがどの程度可能かはわからない。

　他方で、女性にとってとくに同性の親友数だけが交際人数を抑制するようにみえるメカニズムについては、もう少し複雑にみえる。前提として、データの制約上、恋愛交際人数の少なさからは恋愛交際期間を推測できない点には注意が必要であり、たとえば、恋愛交際人数が少ないことは、少数の相手と長期的に交際する傾向があるから少ないのか、早々と破綻したあと交際から遠ざかるがゆえに少ないのかは判別できない。仮に前者であった場合、一つ目の可能性は、女性にとって同性の親友が多いことは時々の恋愛交際が破綻しないよう同性の親友が恋愛交際関係のメンテナンス役割を担うために恋愛交際が長く維持され、結果として恋愛交際人数が少なくなるというものである（メンテナンス仮説）。逆に後者であった場合、二つ目の可能性は、女性の恋愛交際が破綻したとき、（多くは男性との）恋愛交際にはもうこりごりで、親友と呼べる同性さえ居てくれれば恋人なんかもう要らないと考えるようになるという意味で、同性の親友が恋愛交際関係を代替しているために恋愛交際人数が少なくなるというものである（代替仮説）。これに対して、三つ目の可能性は、女性にとって同性の親友数が増えることで、準拠集団におけるピア・プレッシャーとしてお互いの恋愛交際を相互にモニタリングする圧力が強まり、恋愛交差相手への期待水準を上昇させる結果、恋愛交際人数が少なくなっている可能性である（モニタリング仮説）。こうした点についても、さらなる調査・分析を通じて絞り込んでいく必要があるだろう。

5 議論：親密な関係性における資源と監視

　以上の結果をまとめると、以下のようになる（表10-3）。これを一言で結論づけることは難しいため、いくつかの補助線を引きながら、分析からわかったことといくつかの論点を抽出していこう。

　まず、大学生の友人関係構造は、恋愛経歴のなかでも、恋愛交際経験の有無と、恋愛交際人数に対して、異なる形で関連していた。その点で、両者を共に射程に含んで恋愛経歴を検討したことは重要である。当然のことだが、初めての恋愛交際を経

験しているかという意味での恋愛交際経験と、その後恋愛交際をどのように持っていくのか（長くつき合うのか／すぐ別れて次に行くのか／恋愛交際に懲りてしばらくは一人で居るのか）という意味での恋愛交際人数は、友人関係構造とそれぞれ異なる関係にあった。

次に、恋愛交際経験と恋愛交際人数のそれぞれにおいて、一定の共通点を持ちながらも、友人関係構造の影響はジェンダーによって大きく異なるものだった。具体的には、こうした恋愛経歴と友人関係構造の関連における男女差は、友人の親しさのカテゴリと、友人の同性異性の別による効果の違いによってもたらされていた。一方で、確かに、相対的に疎遠な友人カテゴリについては、もし異性（恋愛対象）ならばその人自体が恋愛交際の候補者になると同時に、同性であっても未だ見ぬ候補者につながる「弱い紐帯」として、恋愛経歴に影響していることがうかがえた。ただし、その効果は状況に応じてまちまちであり、たとえば男性の恋愛交際人数とは関連しなかった。この点、男性はより近しい友人カテゴリの異性や同性の数と恋愛交際人数が関連しており、おそらくこの点は男性のセクシュアリティの持ち方と関わっていると思われる。その意味で、友人関係は、相対的に疎遠な友人カテゴリを起点に、おおまかには恋愛関係のための資源として機能しているといえる。

他方で、友人カテゴリのなかでも相対的に親しい友人カテゴリは、単に資源として機能している以上の複雑な効果を持っていた。たとえば、親友と仲の良い友人は全体として、男性の恋愛交際経験の有無とは関連を持たないものの、女性の恋愛交際経験の有無には親しさによって異なる効果を持っていた。他方で、異性の親友と仲の良い異性の友人は、男女ともに恋愛交際人数を増やす効果を持っていた。とくに、女性にとって同性の友人が恋愛交際に対して持つ複雑な効果、すなわち、仲の

表10-3　恋愛交際経歴と友人関係構造の関係 （結果のまとめ）

	恋愛交際経験		恋愛交際人数	
	男性	女性	男性	女性
親友数（同性）	n.s.	＋	n.s.	－
親友数（異性）	n.s.	n.s.	＋	＋
仲の良い友人数（同性）	(n.s.)	－	(＋)	n.s.
仲の良い友人数（異性）	n.s.	＋	＋	＋
知り合い程度の友人数（対数）	＋	＋	n.s.	＋

※（　）内は、多重共線性のため別に投入した部分の参考値

良い同性の友人が恋愛交際経験を促進し、同性の親友が恋愛交際人数を抑制するようにみえることは、女性にとって同性の親しい友人というカテゴリが単なる資源としてのみならず、何らかのかたちで恋愛関係の競合や代替、相互監視や相互評価といった側面を持っている可能性が示唆された。これは、現代社会において男性に比べて女性の方が、ライフコースにおける親密な私的関係として、友人関係と恋愛関係をより緊密に結びつけて生きていることの表れにもみえる。

以上のように、友人関係はその数が多ければ恋人ができやすいといった量的で線形の単純な関係ではなく、最初の交際か／交際人数といった恋愛交際の局面によって、また、男性にとってか／女性にとってか、同性の友人か／異性の友人かといったジェンダー区分によって、さらには、友人関係の親しさの度合いによっても異なる（とりわけ女性にとって）複雑な関係にあるといえる。

【文　　献】

浅野智彦（2015）．『「若者」とは誰か——アイデンティティの30年【増補新版】』河出書房新社
イルーズ, E.（2024）．久保田裕之［訳］『なぜ愛に傷つくのか——社会学からのアプローチ』福村出版（Illouz, E.（2012）. *Why Love Hurts: A Sociological Explanation*, Polity.）
牛窪恵（2015）．『恋愛しない若者たち——コンビニ化する性とコスパ化する結婚』ディスカヴァー携書
岡田努（2010）．『青年期の友人関係と自己——現代青年の友人認知と自己の発達』世界思想社
小此木啓吾（2000）．『「ケータイ・ネット人間」の精神分析——少年も大人もひきこもりの時代』飛鳥新社
片瀬一男（2019）．「第8回「青少年の性行動全国調査」の概要」日本性教育協会［編］『「若者の性」白書——第8回青少年の性行動全国調査報告』小学館, pp. 9-28.
加藤秀一（2004）．『〈恋愛結婚〉は何をもたらしたか——性道徳と優勢思想の百年間』筑摩書房
ギデンズ, A.（1995）．松尾精文・松川昭子［訳］『親密性の変容——近代社会におけるセクシュアリティ・愛情・エロティシズム』而立書房（Giddens, A.（1992）. *The Transformation of Intimacy: Sexuality, Love and Eroticism in Modern Societies*, Polity Press.）
木村絵里子（2016a）．「「情熱」から「関係性」を重視する恋愛へ——1992年, 2002年, 2012年調査の比較から」藤村正之・浅野智彦・羽渕一代［編］『現代若者の幸福——不安感社会を生きる』恒星社厚生閣, pp. 137-168.
木村絵里子（2016b）．「若年層の恋愛行動における都市度の効果」『若者の生活と意識に関する全国調査2014』報告書』青少年研究会, 63-75.
藏本知子（2013）．「女子大学生の「ひとりぼっち恐怖」に関する探索的研究——「世間」との関連を通して」『学習院大学 人文』12, 103-118.
小林盾（2012）．「恋愛の壁、結婚の壁——ソーシャル・キャピタルの役割」『成蹊大学文学部紀要』47, 157-164.
佐藤博樹・永井暁子・三輪哲［編著］（2010）．『結婚の壁——非婚・晩婚の構造』勁草書房
ショーター, E.（1987）．田中俊宏・岩橋誠一・見崎恵子・作道潤［訳］『近代家族の形成』昭和堂（Shorter, E.（1975）. *The Making of the Modern Family*, Basic Books.）

高橋征仁（2013）．「欲望の時代からリスクの時代へ──性の自己決定をめぐるパラドクス」日本性教育協会［編］『「若者の性」白書──第7回青少年の性行動全国調査報告』小学館，pp. 43-61.

田中慶子（2010）．「友人力と結婚」佐藤博樹・永井暁子・三輪哲［編著］『結婚の壁──非婚・晩婚の構造』勁草書房，pp. 159-171.

谷本奈穂・渡邉大輔（2019）．「ロマンティックラブ・イデオロギーとロマンティックマリッジ・イデオロギー──変容と誕生」小林盾・川端健嗣［編］『変貌する恋愛と結婚──データで読む平成』新曜社，pp. 48-70.

チェンバース, D.（2015）．辻大介・久保田裕之・東園子・藤田智博［訳］『友情化する社会──断片化のなかの新たな〈つながり〉』岩波書店（Chambers, D. (2006). *New Social Ties: Contemporary Connections in a Fragmented Society*, Palgrave Macmillan.）

辻泉（2016）．「友人関係の変容──流動化社会の「理想と現実」」藤村正之・浅野智彦・羽渕一代［編］『現代若者の幸福──不安感社会を生きる』恒星社厚生閣，pp. 71-96.

土井隆義（2008）．『友だち地獄──「空気を読む」世代のサバイバル』筑摩書房

中村真由美・佐藤博樹（2010）．「なぜ恋人にめぐりあえないのか？──経済的要因・出会いの経路・対人関係能力の側面から」佐藤博樹・永井暁子・三輪哲［編著］『結婚の壁──非婚・晩婚の構造』勁草書房，pp. 54-73.

西平直喜（1981）．『青年の世界 3 友情・恋愛の探求』大日本図書

野沢慎司（2005）．「未婚者の結婚意欲とパーソナル・ネットワーク──関係構造の圧力効果と満足度の効果」財団法人家計経済研究所［編］『若年世代の現在と未来』国立印刷局，pp. 45-66.

パットナム, R. D.（2006）．柴内康文［訳］『孤独なボウリング──米国コミュニティの崩壊と再生』柏書房（Putnam, R. D. (2000). *Bowling Alone: The Collapse and Revival of American Community*, Simon & Schuster.）

林雄亮（2013）．「青少年の性行動の低年齢化・分極化と性に対する新たな態度」日本性教育協会［編］『「若者の性」白書──第7回青少年の性行動前項調査報告』小学館，pp. 25-41.

林雄亮・石川由香里・加藤秀一［編］（2022）．『若者の性の現在地──青少年の性行動全国調査と複合的アプローチから考える』勁草書房

深澤真紀（2007）．『平成男子図鑑──リスペクト男子としらふ男子』日経BP社

福重清（2006）．「若者の友人関係はどうなっているのか」浅野智彦［編］『検証・若者の変貌──失われた10年の後に』勁草書房，pp. 115-150.

森岡正博（2008）．『草食系男子の恋愛学』メディアファクトリー

和田秀樹（2013）．『スクールカーストの闇──なぜ若者は便所飯をするのか』祥伝社

Granovetter, M. S. (1973). The Strength of Weak Ties, *American Journal of Sociology*, 78(6), 1360-1380.

Smart, C. (2007). *Personal Life: New Directions in Sociological Thinking*, Polity.

コラム③
「失われたキャンパスライフ」再考：コロナ禍新入生の実態分析

辻 泉

■「失われたキャンパスライフ」？

大学生協調査の結果から よく知られているように、いわゆる「コロナ禍」によって、大学生たちのキャンパスライフは大きな影響を受けた。入学直後の4月に緊急事態宣言が発せられた2020年度の新入生たちは、とくにそうであったといえよう。全国大学生活協同組合連合会が実施した調査によれば、2022年度において、大多数が三年生となっていたこの学年だけが、学生生活や友人関係の充実度が低い傾向にあったのだという。たとえば、入学後にできた友達の人数が0人（＝いない）という回答の割合は4.8%とほかの学年よりも多く（1年生は2.1%）、学生生活が充実していると回答したものの割合は、一年生が88.1%ともっとも多かったのに対してこの学年は76.1%、同じく友人関係が充実していると回答したものの割合は、一年生の83.2%に対して71.9%であったという。「サークルの後輩を見ていて友人の多さに驚く……自身が大学の教室で初めて授業を受けたのは、入学の二か月後だった……3年生になって「同級生とやっと仲良くなれた」」、というのは同記事のなかの大学生の言葉であった（『朝日新聞』2022.9.14 朝刊）。

このような状況をふまえ、「本当だったらサークル活動をもっと楽しめるはずだったのに」「コロナ禍さえなければ、入学後にもっと多くの友達と出会えたのに」といった切実な声を総称して、「失われたキャンパスライフ」といったキャッチフレーズもよく目にするものであった。

キャンパスライフへの再帰的な期待 同じキャンパスで生活するものとして、あるいはかつての大学新入生という立場からしても、「失われたキャンパスライフ」を送らざるを得なかった学生たちに対しては、同情の念を禁じ得ない。だがその一方で、大学が高等教育機関であるならば、単なる同情だけにとどまっていてはいけないのではないだろうか。

たしかにコロナ禍は、それまでのキャンパスライフを一変させた。だが、これまでの状況の自明性を相対化できる立場だからこそ、よりみのりのあるキャンパスライフや社会生活を構想し得る、というのは言い過ぎだろうか。たとえば、オンラインと対面の両方の授業を知っている立場だからこそ、それぞれの長所と短所をほかの誰よりも冷静にみつめなおすことができるということもあるのではないだろうか。

このコラムの目的は、コロナ禍真っ最中の2020年秋に、青少年研究会が全国の大学生を対象に実施した調査の結果に基づき、とくに当時の1年生に焦点を合わせ、その実態を詳細に把握し、この学年にみられる特徴を明らかにしながら、むしろ彼／彼女たちだからこそ期待すべき点を論じることである。

　なお、コロナ禍の状況をふまえた、学生たちのキャンパスライフについての研究は、数多くなされてきたし、それらをふまえた学生支援策なども早い段階から取り組まれてきた。たとえば、私立大学情報教育協会の機関誌『大学教育と情報』においては、2020年6月刊行の同年第一号において「特集　対面授業からオンライン授業切り替えの取組み」が、さらに第四号でも「特集　コロナ禍のオンライン学生支援」が組まれていたし、このコラムもこうした取り組みと問題意識を共有するものである。だが実態調査という点においては、先述の大学生協の調査以外は、特定の大学内のみにおいて行われたものが目立っており、社会学系の授業での実施という限定はあるにせよ、全国の大学を網羅した本研究会の調査データに基づく検討は貴重なものといえるだろう。

■コロナ禍の新入生たちを振り返る

不安多きコロナ禍の新入生たち　以降は、2020年の一年生（n = 225）とそれ以外の学年（n = 825）との違いに焦点を当てていく（学年を回答しなかった9名は除く）。まず、基本属性において偏りがないかを確認しておくと、両親の学歴など社会経済的な指標については、目立った差はないが、キャンパスライフの典型例の一つともいえる、アルバイト経験については、「現在している」ものが一年生は60.9％しかなかったのに対して、それ以外の学年（以下、それ以外と記す）は78.2％と差が目立った（0.1％水準の有意性）。逆に、「ひとり暮らし」の割合は、一年生のほうが32.0％とそれ以外の27.5％よりもやや多かった（1％水準の有意性）。なお、入学難易度については、一年生の平均値が50.60に対しそれ以外が54.78とやや高くなっており（0.1％の有意性）、性別についても、一年生は男性105名46.7％に対し女性116名51.6％と比較的拮抗していたが、それ以外は男性263名32.0％に対し女性547名66.5％と後者の割合が多かった（0.1％水準の有意性）。結果を解釈する場合は、こうした傾向もお含みいただきたい。

　さて、もっとも特徴的であったのは、コロナ禍の新入生にあたるこの学年が、他と比べても、不安や心配を強く、さらに多岐にわたって感じていたという点である。

　図1は、「あなたが今，不安や心配だと感じていることはどんなことですか」という質問について、「その他」も含めた13個の項目（複数回答形式）の結果を示したものである。一年生の回答結果を基準に、多いものから順に並べ替え、それ以外の学年との間で、有意な差がみられた項目にはアスタリスクを付し

てある（***は0.1%、**は1%、*は5%、※は10%水準のそれぞれ有意性があるということを示す、以下同様）。

これを見ると、1位に挙げられている「就職のこと」については、一年生70.7%に対してそれ以外が87.3%と多くなっていたが、それ以外に有意差がみられた項目は、どれも一年生の割合が高かった。具体的には、「勉強のこと」が一年生69.3%に対してそれ以外が45.8%、「友だちや仲間のこと」は同じく43.1%に対して22.2%と倍近い開きがあり、「進学のこと」も20.9%に対して12.8%となっていた。そのため、これら13個を足し合わせて、心配や不安に感じていることの合計個数を調べてみても、1年生は平均で4.34個と、それ以外の3.84個よりも多くなっていた（1%水準の有意性）。

興味深い点でいえば、コロナ禍であるにもかかわらず「健康に関すること」は有意差もなくいずれも4分の1程度と割合が低かった。病気そのものというよりも、むしろ心配や不安だったのは、就職や勉強といった社会生活に関すること、そして友人関係だったのであろう。

コロナ禍新入生の友人関係　ではコロナ禍の新入生たちの友人関係の実態を、データから掘り下げてみよう。友達を親しさの度合いに応じて3段階に分けると、親友の平均人数は一年生4.28人、それ以外3.99人であり、仲のよい友達も同じく18.20人に対して18.94人と有意差はみられなかった。しいていえば、知り合い程度の友達が、一年生64.9人に対してそれ以外は76.52人と多く（10%水準の有意性）、ゆるやかな出会いが損なわれていた様子は確かに伺えよう。

では量的な面で、ゆるやかに出会う外縁的な友人関係の人数が確かに少な

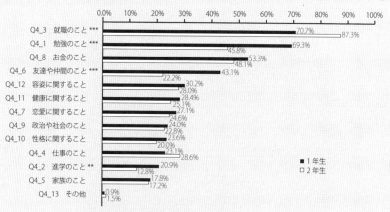

図1　不安や心配だと感じていることのランキング
(n=1050、平均個数は1年生 4.34 ＞それ以外 3.84**)

かったとして、何か質的な面での違いもあったのだろうか。ここでは、とくに親しい友達を3名まで挙げてもらい（仮に、Aさん／Bさん／Cさんとする）、それぞれの詳細について掘り下げた項目の結果をみていく。図2は、それぞれの友達とのつきあいの詳細に関する、六つの項目（複数回答形式）の結果を示したものである。

元々あまりあてはまらないであろう「政治や社会の話をする」などや、多くがあてはまる「一緒の趣味や娯楽がある」などでは有意な差がみられない一方で、それ以外のすべての項目の割合において、1年生よりもそれ以外の学年のほうが高くなっていた。

まず目につくのは「同じ大学に通っている」であり、それ以外の学年はおおむね3～4割に達した。だが一年生はおおむね1割程度と、調査時期であった夏休み明けにおいてもなお、同じキャンパス内でとくに親しい友達を作ることができなかった様子がうかがえる。もちろんそのこと自体は問題ではないかもしれないが、同じ環境に置かれているからこそ、やりやすいこともあったはずである。具体的には、「悩みを相談する」「進路や就職活動について話をする」「お金やものの貸し借りをする」といった、高校生までとは違った、大学生としてのやや大人な友人関係に関するほとんどの項目にお

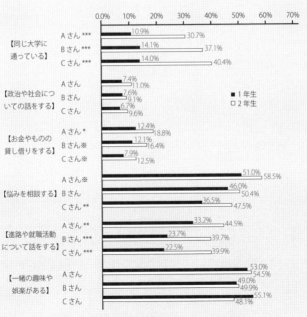

図2　特に親しい友だちとのつきあいの詳細
（Aさん n = 957、Bさん n = 934、Cさん n = 868）

いて、1年生はそれ以外の学年よりも割合が低くなっていた。とくに気になるのは、先にもふれたように、コロナ禍の新入生たちが、不安や心配を多岐にわたって強く抱いていたにもかかわらず、それ以外の学年と比べて、「悩みを相談する」友人に恵まれていなかったという点であろう。この点は重要な記録としてとどめておくべきだろう。

再帰的なキャンパスライフへの期待：コロナ禍新入生たちよ、心優しくあれ　では、一方でコロナ禍新入生における可能性についてもふれて、このコラムを締めくくりたい。

多岐にわたる強いや不安や心配があったにもかかわらず、それを相談する友人関係には恵まれなかったこの学年だが、じつは、自己肯定感やソーシャルスキルについては、それ以外の学年との間に有意な差はみられなかった。不利な条件下ではあるが、決してくさらずに、むしろなんとか適応しながら、それらを発達させていたのではないか、と解釈するのは、ややひいき目であろうか。

むしろ一面においては、この学年だからこそ持ち得る、ある種の冷静さというものも存在していたのではないだろうか。たとえば、友人関係に恵まれなかった実態は先に確認したが、もし「通常」のキャンパスライフがスタートしていたら、さしたる自覚もないままに友達を増やし、やがてスマホを通してその連絡に追われ……といった、ありきたりの状況がみられたかもしれない。だが、図3にもあるように、スマホを依存的に使うような、「他にやらなければいけないことがあっても、つい使ってしまう」「SNSをチェックできないと不安になる」といった項目における肯定的回答の割合は、むしろ一年生の方が相対的に低かったのである（前者が一年生84.0%でそれ以外が88.9%、後者が同じく25.9%に対して35.7%）。そして逆に、「使う場所や時間をわきまえて、上手に使いこなせている」という項目については、一年生の方が高かったのがわかる（一年生が65.8%に対してそれ以外が57.0%）。

さらに図3をみると、たしかにこの学年は、唐突に始まったオンライン授業に振り回されたという印象もあってか、コロナ禍終息後においても「大学の授業はオンライン形式を積極的に活用していくべきだ」「在宅勤務の割合を増やしていくべきだ」といった項目に対する否定的回答の割合が高かったのは事実である（前者が一年生53.1%でそれ以外が42.2%、後者が同じく29.8%に対して17.9%）。だが一方で、「今後の日本は外国人の入国を制限するべきだ」という項目については、全体的にも否定的回答の割合が高い中で、一年生はさらに高い結果となっていた（一年生が81.8%に対してそれ以外が78.9%）。そこには不利な条件下にもかかわらず、ある種の冷静さを保っている姿が垣間見えるのではないだろうか。

ほかにこの学年に特徴的な結果をみていくと、たとえば「奉仕活動（ボランティア）をしているとき（Q5.1）」

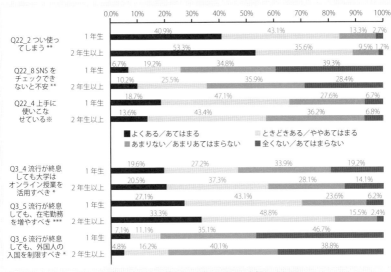

図3　スマホの使用について／コロナ禍について
(n=1049、ただし Q22.8 は、n=1048、Q3.6 は n=1050)

に充実感を感じる者の割合は、一年生が13.3%とそれ以外の8.2%を少し上回っていたし（5％水準の有意性）、「大学での勉強や研究は社会に出てから役に立たないと思う」というキャンパスライフへの否定的な見方も、1年生は19.5%とそれ以外の28.2%よりも低くなっていた。

最後に、かつての人気テレビドラマ『3年B組金八先生』の主題歌「贈る言葉」のフレーズを引用して、このコラムをしめくくりたい。それは「ひとは悲しみが多いほど、人には優しく出来るのだから」というフレーズである。

コロナ禍新入生たちのキャンパスライフにおける苦労については、察するに余りある。だが、「ピンチの後にチャンスが来る」ともいわれるように、またつらい経験をしたからこそ、他よりも冷静でやさしいメンタリティを持ちうるということもありうるのではないだろうか。たとえば、長らく若者たちについて問題視されてきた、スマホへの依存的傾向の相対的な低さや、コロナ禍以降における外国人の入国についての相対的な寛容さからは、それがうかがえるのではないだろうか。

ここでは、コロナ禍新入生たちの特徴を追ってきたが、可能ならばこの学年のその後について追証的な調査を行うことも、おおいに意義深いといえよう。それは、彼／彼女ら自身が、自らの経験を捉え返すためだけではなく、むしろ大学や社会の側が、新しいキャンパスライフやライフスタイルを考えるためのヒントとなりうるからである。

おわりに：調査を振り返って

　序章やコラム①で紹介されているように、青少年研究会では、2000年と2010年に大学生を対象にした調査を実施しており、今回の2020年の調査は第3回目となる。ここでは、本書の各部のファインディングスとこれまで青少年研究会が行なってきた大学生調査で得られた知見について検討した後に、「再帰性」という観点から大学生調査データを捉え直してみたい。

■ 2000年、2010年大学生調査をふまえて

　本書の第1部「自己と社会」では、大学生の自己意識について検討を行なった。これまでの調査では、毎回自己に関する複数の質問項目が設定されており、比較的割合の大きな変化がみられたものがある。たとえば「自分には自分らしさというものがある」と答えた割合は2000年時に83.5%だったが、2010年には78.4%、2020年には67.7%となっている[1]。調査方法や調査対象校などが異なるため厳密な比較とはならないものの、近年になるにつれ、自己の輪郭が曖昧になりつつあるようだ。このような傾向に対して、さまざまな解釈が可能であるが、若年労働市場の変化と結びつけて考察することもできる。浅野智彦（2014）は、2010年の大学生調査データを用いて自己の多元性が進路意識などの移行過程に正の効果を持つことを明らかにし、多元性を維持することで自分自身を流動化させ、それによって社会の流動性に対応していこうとする戦略の可能性を見出している。先の自分らしさの意識の薄れと自己の多元性は必ずしも同一のものではない。しかし自己の非一貫性や非統合性に関連するものといえるだろう。本書の第1章（牧野）によれば、将来を見据えた先取り的な態度のなかでも社会で生きていくための能力に不安がある場合には、先の自分らしさの意識は弱くなるという。第3章（妹尾）によると、大学の入学難易度ごとに大学生のライフスタイルはある程度規定されており、第2章（寺地）で確認されたように、入学難易度が高いほど将来を見据えて今を過ごすというインストゥルメンタル志向が見られる[2]。だが、入学難易度と能力不安に相関はなく、入学難易度の高さが社会で生きていくための能力を必ずしも保証するものではないようだ。

---

1) 2000年時は青少年研究会（2001）、2010年時は青少年研究会（2011）より。

こうした自己の様相は、アイデンティティを模索する時期にある大学生にとってはあたりまえのように思われるかもしれないけれど、ひと昔前に目を転じてみると決してあたりまえではない。序章でもふれられていたがたとえば1970年代の若者論は、若者文化の特徴を成人文化との非連続性に見出し、なるべく大人になることを先延ばしにして、できるだけ長く若者文化のなかにとどまろうとする若者の傾向に注目していたのである（井上 1971, 松原 1974, 木村 2021）。現在の大学生の自己のあり方は、モラトリアムでありながら、しかし、労働市場などの「社会」にいかにして自らを接続させるのかという人生の選択に迫られている。そして、「自分らしさ」というものが社会における自らの位置づけを通して定まるとするならば、やはり社会に出る前の大学生という身分ではそれを実感することは難しくなっているのだろう。今後、このような自己意識の変化を追うことも課題となる。

第2部「メディア・文化」で扱う若者を取り巻くメディアの状況は、この20年の間に目まぐるしく変化してきた。これまでの青少年研究会による大学生調査の関心に沿っていうならば、まず2000年はパーソナルメディアとしての携帯電話の利用が定着し始めた時期であり、大学生の携帯電話の利用率は89.5％だった（青少年研究会 2001）。固定電話から携帯電話への移行に伴い、行動の自由が増し（40.4％）、友人らといつでも連絡が取れるという安心感を持つようになるが（60.2％）、その一方、常に携帯していないと不安になる（46.6％）などといった意識やライフスタイルの変化がみられた。2010年は、PCやスマートフォン経由でインターネットが使われ、とくにヴァーチャルなキャラクターとの恋愛（二次元恋愛）についての議論がなされた（羽渕 2016）。そして本書の2020年調査の関心は、趣味やモバイルメディア、SNSによるコミュニケーションに寄せられている。第4章（二方）ではSNS、第5章（木村）ではスマートフォン写真、第6章（木島）では音楽ジャンルの好み、第7章（羽渕）ではスマートフォン依存と自己との関係にそれぞれ焦点化されている。大学生調査では、単なる利用実態にとどまらず、若者の人間関係やさまざまな文化活動との関連のなかにメディアを位置づけ、捉えてきたという特徴がある。

現在、とくにSNSやソーシャルメディアが社会のある部分の重要な参照先になっていることは確かであろう。自分自身のふるまいのみならず、多様な人びとの個別の営みを窺い知ることができ、また、「いいね」やリプライという具体的な反応を直接的に確認することを可能にするという再帰的な問い直しの機会を生成／促

2）インストゥルメンタル志向と自分らしさ意識にもほとんど相関が見られなかった。

進するメディアだといえる。加えて、趣味や文化活動と自己との関係に限らず、後述する友人関係および恋愛関係のコミュニケーションにおいても、スマートフォンやSNSなどのメディアによる介在は深く浸透している。総務省による「情報通信メディアの利用時間と情報行動に関する調査」が示すように若年層の各SNSの利用率は年々増加しているのだが、対面コミュニケーションなどの行動制限がなされたコロナ禍においては、こうした問い直しの機会を生成／促進するというSNSの社会的機能の側面はよりいっそう強化されたことだろう。

第3部の「親密性」では、大学生の友人や恋人という今日的な関係のあり方について論じられた。残念ながら、大学生調査の3時点で比較可能な項目は多くないが、たとえば親友の平均人数は、2000年：4.37人、2010年：4.43人、2020年：4.52人[3]、恋人がいる割合については、2000年：32.3％、2010年：30.2％、2020年：24.3％となる[4]。恋人がいる割合は減少傾向にあるけれど、それほど大きな変化はないといえる（一方、第8章にあるように、2010年から2020年にかけて「知り合い程度の友だち」は増加傾向にある［2010年と2020年時のみ］）。

友人関係については、2010年以降、ネームジェネレーター項目を用いてパーソナル・ネットワークの実態を明らかにする試みがなされてきた。辻泉によれば、若者のパーソナル・ネットワークにおいてもっとも大きな違いをもたらしているのは性別であり、男性に比べて女性はとくにメディアを介したコミュニケーションの頻度が高く、こうしたやり方で人間関係の流動化に適応しているのではないかという指摘がなされている（辻 2016, 2022）。友人研究のなかで若者の濃密なつながり志向が指摘されて久しいが、第8章（小川）では、メディアなどを介して友人と容易につながることができるなかで不可視化される孤独感があることを明らかにしている。ただ、その孤独感も、やはり男性のほうが女性に比べて強い。一方、第9章（浅野）のように恋愛交際相手の有無や恋愛交際人数にもジェンダーの効果が確認され、第10章（久保田）でも、恋愛交際経験・恋愛交際人数と関連する友人関係の構造がジェンダーによって大きく異なる効果を持つことがわかった。これらは重要な知見であり、今後、友人関係や恋愛関係などの親密な関係の形成のされ方について考察する際には、ジェンダーによる違いや性別役割規範などに着目することが必須となると考えられる。

---

3) 2000年時は青少年研究会（2001）、2010年時は辻（2016）より。
4) 2000年時は青少年研究会（2001）、2010年時は羽渕（2016）より。

■「再帰性」という観点から

次に、本書の理論的な注目点であった「再帰性」に関して、各章の知見をふまえたうえで整理しておきたい。序章の繰り返しになる部分もあるが、2020 年に行われた大学生調査に対する私たちの関心は以下のようにいうことができるだろう。

新型コロナウイルス感染症（以下、COVID-19）の感染拡大は、その対策のなかで私たちの生活のいくつかの局面が根本的に変化せざるをえず、幾度も押し寄せた感染の波をくぐり抜けるなかで私たちの生活がそのつど意味づけ直されていったことを思い出してもわかるように、「再帰的近代化の極限」（序章）とでもいえるような側面を持っている。しかし、コロナ禍はただ私たちの生活の諸前提を解体し、問い直させたというだけでなく、とくに移動や対面コミュニケーションを中心とした生活のいくつかの局面に（時に非常に強い）制約を課すものでもあった。本書のコンセプトである「再帰性」という観点からすれば、コロナ禍は人びとの生活のある側面にはリフレクシブであることを強く要請し、またある側面では選択の余地がない状況をもたらしたといえる（だがこのような選択肢のなさが、たとえば「授業は対面であるのが当然」といったこれまでの前提を解体したところもある）。また、後期近代は総じて再帰性が昂進した社会だとされるが、その昂進は人びとの生活のさまざまな局面においてばらつきがあり、人びとが暮らす社会経済的な状況によってもばらつきがある。さらに、再帰性が昂進したことによって逆に「再帰性の打ち止まり地点」（牧野 2012：182）が求められ、浮上するようなこともある。こうしたことはコロナ禍以前からそうであったわけだが、コロナ禍は先に述べたような生活への強い制約のなかで、それらをかなり圧縮したかたちで社会に現出させ、人びとに意識や行動における再選択を促したといえるのではないか。

私たちが調査を行なったのは、そのようなコロナ禍の最中であったわけだ。この「おわりに」の最終確認を行なっている 2024 年夏の時点で、私たちの社会は「ポストコロナ」といっていい状況に移行したように思われる。しかし一方で COVID-19 の流行は依然として繰り返されており、そのつど救急医療や通常医療のシステムのキャパシティを圧迫しながら高齢者や基礎疾患を持つ人を中心に数多くの人が命を落としてしまう状況も劇的に改善されたわけではない[5]。（ワクチン接種による致死リスクの大幅な低下はみられたものの[6]）「ポストコロナ」への移行は問題となっ

---

[5] 厚生労働省の人口動態統計によれば COVID-19 の 5 類感染症移行後にあたる 2023 年の COVID-19 による死者は 3 万 8080 人、2020 年以降の累計は 10 万 5950 人という〈https://www.asahi.com/articles/ASS67226HS67UTFL00FM.html（最終確認日：2024 年 8 月 11 日）〉

ていた事態そのものが大きく改善されていないにもかかわらず、十分にリスク評価や追加の対策を論じないまま行われているようにもみえ、当時、どのような状況で何が起こり、何が一時のものとして過ぎ去り、何が今にまで続いているのか、よく考えることもないままに、私たちの社会は次のステップに進もうとしているのではないかという疑念も抱かざるをえない。もしそうであるならば、こうした時期の学術的な調査・分析において考えるべきことは、人びとにおいてそのとき何がどう意味づけられ、人びとの生活のどのような側面において何がどのような効果を持っていたのかについて、一つひとつ丁寧に見定めていくことだろう。

　また大学生という本書の調査・分析の対象は、生活の自由度がそもそも相対的に高いわけだが、特に調査年となった2020年秋はオンライン授業が突如全国的に始まった同年前期を経て、少しずつ手探り的に対面授業の再開が模索されていたまさに未曾有の状況のなかで、試行錯誤しながらの大学生活を送っていた。このように、いつも以上に自らとその生活に対してリフレクシブであることが強く要請されるなかで、大学生のライフスタイルは一体どのような状況にあったのか、何がどう意味づけられ、何がそのライフスタイルの資源になっていたのか、そしてそれがその後にどうつながっているのかを本書は考えようとしたのであった。

　その考察の具体的な内容は各章をご覧いただければわかることだが、本書のテーマである「再帰性」に関して、各章を経ていえそうなことをいくつか述べることにしたい。まず言っておきたいのは、再帰性にはいくつかの側面があり、それぞれに独特な効果の出方があるのだろうということだ。こういってしまうと、それはそうだろうということになるかもしれないが、現代社会を万能に論じることができるある種の基礎概念になりつつある再帰性概念について、その内実が本書ほどに経験的に検討され、腑分けされることはこれまでなかったように思われる。第1章などで示したように、再帰性には自己意識に関連した諸側面だけでもさまざまなものがあり、各章でみたように効果をもたらす局面と、その効果のあり方はそれぞれ異なってそのつど解釈が必要なものであった。また、分析結果をふまえて第1章では内的な再帰性と外的な再帰性という区分が、第5章では認知的再帰性と美的再帰性の質的な違いがそれぞれ示され、第9章では自己をめぐる再帰性を基盤的な水準と具体的な水準に分けてその「構造」が分析・考察されており、再帰性概念をより細密に展開していく可能性がこのように広がったといえるように思われる。とはいえ、本

6）「コロナワクチン接種者と未接種者、死亡率の差は？／CDC」〈https://www.carenet.com/news/general/carenet/55992（最終確認日：2024年8月11日）〉

書で用いられた項目が再帰性のすべての側面を網羅したとは思われないので、こうした検討は引き続きなされるべきだが（再帰性を細かく分類することが目的にはなってはいけないと思うものの）、いずれにせよ、再帰性について論じる各論者たちの指摘のいずれかが合っているということではなく、どういう局面においてどういう現れをしているのか、それはなぜなのか、その構造はどのようになっているのかはそれぞれ経験的に検討できることを本書は示したといえるだろう。

　第7章では、先述べた外的な再帰性がスマートフォン依存を促進するような傾向が示されていた。これは自己意識をめぐるある種の不安定性が、スマートフォンへの依存を通して安定性を回復しようとする反応につながると解釈できるかもしれない。安定性をめぐる資源という点では、第6章においてパンク・メロコア、ヒップホップ・R&B、ジャズといった音楽ジャンルを好むことが自己の安定性に寄与していることが、また第8章において家族や地元の友人といった流動性のより低い対人関係資源をもっていることが孤独感を低減させることがそれぞれ明らかにされていた。こうした知見は、再帰性が人びとに不安定性をもたらすことの反動として、「再埋め込み」と表現できるような安定した（安定しているとみなされて選び取られた）各種資源の利用につながることをそれぞれ明らかにしているといえるのではないだろうか。第9章では再帰性をめぐる「ジャガノート」という譬えが紹介されていたが、再帰性の経験的な検討にあたっては、前もって確実に予測できるわけではない、このような意外な反応・反動の可能性にそのつど向き合っていく必要があるように思われる。

　意外な現れという観点から各章を見直してみると、各種の独立・統制変数が従来的な想定とは違ったかたちで、つまり今日的状況のなかで再帰的に意味づけ直されているのだろうと考えられるケースがいくつかみられた。たとえば第1章では、一般入試入学は自己受容感を高め、同調志向を弱めるが、自分らしさ意識を低減させるというように、入試で自らの学力を示すことができたことの意味は多義的な、局面に応じてつど解釈を行なった方がよいものになっていた。第6章では、ロックを好んで聞くことが、その音楽ジャンルの従来的イメージとは異なり、自己肯定感や自分らしさ意識を低減させ、自己喪失感を強めるという結果がみられ、やはりその意味づけの再解釈が必要になっていた。第10章では、ともに「純粋な関係性」という観点からその再帰的性質が論じられてきた友人関係・恋愛関係の相互の関係を分析した結果、恋愛の各局面において、また性別において、友人の各種別がそれぞれ異なる関連のあり方をとっていることが明らかにされていた。こうしたことは当然、各変数の効果を考えるにあたっての一般的な手続きではあるのだが、教育、家

族、文化などに関するさまざまなことがらもまた、それぞれの社会状況のなかで再帰的に意味づけ直されていることを意味しているように思われる。

　もう一つ、再帰性についてはそれがもたらす効果という考え方の向きとは逆に、再帰性がそもそもどのように条件づけられているのかという考え方の向きもある。本書では第5章での分析が後者にあたるもので、この章では再帰的な SNS 利用傾向が大学の入学難易度や家庭の社会経済的背景の関数として現れてくる側面が明らかにされていた。また、第2章では条件と効果の双方が扱われている。つまり、現在（将来）に対してそれぞれがどのような態度をとっているかという意味で再帰的態度の一側面といえるコンサマトリー志向（インストゥルメンタル志向）が、年齢・居住地・入試難易度などといった変数に条件づけられていることと、コンサマトリー志向が公共的思考を一部弱めるということがそれぞれ明らかにされている。二つの章でともに再帰的態度を条件づける変数となっていた入学難易度は、第3章でみたように家庭の社会経済的背景によって影響を受けるものである。再帰的な意識・行動は SNS 利用や各種志向に留まらず多様な現れ方をとるものだが、こうした章の知見をふまえると、それらはこの社会のなかで明確に構造化されて若者たちに（も）配分されている可能性が高い。第1章でも紹介したように、スコット・ラッシュは後期近代において「再帰性の勝者と敗者」が存在すると指摘していたが、再帰性を促進する、あるいは打ち止める資源の社会的散らばりという論点は本書でも確かめられ、これもまた引き続きの検討が必要になるといえるだろう。

　1990年代以降、後期近代論者の再帰性論は、本書で幾度も引かれているアンソニー・ギデンズをはじめ、ウルリヒ・ベック、ジグムント・バウマン、ラッシュらの著作の邦訳が進むなかで現代社会論の基本的前提としての位置を得て、その権威はますます強固なものになっているようにみえる。だが、再帰性という観点は本書が明らかにしたとおり、さまざまなかたちでもう少し腑分けして考えるべきものであるように思われる。同時期以降、現代社会を論じる万能の概念に年々なっていったものに「新自由主義」があるが、これもまた当の概念によって論じようとする状況・現象の内実がおろそかにされる傾向があり、その経験的な検討に向けた提案がなされ始めたところである（元森ほか 2022）。再帰性と新自由主義は、同じように並べていい言葉ではないかもしれないが、1990年代以降の社会を包括的に論じることができる、ある種の「大きな物語」を再び与えてくれる概念として、大きな役割を果たしてきたといえる。しかし、ギデンズ（1993：57）がそれこそ社会科学は「省察（reflection）の形式化された形態」、つまり再帰性についての専門的知識を取り扱って

いるのだと論じていたことを考えると、再帰性（や新自由主義など）という概念を議論の大前提、あるいはデータを解釈する有用な観点としてばかり用いるのはもったいない。そうした活用が積み重なったいま、リフレクションの内実についての知識、引き出しをもう少し増やすときにきたのではないだろうか。本書が行なったのはその一例、つまり若者研究の各個の文脈に応じて仮説を提出し、経験的に確かめることができる知見から、それぞれの文脈において一定のまとまりのある解釈枠組をつくっていく、いわゆる「中範囲の理論」（マートン1969）の適用対象に再帰性概念をダウンサイズする可能性の提案ともいえる。

今後の展望についても、述べておきたい。本書は、全国の大学生を対象にしたデータに基づいて編まれた。大学生は、自由度が高く、リフレクシブなライフスタイルを送っているといえる。では、大学に通っていない若者や、年長世代はどうであろうか（そのなかには、当然、再帰的であることができないような人もいるだろう）。これらの比較を通して、今日の若者のライフスタイルはどのように評価・解釈できるのだろうか。青少年研究会では、2022年の秋に全国の16歳から59歳までを対象にした大規模調査を実施した。今後、上述した再帰性をめぐる課題と併せて今述べた若者についての課題を検討する予定である。

最後に、本書に関わる調査研究にご協力いただいたすべての方、そして担当編集者の米谷龍幸さんに心より感謝申し上げたい。

木村絵里子・牧野智和

【文　献】
浅野智彦（2014）．「多元的自己と移行過程」溝上慎一・松下佳代［編］『高校・大学から仕事へのトランジション――変容する能力・アイデンティティと教育』ナカニシヤ出版，pp. 183-213.
井上俊（1971）．「青年の文化と生活意識」『社会学評論』22(2), 31-47.
ギデンズ，A.（1993）．松尾精文・小幡正敏［訳］『近代とはいかなる時代か？――モダニティの帰結』而立書房（Giddens, A.（1990）．*The Consequences of Modernity*, Polity Press in association with Basil Blackwell.）
木村絵里子（2021）．「「若者論」の系譜――対象地域に着目して」木村絵里子・轡田竜蔵・牧野智和［編著］『場所から問う若者文化――ポストアーバン化時代の若者論』晃洋書房，pp. 1-23.
青少年研究会（2001）．『今日の大学生のコミュニケーションと意識』
青少年研究会（2011）．「大学生の生活と意識に関する調査」単純集計付き調査票
辻泉（2016）．「大学生たちのパーソナル・ネットワークの実態――2010年全国26大学調査から探る」『人間関係学研究：社会学社会心理学人間福祉学：大妻女子大学人間関係学部紀要』18, 125-139.
辻泉（2022）．「ひとりぼっち化する男子――2010年JYSG全国26大学調査の結果から」『中央大学

文学部紀要 社会学・社会情報学』32, 63-77.
羽渕一代（2016）.「大学生の現代的恋愛事情とメディア利用――「ここではないどこか」の魅力」富田英典［編］『ポスト・モバイル社会――セカンドオフラインの時代へ』世界思想社, pp. 141-158.
マートン, R. K.（1969）. 森好夫［訳］「中範囲の社会学理論」森東吾・森好夫・金沢実訳『現代社会学大系 13 社会理論と機能分析』 青木書店, pp. 3-54.（Merton, R. K.（1967）. On Sociological Theories of the Middle Range, on *Theoretical Sociology: Five Essays, Old and New*, Free Press, pp. 39-72.）
牧野智和（2012）.『自己啓発の時代――「自己」の文化社会学的探究』勁草書房
松原治郎（1974）.『日本青年の意識構造――不安と不満のメカニズム』弘文堂
元森絵里子・加島卓・牧野智和・仁平典宏（2022）.「ワークショップ時代の統治と社会記述――新自由主義の社会学的再構成」『年報社会学論集』35, 24-31.

事項索引

BTS　*130*
Facebook　*113, 114*
Instagram（文化）
　109, 111, 113, 114, 122, 123
R&B　*138*
TikTok　*113, 114*
X　*113, 114*

相手への気遣い　*99*
アイデンティティ　*29, 40*
　──の獲得　*27*
　──（の）感覚　*33-35, 44*
アイデンティティ資本（モデル）　*30, 32, 43*
アイデンティティ戦略　*40*
アイドル　*131, 136*
新しい情報環境　*91*
新しい生活様式（ニューノーマル）　*4*
アニメ・声優・ゲーム　*130*
アニメの視聴　*128*
アプリによる写真加工　*113*
嵐　*130*
新たな男性性　*207*
アルバイト経験／時間　*77, 212, 223*
安全化　*107*
いいねの集積　*93*
家（家庭）の暮らし向き　*34, 37, 44, 51, 174, 212*
家の暮らし向きと大学種別　*73, 74*
行き過ぎた個人主義化　*203*
依存症　*146*
依存症テクノロジー　*147*
依存得点　*149*
依存不安　*97*
イタイやつ　*99*
1日あたりのスマートフォン利用時間　*91, 173, 174, 176*
1日のLINEメッセージ送信数（スタンプも含む）　*173*
一緒にいても孤独（Alone Together）　*4*
一般化の可能性　*23*
一般的他者　*107*
一般入試　*37, 39, 40, 54, 212, 213*
　──以外の入試形態　*54*

今、ここ　*49, 50*
意味内容の変化　*138*
イメージの再帰性因子　*118, 120-122*
インスタ映え　*115, 120, 122*
インストゥルメンタル　*48*
インストゥルメンタル志向　*51-55, 57, 58, 229*
インストゥルメンタル的な考え方　*51*
インターネット　*4, 91*
インターネット上での評価　*152*
インターンシップ　*28*
ヴァナキュラー写真　*109*
ヴィジュアルコミュニケーション　*109, 110*
ウェブ日記　*113*
失われたキャンパスライフ　*222*
奪われた青春　*ii*
ウラ趣味　*125*
映像のリアリティ感覚　*116, 122*
SNS　*16, 85, 92, 94, 101, 105, 107, 231*
　──上での演出　*104*
　──上でのつながり　*106*
　──上（で）の反応　*37, 39, 40, 43, 93, 96, 98, 100, 102-104, 106, 107, 196*
　──上の反応の考慮　*35, 187, 191, 193, 195, 197, 199*
　──（でのやりとり）をやめられない　*97, 98, 147*
　──の管理　*104*
　──の反応　*93*
　──への依存と関わる不安　*97*
　──への投稿　*113*
SNS確認不安　*147*
SNS活用得点　*103, 104*
SNS世代　*162*
SNS利用と再帰性　*93*
エリート段階　*2, 3*
演技性　*178*
エンパワーメント　*123*
大きな物語　*235*
幼なじみ志向　*172*
推し（活）　*16, 131*
オタク　*129*
おたく文化　*16, 129*
オピニオンリーダー　*145*

オモテ趣味　*125*
親との同居　*174, 176, 177*
親（両親・父母）の学歴　*69, 70, 72, 78, 96, 188*
　──と大学種別　*73*
親のメディア利用行動・モバイルメディアに対する態度　*145, 149, 153, 154*
音楽　*153*
音楽鑑賞・聴取　*92, 112, 128*
音楽ジャンル（の好み）　*127, 135*
音楽聴取時間　*76, 77*
音声のみの通話　*113*
オンライン授業　*ii, iv, 79, 161, 226*
オンライン上でのコミュニケーション　*166*
懐疑　*126*
外見志向　*101, 102*
外見に対する他者の視線　*95*
階層　*67, 71*
改訂版UCLA孤独感尺度　*165, 170*
外部からもたらされる再帰性　*44*
鍵（アカ）　*104, 116, 117*
学業　*ii*
格差　*13*
学習時間　*37, 40, 84*
学修時間　*77*
学習に関する項目　*86*
学生運動　*235*
学生のアイデンティティ感覚　*43*
学生の多様化　*2*
ガクチカ　*47*
確認不安　*97-99*
学年　*34, 39, 40, 42, 51, 52, 119, 174, 187*
学力達成　*40*
学歴　*68*
家財勢　*188, 190, 193*
風通しのよい人間関係　*168*
家族とおこなう趣味活動　*153*
学校化　*4*
学校基本調査　*70, 71*
学校教育段階　*68*
学校への帰属意識　*70*
学歴　*68, 69, 71*
　──の分類　*71*
家庭外の人間関係　*146*
家庭内でのモバイルメ

ディアの利用　*143*
家庭の社会経済的背景の効果　*44*
カレッジ・インパクト研究　*9*
環境配慮　*61, 63*
関係の同質性　*172*
監視社会／監視文化　*107*
慣習主義　*85*
慣習的態度　*36*
感情革命　*204*
感情表現能力　*148*
感情を素直に　*153*
感性世代　*3*
間接的な質問　*170*
危機的人生経歴　*9*
疑似相関　*154*
希少性のある資源　*44*
希薄化論　*178*
　──批判　*165*
希薄化仮説　*169, 173, 174*
基盤的再帰性　*197, 199*
キャリア教育　*44*
キャンパスライフ　*222*
　──への否定的な見方　*227*
教育年数　*71*
共感能力　*143, 144, 153*
競合仮説　*210, 215*
共通文化　*128*
緊急事態宣言　*12, 161*
近代家族　*204*
近代化論　*127*
近代社会　*11, 51, 78*
空気を読む・壊さない　*87, 100*
偶有性／二重の偶有性　*197, 208*
具体的再帰性　*197, 199*
クラシック　*139*
暮らし向き　*96, 119, 134, 188, 212*
グローバリゼーション（グローバル化）　*iv, 11*
経済環境変数　*212*
携帯メールの利用頻度　*165*
計量モノグラフ　*76*
ケータイ・携帯電話・カメラ付き携帯電話　*94, 106, 110, 145, 230*
ケータイに夢中になっている親に話しかけて無視された経験　*148, 149*
Kポップ　*130, 138*
ゲーム　*92, 113*
結婚　*204*
決定因　*155*

権威主義 85
現在の恋人 192
現在の（恋愛）交際相手の有無 186, 189, 192
現代的自己 29
限定効果仮説 144, 145, 155
原発のリスク認知 195
権力構造 123
恋人 193, 205, 231
後期近代（社会） 1, 11, 28, 44, 45, 93, 203, 206, 232
後期近代化 1
後期近代論 9
公共的思考 50, 58, 59, 63, 64
高校時代の成績 72
高校生の進路選択 69
高校の入学難易度 72
合コン 191
高所得層 49
高卒 68
高等教育の構造変動 2
高等教育論における大学生研究 8, 10
行動嗜癖 146
高度な気配り 93, 99-101, 105
幸福感 84
個人情報の提供 107
個人のコミットメントのハードル 63
個人の充足 58
孤独（感） 163-166, 204, 231
──の 4 類型 167
孤独恐怖 165
孤独不安 166
子どもたちのコミュニケーション能力 143
子どもの社会関係 146
子（ども）のスマートフォン依存 145, 155
子どものソーシャルスキル 146
コミュニケーションの二段階の流れモデル 145
孤立 163
孤立化 203
孤立志向 207
コロナ禍 i, ii, 79, 91, 161, 222
──における大学生のライフスタイル 11
──における調査 47
──におけるリスク経験 14
コロナ禍の大学生 i, 1, 5
コロナ禍新入生 227
コロナ世代 ii
婚活 181

コンサマトリー 48, 49, 50
──的な考え方 51
コンサマトリー化 58, 63, 64
コンサマトリー志向 51, 52, 55-57, 59, 62-64, 235
サークル加入率 77
再埋め込み（化） 79, 179, 234
差異化志向 39, 40, 43, 100, 102
再帰性 17, 28, 29, 34, 102, 105, 106, 126, 152, 166, 181, 184, 185, 199, 200, 232, 233, 235, 236
──（再帰的近代化）の極限・打ち止まり地点 14, 232
──の異なる位相の表れ 95
──の作動 185
──の勝者と敗者 45
──の増大 199
──の高い・再帰的な社会 105, 126
再帰性仮説 169, 173, 177
再帰性項目 191, 193
再帰性得点 103
再帰性論 235
再帰的意識 126
再帰的近代化 1, 11, 12, 168
再帰的自己（論） 111
再帰的な自己意識 181
再帰的なメディア利用 174
再帰的な友人関係の態度 173
再帰的不安 206
再帰的プロジェクト（の高速化） 12, 93
再帰的ライフスタイル 17
最適な発達 29, 32
差異の認識 168
さとり世代 5
サブアカ 109
サポート仮説 211, 215
サポート関係 157
三大都市圏 56
J ポップ 130
ジェンダー（差・区分） 37, 205, 214, 217, 220
視覚的自己 123
自我の強さ 37, 39, 43
時間と空間の脱埋め込み化プロセス 169
時間と空間の分離 11
時間忘れて夢中（スマートフォン利用）

97, 147
時間をむだにした（時間浪費：スマートフォン利用） 97, 147
自己
──と社会 15
──の自己との関係からなる再帰性 43
──の承認 205
──の多元化・多元性・非一貫性 13, 229
──の不確かさ 135
──の輪郭 229
──についての再帰的態度 32, 44
──をめぐる再帰性（項目） 29, 30, 31, 33-35, 37
──をめぐる再帰性の上昇 16
自己アイデンティティ 12, 13, 44, 101
自己意識（項目） 34, 82, 119, 152
──の変化 230
自己啓発 29
自己肯定感 35, 131, 134, 226
自己効力感 37, 43
自己再帰性（項目） 40, 93, 155
自己再創造 29
自己受容感 35, 37, 131, 134
自己喪失感 131, 136
自己呈示 111
仕事における安定志向 85
自己の安定性 127, 138
──につながる音楽 137
自己破壊 12
自己表象 111
自己分析 44
自己モニタリング 215
指針感覚 40, 43
私生活重視 61, 62, 63
自尊感情（項目） 35, 37, 43
親しい友人（友達） 219, 225
──数 212
私的関係 206, 210
自撮り 111, 113
──以外の写真撮影 113
自分らしさ意識 37, 39, 40, 43, 131, 134
地元継続居住 212
ジャガノート 234
社会意識 204
社会階級による不平等 13
社会学 22, 24

社会関係資本 210
社会空間の個別性 156
社会的孤立 164, 165
若年層の主観的孤独感 167
社交変数 212
写真 16, 109, 111, 116, 117, 123
──の美化術 122
写真イメージの様式 115
ジャズ 135, 137, 139
写メール 111
ジャンルごとの特性 138
自由 27
周囲の性交経験率 195
15 歳時の（家の）財 71, 75
就職（活動） 15, 35, 41, 43, 47, 224
自由応募の── 48
就職氷河期 5
就職予備校（化） 4, 48
自由な時間 125
自由な人間関係 165
18 歳人口 3
主観的孤独感 165, 166, 168, 169, 171
授業外学修時間 76, 77
授業外の活動経験 76
出身階層 67, 69, 70
出身地域 71, 72
趣味 125
──の内容 156
──のフラット化 127
趣味圧 125
趣味縁 156
趣味活動 154
趣味偽装 125
趣味空間 156
趣味層 127, 139
趣味の同類結合 156
純化 181
準拠集団 205
純粋な関係性 168, 206
奨学金受給（の有無） 51, 188
少子化 203
象徴的通標 78, 79
承認（不安） 93, 166
商品交換 181
情報検索 112
将来社会への関心 61, 62
将来の仕事 85
将来の不確定なリスクに対する再帰性 30
女子学生 41, 102
女性 123, 190, 214, 220
──の恋愛交際経験 219
知り合い程度の友だち（友人） 171, 172, 212, 213, 216, 217,

224, 231
——（の）数 173, 212-214
自律的な対人関係スキル 84
進学の意志に影響を与える二次効果 72
進学のこと 224
進学率 68
新型コロナウイルス感染症（COVID-19） i, 11, 232
新自由主義 235
人生における目的 40, 41
人生の夏休み 27, 42
シンデレラテクノロジー 111
心配 223, 224
親密圏 59, 206
親密性 156, 181, 206
——のメンテナンス・コスト 215
親密性論 185
親密な関係 181
親友 171, 179, 212, 219, 224
——の同質性 176
親友（の）数／平均友人数 173, 174, 176, 212, 231
心理学 21
心理・社会的なモラトリアム 27
心理尺度の構成 21
好きな音楽ジャンル 129
ステレオタイプ iv, 208
スマートフォン 16, 85, 91, 112, 143, 145, 150, 155, 234
——依存（度） 144, 146, 147, 149, 151, 152
——（へ）の依存傾向 149, 150, 152
——普及期 162
——利用時間 76, 77, 176
スマートフォン写真（実践） 109, 110, 112, 113, 121-123
——得点 113, 114, 116-118, 121, 122
スマホ依存不安得点 103, 104
スライド仮説 210, 217
性愛 183
生活 ii
——に困窮した大学生 ii
——のモバイル化 185
生活行動様式 70, 77
生活満足度 59, 64, 152
性感染症（懸念）

184, 194
性交 182
性（愛）行動の分極化（論） 183, 208
省察 235
政治・社会に関する項目 85
青少年研究会 i, 14, 20, 92, 109, 211, 223, 229, 230
生徒larva 4
制度化された心理・社会的モラトリアム 28, 33
制度・環境 52
制度の再構性 11
青年期の孤独感 167
青年期の発達課題 27
青年・若者文化論 1, 6, 7, 8, 9, 10
性のリスク（化） 183, 184
性別 34, 39, 51, 54, 71, 94, 119, 132, 135, 174, 187, 212, 231
性別役割（分業観） 85, 123
世界規模の社会関係 11
世帯年収 69
Z世代 5
1992年本調査 20
先行世代のライフコース 5
全国大学生活協同組合連合会 222
先取的態度 35, 38-40, 43, 45, 187, 197
全体性集約型趣味 128
選択縁 156
選択的関係 166
選択的コミュニケーション 117
選択的人生経歴（経路） 9, 10
専門家システム 78
総合大学の文系の学生 47
操作的態度 35, 36, 38, 40, 43, 187, 197
草食化 182, 183, 203, 207, 208
草食系男子 207, 208
創造性 143
ソーシャルスキル 146, 148, 150, 153, 154, 155, 226
——についての自己評価 147
——の涵養 155
ソーシャルディスタンス 12
ソーシャルメディア 111, 113, 116
——のアフォーダンス 101

その他の生活時間 70
存在論的安心 126, 127
存在論的不安 126, 127
タークルの仮説 144, 154
体育系趣味 156
体育系の活動 154
大学 78, 79
大学関連変数 212
大学区分・入試難易度 51, 53
大学種別 67, 70-72, 75-78
大学種別と生活行動様式 78
大学所在地 41, 51, 52, 57, 119, 132
大学進学率 2, 22
大学生 8-10, 13, 14, 49, 67, 139, 230, 236
——におけるSNSの利用率 92
——の学習 77
——の価値観 8
——の孤独 161
——の自己意識 229
——の社会経済的背景 67
——の出身階層 68
——のスマートフォン依存 16
——の生活行動様式 67
——のソーシャルメディア利用 113
——の不安定な立場 132
——のライフスタイル 6, 7, 12, 70
大学生活 4, 27, 34, 125
大学生間の格差 5
大学生研究 1, 10
大学生像 1
——の変遷 1, 2, 5
大学生調査 ii, 14, 70, 130, 146, 163, 164, 170, 230
大学生内の多様性 iv
大学設置基準の改正 4
大学選抜度 189
大学
——の所在地 34, 188
——の難易度 72
——の入学難易度 34, 188
——のレジャーランド化 3
——へのコミットメント 77
対自的次元 167
大衆消費社会 3
大卒 72
——資格 78
——層 49
代替仮説 210, 215, 218

対他的次元 167
大都市ダミー 190
対面性 91
対面的相互行為 144
貸与型奨学金の有無 51
卓越化のメカニズム 128
他者
——（から）の視線 95, 99, 101, 102, 105, 107
——との関わり 95, 99, 107
——との約束 106
——とは違った自分 105
——の理解可能性 23
他者視線意識得点 103
多重共線性 55, 132, 187, 191
多重対応分析 139
脱埋め込み 78, 79, 169
——化 168
——メカニズム 11
脱慣習的態度 35, 37, 39, 40, 43, 45, 187, 196, 197
脱神秘化 204
脱成長 50
他人
——との違い 101
——の目線（視線への敏感さ） 125, 195
ダブルバーレル 154
タブレット 143
多様化する大学生 4
多様な学部・学科 4
誰でも仲良く 148, 153
弾丸効果（仮説） 145, 155
男子学生 41, 102
男女（の）差 130, 219
男性 176
地位達成（メカニズム） 68, 69
父親大卒割合 72
父（親）（の）学歴（大卒／教育年数） 34, 37, 42, 51, 71, 117, 119, 132, 134, 188, 191
中学三年時の成績 72
中間層 67
中間的な親密さ 207, 215, 216
中間的な友人カテゴリ 216
中範囲の理論 236
調査結果の信頼性 21
調査の限界 20
直接的な質問 170
つい使用（スマートフォン利用） 147
つながっているから孤

独 *179*
つながっているのに孤独 *173, 179*
つながり孤独 *162, 164, 169*
つながりの格差の可視化 *106*
つながりの再帰的な見直し *106*
繋がりの再帰的モニタリング *165*
強い紐帯 *215*
低所得層 *49*
データベース消費 *128*
テレビ視聴時間 *76, 77, 151*
典型的で極limited的な青年 *7, 10*
伝統 *127*
動画の閲覧・視聴 *91, 112*
統合的なアイデンティティモデル *13*
同質性 *173*
同性志向 *172*
同性の親友 *214, 215, 216, 218, 220*
──がいない *212*
──数 *214*
同性の友人 *219*
──関係 *210*
同調からの離脱 *84*
同調志向 *39, 40, 43, 83-85*
──の両義性 *87*
同年齢志向 *172*
独存 *164*
とくに親しい友達 *225*
都市出身者 *74*
友だち地獄 *207*
友だちの外延 *172*
友だちや仲間のこと *224*
トラブル処理能力 *148, 153*

内省的態度 *37, 39, 40, 42-44, 187, 196, 197*
内定ブルー *4*
内的な再帰性 *44*
内面的関係 *204*
内面に対する他者の視線 *95*
(仲の良い) 異性の親友 *211, 212, 216, 217, 219*
──数 *216*
(仲の良い) 異性の友人 *210, 214, 216, 217, 219*
──数 *214, 216*
仲の良い同性の友人 *215, 216, 219*
──数 *214, 216*
仲のよい友達・友人 (親友を除く) *171,*

212, 213, 215, 219, 224
仲のよい友だちの数 *173*
仲間内のコンセンサス *92*
ナショナリズム *iv*
ニート *4*
匂わせ *115, 122*
二次元恋愛 *230*
2012年調査 *20, 106*
2010年大学生調査 *21*
2020年大学生調査 *21, 22, 91*
日常的政治関心 *61, 62*
日記としてのSNS *99*
日記の意味 *97, 98*
「日本人の意識」調査 *49*
入学形態 *71, 72*
入学後にできた友達の人数 *222*
入学難易度 (の高さ) ／入試難易度 *39, 55, 57, 58, 70, 71, 74-76, 78, 96, 132, 174, 212, 235*
入試形態 *34, 51*
入試偏差値 *117, 119*
ニュースの閲覧 *113*
ニューミュージック *138*
人間関係
──の格差 *168*
──の希薄さ *163*
──の自由化 *168*
──の流動化 *168*
忍耐 *155, 156*
認知的再帰性 *111, 117, 119, 122*
認知的再帰性因子 *117, 120*
ネット (での) 出会い経験 *212, 216*
年齢 *96, 187, 189, 190, 193, 212, 213, 216*
能力アイデンティティ *30*
能力不安 *35, 38-40, 43, 136, 187, 193, 194, 197, 199*

パーソナルな写真文化 *111*
バーチャルな対象への愛 *184*
媒介仮説 *210, 215, 217*
バイト経験 *188*
ハイ＝ポピュラー分節の希薄化 *127*
ハウス・テクノ・EDM *135*
映え *104*
初めての恋愛交際 *218*
発達課題 *32*
──としてのアイデンティティ *28*

母親大卒割合 *72*
母 (親) (の) 学歴 (大卒・教育年数) *34, 37, 53, 71, 78, 119, 132*
バブル崩壊 *4*
パンク *138*
パンク・メロコア *135, 136, 137*
晩婚化 *203*
反省・吟味 *29*
判断不能感 *136*
パンデミック *1, 12*
ピア・プレッシャー *205, 218*
東日本大震災 *5*
非正規雇用のリスク認知 *195*
非大卒層 *49*
ヒップホップ *138*
ヒップホップ・R&B *135, 136, 137*
否定のリスク *207*
美的再帰性 *111, 119*
美的・視覚的なイメージの自己表象 *117*
非都市出身者 *74*
一人暮らし *212, 216, 223*
標準的人生経歴 (経路) *9, 10*
表情やしぐさでわかる *148, 153*
美容整形 *29*
表層演技型孤独感 *167, 169-171, 176-178*
標本調査 *22*
表面的関係 *204*
ファースト・ジェネレーション *67*
ファッション外見重視得点 *103*
ファッション志向 *101*
不安 *147, 152, 223, 224*
フィールドワーク *47*
フォーク・アコースティック *135, 136, 137*
フォークソング *138*
「深い」「浅い」図式 *178*
不確実性 *126*
不可視な孤独 *163, 165, 178*
部活動・サークル (への参加・活動・加入経験) *77, 154, 156, 188-191, 193, 212*
複 (数) アカ *104, 116*
複数のソーシャルメディア *114*
複面鏡 *94*
舞台作品 *153*
物質依存症 *146*
不平等 *13*
フラット・カルチャー

127
プラットフォーム *123*
フリーター *4*
プリクラ *110, 111*
文化系趣味 *156*
文化資本 *119, 134, 188-191, 193*
文化資本項目 *153*
文化資本得点 *34, 37, 39, 44, 45, 96, 103, 119, 132*
文化消費 *16*
文化的オムニボア *156*
文化の雑食化 *127*
文化のパーソナル化 *123*
平均学習時間 *34*
勉強 (のこと) *35, 224*
便所飯 *4, 207*
奉仕活動 *226*
母集団 *22*
ポスト近代型能力 *37*
ポストコロナ *232*
ポップス *138*
本アカ *109*
本当の自分 *116, 122*
本人が置かれてきた経済的な状況 *52*

マーケティングの観点からの若者言説 *5*
マイルドヤンキー *5*
まじめな大学生像 *3*
マス段階 *2, 3, 4*
マッチングアプリ *191*
周りのノリ *87*
未婚化 *203*
みんなぼっち *165*
無形／有形の資源 *32, 34*
無作為抽出至上主義 *23*
メッセージの送受信 *92, 113*
メディア *230*
──による友人関係の希薄化論 *164*
──を介した友人関係 *164, 166*
──を媒介にした他人の視線 *196*
メディア依存症 *146*
メディア効果論 *144*
メディア・文化 *146*
メディア利用 *84, 146*
メロコア *138*
メンタライズ能力 *146*
メンテナンス仮説 *218*
モダニティ *126*
モニタリング仮説 *211, 216, 218*
物語的自己 *111*
モバイルメディア *4, 143, 155*
──と人間関係 *145*

——への依存 147, 155
盛り 104, 111, 115, 116, 122
優しい関係 92, 207
やや大人な友人関係 225
友人 205
——との差異の顕在化 169
——との性についての会話 183
——のカテゴリ 211
友人関係 16, 168, 172, 203, 204, 205, 206, 210, 216, 219, 220, 224
——が果たすケア役割 205
——における再帰性の上昇 16
——の在り方 164
——の親しさの度合い 220
友人関係関連項目 171
友人関係構造 211-213, 218, 219
友人関係（の）希薄化（論） 164, 169, 203, 206, 207

友人関係の同質化 207
友人数 174, 213, 216
友人リスト（削除） 97, 98, 99
ユース・カルチャー 6
ユニバーサル段階（の高等教育機関） 2, 4, 5
洋楽ポップ 130, 135
欲望禁圧 48
欲望追求 48
弱い紐帯 210, 215, 219

ライフスタイル 12, 13, 101
ライブハウス 137
LINEで登録している「友だち」の数 173
理解欠如型孤独感 167, 169, 170, 174-176
リスク 195
リスク意識 194
リスク化 207, 208, 210
リスク化論 183, 184
リスク社会 12, 13
流動化・多面化した自己 166
両極化論 183
ルーマンのリスク論 184

レゲエ 135
恋愛 181, 182, 204, 210
——に関するリスク認知 195
——に対する再帰性の影響 200
——の脱呪術化 204
——のプライベート化 184
——（性・恋愛行動）（へ）の消極化 185, 194, 199, 203
——への積極化 185, 195, 199
恋愛関係 16, 168, 203, 204, 210
恋愛交際 211
——の局面 220
恋愛交際相手 189
恋愛交際経験 189, 192, 212, 213, 218, 219
——の有無 186, 188, 191
恋愛交際経歴 211, 219
恋愛交際人数（これまでに交際した相手の数／交際経験人数） 186, 190, 193, 194, 197, 211-213, 216-219
恋愛行動 186, 197

恋愛市場の映像化 205
恋愛・性行動のリスク化 208
恋愛阻害要因 208
レンズ付きフィルム 110
ロック 127, 130, 135-138

若者 7, 49
——の現在志向 49
——のコンサマトリー化 49, 50, 59
——の再帰的な選択 9
——の主観的孤独感 165, 166
——の性愛行動の変化 193
——の友人・対人関係の希薄化 4, 206
——のライフスタイル 10
——のリスク意識 195
——の恋愛関係 207
若者（文化）論 ii, 8, 22, 67

人名索引

Aspden, P. *145*
Barthes, R. *111, 122*
Du Bois-Reymond, M. *10*
Granovetter, M. *210*
Katz, J. *145*
Lemert, C. *29*
Pourrazavi, S. *145*
Smart, C. *206*

アーリ, J. *29, 106, 122, 185*
赤枝尚樹 *156*
秋吉美都 *13*
浅田智彦 *ii, 7, 9, 13, 20, 24, 49, 59, 60, 95, 109, 113, 129, 156, 164, 165, 184, 206, 229*
東浩紀 *128*
安倍晋三 *5, 22*
天笠邦一 *114, 120*
荒牧草平 *68, 69, 72*
井口尚樹 *48*
石黒格 *145, 157*
石田かおる *125*
石田佐恵子 *8*
石田光規 *166, 181*
乾彰夫 *9, 10, 13, 67*
井上俊 *6, 230*
イルーズ, E. *204, 205*
岩見考 *20, 21, 59, 92, 145, 164*
岩見和彦 *6, 7*
植村崇弘 *7*
牛窪恵 *208*
海野道朗 *69*
ウルタド, S. *9*
エリオット (Elliott, A.) *29, 34, 106, 109, 185*
エリクソン, E. H. *27, 28, 32*
遠藤知巳 *127*
大倉韻 *129*
大澤真幸 *49-51*
大空幸星 *163*
大多和直樹 *93, 94, 145*
大森美佐 *196*
岡田努 *204*
岡田朋之 *93, 94, 145*
岡部悟志 *70*
小川博司 *129*
小此木啓吾 *206*
尾嶋史章 *69, 72, 76*
小田中悠 *14, 163, 164*
落合良行 *167, 170*
オルター, A. *147*

ガーゲン (Gergen, K. J.) *29, 34*
カートメル, F. *13*
樫村愛子 *28*
片岡栄美 *128, 139*
片桐新自 *8, 49, 50, 182*
片瀬一男 *49, 69, 183-185, 194, 208*
カッツ, E. *145*
加藤篤志 *20*
加藤秀一 *204*
苅谷剛彦 *7*
河井大介 *145*
川崎賢一 *7, 8*
ガンズ (Gans, H. J.) *127*
菊池裕生 *20*
木島由晶 *129-131, 133, 138*
北田暁大 *128, 156, 164, 165*
吉川徹 *52, 68, 78, 139*
ギデンズ, A. *11-13, 28, 44, 78, 79, 101, 111, 126, 127, 129, 168, 169, 179, 181, 185, 199, 206, 235*
城戸秀之 *7*
木村絵里子 *6, 7, 67, 114, 117, 120, 123, 195, 209, 210, 230*
久保田裕之 *195*
久保友香 *111, 115, 116*
藏本友知子 *207, 215, 216*
小泉純一郎 *4*
児島功和 *67*
牛膓政孝 *14*
コテ, J. E. *29, 30, 32, 34, 44*
後藤和智 *ii*
小林盾 *209*
ゴフマン, A *111*
ゴフマン, E. *125*
小薮明生 *127, 139*
近藤博之 *68, 69*
斎藤幸平 *50*
阪口祐介 *105, 106, 145, 195*
佐藤俊樹 *200*
佐藤博樹 *203*
澤井敦 *127*
塩谷芳也 *49, 50*
ショーター, E. *204*
新堀通也 *3*
杉野勇 *23*
鈴木謙介 *165, 166*
スレッドゴールド (Threadgold, S.) *30*
妹尾麻美 *48*
タークル, S. *143-146, 153, 154, 166*
高橋征仁 *183, 184, 207, 208, 210*
高橋勇悦 *8, 20*
高山智樹 *67*
武内清 *7*
竹内洋 *7*
田中慶子 *209*
田中大介 *120*
田中康夫 *3*
タンストール, J. *164*
チェンバース, D. *203, 205*
千葉雅也 *87*
辻泉 *129, 145, 165, 195, 207, 231*
辻大介 *23, 24, 145, 164-166*
土田陽子 *186, 193*
角田隆一 *93, 110, 111*
デュルケム, E. *163, 164*
土井隆義 *83, 85, 92, 99, 165, 166, 168, 169, 207*
轟亮 *23*
ドブソン, A. S. *111, 123*
富田英典 *20, 110, 164*
友枝敏雄 *13, 195*
豊泉周治 *49*
トロウ, M. *2, 4, 5*
永井純一 *138*
中澤渉 *69*
中西眞知子 *14, 28*
中村功 *145, 165, 170*
中村高康 *30, 69*
中森弘樹 *181*
名部圭一 *126*
難波功士 *48*
西田亮介 *i*
西平直喜 *209*
西丸良一 *70, 72*
ニラン (Nilan, P.) *30*
野田慎司 *209*
パーソンズ, T. *48*
バウマン, Z. *29, 34, 181, 235*
橋本鉱市 *2-4, 8*
橋元良明 *22, 145, 164*
長谷正人 *123*
パットナム, R. D. *152, 210*
羽渕一代 *20, 93, 152, 155, 191, 230, 231*
浜島幸司 *71*
濱中淳美 *48*
林雄亮 *183, 203, 208*
原田曜平 *5*
針原素子 *195*

坂野誠 *70*
樋口明彦 *9, 67*
樋田大二郎 *69*
平沢和司 *68, 69, 71, 74, 75*
平松誠 *195*
ファーロング, A. *13*
フーコー, M. *43*
ブードン, R. *72*
深澤真紀 *207*
福井康貴 *44*
福重清 *20, 165, 207*
藤原翔 *69, 72*
藤村正之 *20, 164, 165*
藤本耕平 *5*
二方龍紀 *107, 145*
古市憲寿 *ii, 49, 50, 59, 84*
ブルデュー, P. *128*
ベック, U. *11-13, 28, 45, 181, 235*
ベネット, T. *139*
ボイド, D. *92-94, 101, 105*
朴澤泰男 *72*
本田由紀 *37*

マートン, R. K. *236*
牧野智和 *29, 44, 232*
舛田ゆづり *170*
松岡亮二 *70*
松田美佐 *165*
松原治郎 *6, 230*
三浦展 *114, 120*
三上俊治 *145*
溝上慎一 *3*
見田宗介 *7, 48*
南田勝也 *128-130, 138*
宮崎駿 *91*
元森絵里子 *235*
森岡正博 *208*
守弘仁志 *7*
山田昌弘 *184*
山田真茂留 *127, 139*
吉田文 *8, 9*

ラースン, J. *122*
ライアン, D. *107*
ラザースフェルド, P. F. *145*
ラッシュ, S. *14, 28, 45, 111, 235*
ルーマン, N. *184, 194*
レヴィン, C. G. *29, 32, 34*
渡辺明日香 *122*
和田秀樹 *207*

執筆者紹介（執筆順，＊は編著者）

小川 豊武＊（おがわ とむ）
所属：日本大学文理学部准教授
担当：はじめに・序章・第8章
主要著作：『場所から問う若者文化——ポストアーバン化時代の若者論』（第3章担当, 晃洋書房, 2021年）

妹尾 麻美＊（せのお あさみ）
所属：追手門学院大学社会学部准教授
担当：序章・第3章
主要著作：『就活の社会学——大学生と「やりたいこと」』（単著, 晃洋書房, 2023年）

岩田 考（いわた こう）
所属：桃山学院大学社会学部教授
担当：コラム①
主要著作：『若者たちのコミュニケーション・サバイバル−親密さのゆくえ』（共編著, 恒星社厚生閣, 2006年）

牧野 智和＊（まきの ともかず）
所属：大妻女子大学人間関係学部教授
担当：第1章・コラム②・おわりに
主要著作：『創造性をデザインする——建築空間の社会学』（単著, 勁草書房, 2022年）

寺地 幹人（てらち みきと）
所属：茨城大学人文社会科学部准教授
担当：第2章
主要著作：『場所から問う若者文化——ポストアーバン化時代の若者論』（pp. 94-97. 担当, 晃洋書房, 2021年）

二方 龍紀（ふたかた りき）
所属：常磐大学人間科学部准教授
担当：第4章
主要著作：『検証・若者の変貌——失われた10年の後に』（第3章担当, 勁草書房, 2006年）

木村 絵里子＊（きむら えりこ）
所属：大妻女子大学人間関係学部教授
担当：第5章・おわりに
主要著作：『ガールズ・アーバン・スタディーズ——「女子」たちの遊ぶ・つながる・生き抜く』（共編著, 法律文化社, 2023年）

木島 由晶（きじま よしまさ）
所属：桃山学院大学社会学部准教授
担当：第6章
主要著作：『社会をひらくスポーツ人文学——身体・地域・文化』（第3章担当, 嵯峨野書院, 2024年）

羽渕 一代（はぶち いちよ）
所属：弘前大学人文社会科学部教授
担当：第7章
主要著作：『現代若者の幸福——不安感社会を生きる』（共編著, 恒星社厚生閣, 2016年）

浅野 智彦（あさの ともひこ）
所属：東京学芸大学教育学部教授
担当：第9章
主要著作：『自己語りの社会学——ライフストーリー・問題経験・当事者研究』（共編著, 新曜社, 2018年）

久保田 裕之（くぼた ひろゆき）
所属：日本大学文理学部教授
担当：第10章
主要著作：『結婚の自由——「最小結婚」から考える』（第7章担当, 白澤社, 2022年）

辻 泉（つじ いずみ）
所属：中央大学文学部教授
担当：コラム③
主要著作：『メディア社会論』（共編著, 有斐閣, 2018年）

「最近の大学生」の社会学
2020年代学生文化としての再帰的ライフスタイル

2024年10月20日　初版第1刷発行
2025年 8月20日　初版第3刷発行

編著者　小川豊武・妹尾麻美・
　　　　木村絵里子・牧野智和
著　者　岩田 考・寺地幹人・二方龍紀・木島由晶・
　　　　羽渕一代・浅野智彦・久保田裕之・辻 泉
発行者　中西　良
発行所　株式会社ナカニシヤ出版
　　　　〒606-8161　京都市左京区一乗寺木ノ本町15番地
　　　　　　　Telephone　　075-723-0111
　　　　　　　Facsimile　　075-723-0095
　　　　Website　　http://www.nakanishiya.co.jp/
　　　　Email　　　iihon-ippai@nakanishiya.co.jp
　　　　　　　　　　郵便振替　01030-0-13128

印刷・製本＝ファインワークス／装幀＝白沢　正
部扉・章扉イラスト：kid_a - stock.adobe.com

Copyright © 2024 by T. Ogawa, A. Senoo, E. Kimura & T. Makino
Printed in Japan.
ISBN978-4-7795-1767-9

本書のコピー、スキャン、デジタル化等の無断複製は著作権法上の例外を除き禁じられています。本書を代行業者等の第三者に依頼してスキャンやデジタル化することはたとえ個人や家庭内での利用であっても著作権法上認められていません。

ナカニシヤ出版・書籍のご案内　　＊表示の価格は本体価格です。

恋愛社会学　多様化する親密な関係に接近する
高橋幸・永田夏来［編］恋愛はどのように変化しつつあるのか。歴史的記述や量的・質的調査、多様な事例から、ポスト恋愛至上主義の時代に迫る必携入門書！　　2400円＋税

シリーズ 文化の社会学のフロンティア①
アニメと場所の社会学　文化産業における共通文化の可能性
永田大輔・松永伸太朗・杉山怜美［編著］場所はなぜアニメ研究の問題になるのか。場所がアニメを作り出し、アニメが場所を作り出す、多様な現象を理解するための基本論集。　　2700円＋税

プラットフォーム資本主義を解読する　スマートフォンからみえてくる現代社会
水嶋一憲・ケイン樹里安・妹尾麻美・山本泰三［編著］ビッグ・テックの「しかけ」を、わかりやすく、この1冊で。身近な切り口から、多角的に問題を照らし出す、画期的な入門書！　2400円＋税

オルタナティヴ地域社会学入門　「不気味なもの」から地域活性化を問いなおす
渡邊悟史・芦田裕介・北島義和［編著］「不気味なもの」を補助線に地域活性化の枠組みを問いなおし、まごつきながら農村・地域社会のリアルに迫る新たな地域社会学の入門書。　　2400円＋税

〈京大発〉専門分野の越え方　対話から生まれる学際の探求
萩原広道・佐野泰之・杉谷和哉・須田智晴・谷川嘉浩・真鍋公希・三升寛人［編著］異分野の人と話すだけで、学際的といえるのか。大学院生が教育活動に取り組む意義とは。若手研究者たちが、直面した問いに迫る！　　2700円＋税

消費と労働の文化社会学　やりがい搾取以降の「批判」を考える
永田大輔・松永伸太朗・中村香住［編著］労働の変化を問い直しながら、さまざまな消費文化と関わる労働を描きだし、外在的な批判を超える多様な「批判」のあり方を考える。　　2700円＋税

21世紀の産業・労働社会学　「働く人間」へのアプローチ
松永伸太朗・園田薫・中川宗人［編著］現代の労働の多面性を分析する多様な社会学のアプローチを「働く人間」に焦点をあて整理し、新たな産業と労働の社会学を再構築する。　　2800円＋税

現場の大学論　大学改革を超えて未来を拓くために
崎山直樹・二宮祐・渡邉浩一［編］何が起こっているのか、そして、それにどう関わるべきなのか問うために。状況に即した思考を積み上げ、開かれた議論の契機を拓く。　　2600円＋税

アクターネットワーク理論入門　「モノ」であふれる世界の記述法
栗原亘［編著］アクターネットワーク理論（ANT）とは何か？　ブリュノ・ラトゥールたちは何をしようとしてきたのか？　なぜ注目されているのか？　　2600円＋税

ファシリテーションとは何か　コミュニケーション幻想を超えて
井上義和・牧野智和［編著］ファシリテーションが要請される時代を私たちはどう読み解けばよいのか。ファシリテーションがさまざまな現場で求められる社会に迫る。　　2400円＋税

技術と文化のメディア論　［シリーズ］メディアの未来⑭
梅田拓也・近藤和都・新倉貴仁［編著］技術に注目することで意識していなかった文化の前提や原因を発見するために。身近な日常文化を，技術の「マテリアル」「インターフェース」「インフラストラクチャー」「システム」の四つの分析水準から考え，読み解く最新テキスト。　　2500円＋税

アニメの社会学　アニメファンとアニメ制作者たちの文化産業論
永田大輔・松永伸太朗［編］ファン活動，アニメ産業，それらを支える技術や制度など多様な角度からアニメ研究と文化社会学の拡がりを捉え両者の接続を試みる。　　2600円＋税

ポスト情報メディア論　［シリーズ］メディアの未来⑪
岡本健・松井広志［編］最新理論と事例から情報メディアに留まらない，さまざまな「人・モノ・場所のハイブリッドな関係性」を読み解く視点と分析を提示する。各章末にディスカッション用の問題を付す。　　2400円＋税